M POUR MABEL

HELEN MACDONALD

M POUR MABEL

Traduit de l'anglais (Royaume-Uni)
par Marie-Anne de Béru

fleuve
ÉDITIONS

Titre original :
H is for Hawk

ISBN 978-2-265-11565-1

À ma famille.

Sommaire

PREMIÈRE PARTIE

La Patience 13
La Perte 25
Petits univers 35
M. White 55
Tenir bon 71
Une boîte remplie d'étoiles 85
Invisibilité 96
Intérieur à la Rembrandt 110
Rite de passage 120
Ténèbres 131
Quitter la maison 144
Hors-la-loi 155
La chute d'Alice 171
La ligne 188
Pour qui sonne le glas 202
Pluie 213
Canicule 219

DEUXIÈME PARTIE

Voler librement 229
Extinction 244
Dans sa cachette 253
La peur 266
La foire aux pommes 278
Commémoration 290
Drogues 299
Lieux magiques 313
La fuite du temps 326
Le Nouveau Monde 335
Contes d'hiver 347
La venue du printemps 362
La terre mouvante 371

Épilogue 377
Notes 381
Remerciements 397

PREMIÈRE PARTIE

Chapitre 1

La Patience

À quarante-cinq minutes de voiture au nord-est de Cambridge s'étend un paysage que j'en suis venue à aimer profondément. C'est un lieu où les tourbières humides cèdent le terrain au sable desséché. Un pays de pins tout tordus, jonché de carcasses de voitures calcinées, de panneaux routiers criblés d'impacts de balles, et de bases aériennes de l'US Air Force. Des fantômes de maisons tombant en ruine hantent des parcelles de pineraie numérotées. On y a aménagé des endroits pour dissimuler des missiles nucléaires, enfouis sous des tumulus herbeux et défendus par des clôtures de quatre mètres de haut, des salons de tatouage, des parcours de golf - encore l'US Air Force. Au printemps, c'est la cacophonie : trafic aérien incessant, tirs de pistolet à air comprimé par-dessus les champs de luzerne, alouettes et réacteurs d'avion. On appelle ce paysage anglais les *Brecklands*, les terres brisées, et c'est là qu'il y a sept ans, au tout début du printemps, je me suis retrouvée à faire une escapade totalement improvisée. Il était cinq heures du matin, je regardais fixement un carré de lumière projeté au plafond par le lampadaire de la rue, j'écoutais les bavardages de quelques fêtards qui s'attardaient sous ma fenêtre.

J'étais dans un état second : surmenée, à bout de nerfs, avec la désagréable sensation d'avoir sous le crâne une boule d'aluminium froissé passée au micro-ondes, toute cabossée, roussie et bruissante d'étincelles. *Faut que je sorte*, pensai-je, en repoussant les couvertures. *Là, maintenant !* J'ai enfilé un jean, des bottes et un pull, je me suis brûlé la gorge en avalant un café bouillant, et ce n'est qu'une fois qu'on s'est retrouvées, mon antique Volkswagen glaciale et moi-même, à mi-chemin sur l'A14, que j'ai réalisé où j'allais, et pourquoi. Là-bas, devant mon pare-brise embué, s'étendait la forêt. La forêt brisée. C'est vers elle que je me dirigeais, pour aller observer des autours.

Je savais que ce serait difficile. L'autour est un oiseau très difficile à apercevoir. Avez-vous déjà vu un faucon attraper un oiseau dans votre jardin ? Moi jamais, mais je sais que c'est déjà arrivé. J'en ai parfois trouvé des preuves, sur les dalles du patio. De minuscules fragments : une petite patte de passereau, fragile comme un insecte, les griffes recroquevillées dans la position que leur ont donnée les tendons arrachés. Ou parfois – plus macabre encore –, un bec désarticulé, la mandibule supérieure d'un moineau domestique, ou sa mandibule inférieure, petite perle conique gris acier, légèrement translucide, à laquelle adhèrent encore des restes de plumes maxillaires rougies. Mais vous, peut-être avez-vous déjà assisté à la scène : vous avez jeté un coup d'œil par la fenêtre et là, sur la pelouse, vous avez aperçu un énorme faucon en train de massacrer un pigeon, un merle ou une pie. La bête sauvage la plus gigantesque et la plus impressionnante que vous ayez jamais vue. Comme si quelqu'un lâchait un léopard des neiges dans votre cuisine et que vous le surpreniez en train de dévorer le chat. Il arrive que des gens se précipitent sur moi, au supermarché ou à la bibliothèque, et s'écrient, les yeux écarquillés : « J'ai vu un faucon attaquer un oiseau dans mon jardin ce matin ! » Et avant même que j'aie le temps d'ouvrir la bouche pour dire « Un épervier ! », ils ajoutent : « J'ai regardé dans mon dictionnaire des oiseaux, c'était un *autour*. » Ce qui n'est jamais le cas. Un dictionnaire des oiseaux, ça ne marche pas. Lorsqu'il attaque un pigeon sur votre pelouse, le faucon devient gigantesque, et aucune illustration ne cadre jamais avec l'image qu'on en garde en mémoire. Regardez bien. Ici, c'est un épervier : il est gris avec le dessous strié de noir et de blanc, il a les yeux jaunes et une longue queue. À côté, c'est un autour : il est gris, lui aussi, avec le dessous strié de noir et de blanc, il a les yeux jaunes et une longue queue. « Euh... » Vous êtes perplexe. Vous lisez la description. Épervier : de trente à trente-huit centimètres de long. Autour : de quarante-huit à soixante et un centimètres de long. « Qu'est-ce que je vous disais ? Il était énorme, c'était forcément un autour. Ils sont identiques, c'est juste que l'autour est plus gros. Tout simplement plus gros. »

Non, c'est faux. Dans la réalité, l'autour est à l'épervier ce que le léopard est au chat. Il est plus gros, c'est vrai, mais surtout plus massif, plus féroce, plus dangereux, plus effrayant, et beaucoup, beaucoup plus difficile à observer. L'autour est le rapace des forêts profondes, et non celui des jardins, il est le Graal obscur des ornithologues. On peut passer une semaine dans une forêt pleine d'autours sans jamais en apercevoir un seul. Juste des indices de leur présence. Un silence subit, suivi des appels terrifiés des oiseaux des bois, la sensation que quelque chose vient de bouger à la limite de votre champ de vision. Peut-être trouverez-vous un pigeon à demi dévoré, désarticulé, gisant au milieu de plumes blanches éparpillées. Ou peut-être aurez-vous de la chance : marchant dans une allée cavalière, à l'aube, dans le brouillard, vous tournerez la tête et vous apercevrez, pendant une fraction de seconde, un rapace qui fuse et disparaît, ses énormes serres à peine refermées, les yeux fixés sur une cible à quelque distance. Une fraction de seconde qui imprimera une image indélébile dans votre cerveau et vous laissera sur votre faim. Chercher à voir un autour, c'est comme rechercher la grâce : elle surviendra, mais rarement, et vous ne saurez ni quand ni comment. Vous aurez un peu plus de chances par un beau matin de printemps, calme et clair, parce que c'est la saison où les autours quittent leur monde de sous-bois pour se livrer à leurs parades nuptiales en plein ciel. Voilà ce que j'espérais voir.

J'ai claqué la portière rouillée de la voiture et je suis partie, jumelles en main, à travers les bois délavés par le gel qui avaient pris une couleur d'étain. Des pans entiers de forêt avaient disparu depuis ma dernière excursion. Je découvrais des parcelles complètement défoncées, des hectares de coupe rase jonchés de racines arrachées et d'aiguilles de pin desséchées mêlées au sol sableux. Des clairières. Voilà ce qu'il me fallait. Peu à peu, mon cerveau retrouvait ses points de repère et reprenait possession d'espaces inutilisés depuis des mois. Je passais ma vie depuis si longtemps dans des bibliothèques et des salles des professeurs, à fixer des écrans d'ordinateurs, à corriger des essais et à traquer des références universitaires. Cela était une tout autre chasse. Ici, j'étais un tout autre animal. Avez-vous déjà vu un cerf sortir à découvert ? Il fait un pas, s'arrête et s'immobilise, le museau dressé. Il observe, il hume l'air. Parfois, un frisson nerveux parcourt son flanc. Puis, rassuré parce que tout semble calme, il sort du taillis et se met à brouter. En ce beau matin, je me suis sentie comme un cerf. Non pas que j'aie été là à humer l'air, paralysée de peur, mais comme lui, j'étais sous l'emprise d'une manière instinctive, émotionnelle, de progresser dans le paysage. Je faisais l'expérience d'une forme de vigilance et de comportement qui échappait au contrôle de la conscience. Quelque chose en moi m'imposait l'endroit où poser le pied et comment le faire sans que je sache vraiment quoi. Peut-être s'agissait-il de l'héritage de millions d'années d'évolution, peut-être d'intuition, mais dans cette traque aux autours, je ressentais une tension lorsque je marchais ou m'immobilisais au soleil. Je me surprenais à glisser inconsciemment vers des endroits où la lumière se morcelait, à me couler sous les ombres froides et étroites qui bordaient les espaces ouverts entre les pineraies. Je sursautais lorsque j'entendais l'appel d'un geai, le croassement d'alarme d'une corneille. Des cris qui pouvaient aussi bien signifier « Alerte ! Humain ! » qu'« Alerte ! Autour ! » Or ce matin-là, je cherchais à voir des autours en me cachant des autres animaux. Les intuitions anciennes et fantomatiques qui, depuis des millénaires, relient l'âme et le corps, avaient pris le dessus, elles faisaient leur office : j'étais mal à l'aise lorsque je marchais en pleine lumière ou du mauvais côté d'un talus. Elles me poussèrent à remonter un versant recouvert d'herbes pâles pour atteindre de l'autre côté ce qui se révéla être un étang. Des nuées de petits oiseaux s'envolèrent de la berge : des pinsons du Nord, des pinsons des arbres, une volée de mésanges à longue queue qui restèrent accrochées dans les branches de saule comme autant de petits cotons-tiges animés.

L'étang s'est formé dans un de ces anciens cratères creusés par les bombes que les avions allemands larguèrent au-dessus de la base aérienne de Lakenheath pendant la dernière guerre. C'est une anomalie hydrographique : un étang au milieu de dunes, entouré de touffes de laîche des sables, à des kilomètres et des kilomètres de la mer. Je hochai la tête. C'était étrange. En fait, c'est tout le paysage qui est étrange, ici. Lorsque vous parcourez la forêt, vous tombez sur des choses totalement inattendues. De larges étendues recouvertes de lichen des rennes, ces minuscules inflorescences étoilées qui signalent la présence d'une flore ancienne poussant sur un sol épuisé et qui craquent sous les pas en été. On dirait un morceau de végétation arctique tombée du ciel au mauvais endroit. Partout, on trouve des outils en os et des pointes de silex. Par temps de pluie, il est facile de ramasser des éclats de pierre arrachés au cœur des galets par les artisans du Néolithique, de petites lames minérales qui luisent sous une fine pellicule d'eau glaciale. Aux temps préhistoriques, cette région était le cœur de l'industrie du silex. Plus tard, elle a été connue pour ses immenses garennes ou *warrens* clôturées, entourées de haies d'épineux qui s'étendaient sur le paysage sablonneux. On y élevait des lapins pour leur viande et leur fourrure. Elles ont d'ailleurs donné leur nom à plusieurs villages - Wangford Warren, Lakenheath Warren. Mais le surpâturage dû aux lapins et aggravé par les moutons finit par entraîner un désastre. À force de brouter la végétation, ils réduisirent la pelouse à une fine croûte de racines tenant à peine sur le sol friable. Sur les terres surexploitées, le sable s'amoncela et se déplaça. En 1688, de forts vents de sud-ouest arrachèrent le sol et le dispersèrent dans l'atmosphère, formant un énorme nuage jaune qui obscurcit le soleil. Des tonnes de sable furent déplacées, transportées, puis retombèrent. Brandon fut encerclé, Santon Downham englouti, la rivière complètement obstruée. Lorsque les vents s'apaisèrent, le sable recouvrait tout sur des kilomètres entre Brandon et Barton Mills. Il devint extrêmement difficile de voyager dans cette région de dunes instables, caniculaire en été, infestée de bandits de grand chemin la nuit. D'authentiques *Arabia deserta* anglais, de sinistre réputation, auxquels le mémorialiste John Evelyn donna le nom de « Sables voyageurs », « lesquels ont dévasté le pays, roulant d'un endroit à l'autre, comme les Sables dans les Déserts de Libye, et ont entièrement enfoui les domaines de certains gentilshommes ».

Et c'est ainsi que je me retrouvai au beau milieu des « Sables voyageurs » d'Evelyn. La plupart des dunes sont désormais cachées par la forêt de pins plantée ici dans les années 1920 pour assurer notre approvisionnement en bois en prévision des guerres à venir. Les bandits de grand chemin ont disparu depuis longtemps. Mais l'endroit semble toujours dangereux, à demi enfoui, dégradé. Et si je l'aime autant, c'est que de tous les paysages anglais que je connais, il est celui qui me paraît le plus préservé. Il n'est certes pas préservé comme l'est le sommet intact d'une montagne. Mais c'est une zone sauvage et décrépite, où les hommes et la géologie ont conspiré pour créer un paysage étrange, riche du poids de l'histoire parallèle des campagnes : non pas seulement l'histoire des rêves de grandeur oisive des beaux domaines, mais celle d'un passé d'industrie, d'exploitation forestière, de crises, de commerce et de dur labeur. Je ne pouvais imaginer d'endroit plus parfait où trouver des autours. Ils s'accordent à la perfection à cet étrange paysage des Brecklands, car leur histoire est tout autant mêlée à celle des hommes.

C'est une histoire fascinante. Il fut un temps où les autours étaient une espèce endémique dans toutes les îles britanniques. « Il existe des *Autours* de maintes Sortes et

Grandeurs, écrivait Richard Blome en 1618, lesquels sont variés en valeur, force et courage, suivant les différentes *Contrées* où on les élève ; mais nul pays n'en procure d'aussi vaillants que la *Moscovie*, la *Norvège* et le Nord de l'*Irlande*, et tout spécialement le Comté de *Tyrone*. » Cependant, les qualités de l'autour furent oubliées avec l'avènement du Mouvement des enclosures qui limita la chasse au vol pour les petites gens, et avec l'introduction d'armes à feu de plus en plus précises qui firent de la chasse à tir une activité plus prestigieuse que la fauconnerie. De compagnons, les autours devinrent des nuisibles traqués par les gardes-chasses. Le fragile équilibre de cette population de rapaces déjà confrontée à la disparition de son habitat s'en trouva rompu, et à la fin du XIXe siècle, il n'en restait plus un seul en Grande-Bretagne. J'ai chez moi un cliché en noir et blanc d'un des derniers spécimens à avoir été tué sur une propriété écossaise. Un oiseau empaillé, hirsute, le regard vitreux. Une espèce disparue.

Dans les années 1960 et 1970, des fauconniers lancèrent discrètement un plan de réintroduction qui n'avait rien d'officiel. L'Association des fauconniers britanniques calcula qu'acheter un faucon à l'étranger pour le dresser ne coûtait pas plus cher que d'en importer deux et d'en relâcher un. Deux pour le prix d'un, la liberté en prime. Rien de plus facile avec un oiseau aussi autonome et bon prédateur que l'autour. Il n'y avait qu'à trouver une forêt pour y ouvrir la cage. Et c'est précisément ce que firent des fauconniers qui partageaient la même idée, un peu partout en Grande-Bretagne. Les oiseaux venaient de Suède, d'Allemagne et de Finlande. La plupart d'entre eux étaient des autours de la taïga, de gros oiseaux au plumage très clair. Certains furent relâchés délibérément, d'autres se perdirent tout simplement. Ils survécurent, se trouvèrent et se multiplièrent, secrètement mais avec succès. Aujourd'hui, on dénombre environ quatre cent cinquante couples en Angleterre. Furtifs, spectaculaires, parfaitement acclimatés. Le simple fait qu'il y ait des autours en Grande-Bretagne m'emplit de bonheur. Leur existence dément l'idée que la nature sauvage doive nécessairement être quelque chose qui n'a jamais été touché par le cœur ou la main de l'homme. La nature peut être l'œuvre de l'homme.

Il était huit heures trente très exactement. Je regardais à mes pieds une petite branche de faux houx sortant du sol, ses feuilles sang-de-bœuf luisantes comme du cuir ciré. J'ai levé les yeux et vu mes autours. Ils étaient là. Un couple montant au-dessus de la canopée dans l'air qui se réchauffait rapidement. Le soleil posait sa main chaude sur ma nuque, mais à la vue des autours en plein vol, je humai un air glacial. Glace, fougères et résine de pin – le cocktail de l'autour. Ces deux-là s'élevaient en planant. L'autour en vol prend une couleur difficile à décrire. Il n'est ni gris ardoise ni gris ramier, mais d'une sorte de gris nuage-de-pluie, et malgré la distance, je distinguai la houppe blanche de leurs plumes sous-caudales étalées en éventail sous leur queue courte et puissante, ainsi que la courbure magnifique de leurs plumes secondaires qui, lorsque les autours planent, permet de les distinguer à coup sûr des éperviers. Ils étaient attaqués par des corneilles et s'en fichaient complètement. L'une d'elles fondit sur le mâle qui haussa légèrement une aile pour la laisser passer. La corneille, pas folle, ne resta pas en contrebas de l'autour bien longtemps. Aucun des deux rapaces n'était en pleine parade : je ne les voyais pas se livrer à ces piqués vertigineux que décrivent les livres.

Ils jouissaient de l'espace qui les séparait, y sculptaient d'harmonieuses figures concentriques de toutes dimensions. En quelques battements d'ailes, le mâle, le tiercel, remontait au-dessus de la femelle, se laissait dériver vers le nord, puis redescendait, vif comme un coup de couteau ou une arabesque calligraphiée avec fluidité, pour se retrouver en dessous d'elle. La femelle, à son tour, incurvait l'une de ses ailes et s'élevait de nouveau avec lui. Ils étaient juste là, au-dessus d'un bois de pins. Puis ils ont disparu. Une minute plus tôt, ils étaient ici à tracer dans le ciel des courbes dignes d'un manuel de physique - puis plus rien. Je ne me souviens pas d'avoir baissé les paupières ni détourné le regard. Peut-être ai-je juste cligné des yeux, tout simplement, et dans l'interstice de ce minuscule moment de noir que le cerveau n'enregistre même pas, ils ont plongé dans le bois.

Je me suis assise, épuisée mais comblée. Les autours avaient disparu, le ciel était vide. Le temps s'est écoulé, la longueur d'onde de la lumière dans laquelle je baignais a diminué, le jour s'est consolidé. Un épervier, léger comme un jouet de balsa et de papier de soie enduit, a filé au ras du sol, est passé en vol plané au-dessus d'un talus envahi de ronces et a disparu dans les arbres. Je l'ai suivi du regard, perdue dans mes souvenirs. Dans un souvenir incandescent, irrésistible. L'odeur de résine mêlée à l'âcre senteur vinaigrée sécrétée par les fourmis saturait l'air. Je sentais sur mon cou le poids d'une paire de jumelles est-allemandes retenues par une chaîne en plastique à gros maillons dans lesquels j'avais glissé mes doigts d'enfant. J'en avais assez. Je n'avais que neuf ans. Mon père était debout à côté de moi. Nous cherchions des éperviers qui nichaient non loin, et en cet après-midi de juillet, nous espérions voir le spectacle qu'ils nous offraient parfois : un frisson bleu outremer se propageant d'une cime de pin à une autre lorsque l'un d'entre eux passait en vol glissé. L'éclair d'un iris jaune. Une gorge striée entraperçue à travers le mouvement des aiguilles de pin, ou une silhouette fugace imprimée en noir sur le ciel du Surrey. Pendant un moment, il avait été amusant de scruter l'ombre entre les pins et le dallage désordonné de taches noires et orange que le soleil projetait sur les troncs. Mais c'est dur d'attendre quand on n'a que neuf ans. Je portais des bottes en caoutchouc et donnais des coups de pied dans la clôture. Je gigotais, me tortillais. Je poussais des soupirs. Me suspendais au grillage. À un moment, mon père s'est retourné vers moi, mi-exaspéré, mi-amusé, pour m'expliquer quelque chose. Il m'a expliqué le mot *patience*. Il m'a dit que la chose la plus importante dont je devais me souvenir, c'était que, si l'on voulait vraiment voir quelque chose, il fallait parfois rester immobile, sans bouger, au même endroit, et se rappeler à quel point on voulait la voir, cette chose - en un mot, être patient. « Quand je travaille et que je dois prendre des photos pour le journal, il faut parfois que je reste assis des heures dans la voiture avant de pouvoir prendre la photo dont j'ai envie. Je ne peux pas me lever pour aller boire une tasse de thé, je ne peux même pas aller aux toilettes. Il faut que je sois patient. Si tu veux voir des faucons, tu dois être patiente, toi aussi. » Il n'était pas énervé, mais grave et sérieux. Ce qu'il faisait, c'était de me transmettre une « vérité de grande personne ». Moi, je hochais la tête, l'air boudeur, le regard fixé sur mes pieds. J'avais l'impression d'entendre un sermon, pas un conseil, et je n'ai pas compris alors ce qu'il essayait de me dire.

On finit toujours par comprendre. *Aujourd'hui,* me suis-je dit, n'ayant plus neuf ans, ne m'ennuyant plus, *j'ai été patiente et les autours sont venus*. Je me suis levée lentement, les jambes un peu engourdies d'être restées si longtemps immobiles, et j'ai découvert que je tenais une touffe de mousse des rennes, une petite sphère de ce lichen arborescent gris-vert pâle, qui peut survivre à tout ce que le monde lui fait subir. Un petit noyau de patience incarnée que l'on peut garder dans l'obscurité, congeler, ou dessécher à l'en rendre cassant, mais qui refuse de mourir. Il entre en dormance en attendant que la situation s'améliore. Impressionnant. J'ai soupesé cette pelote de brindilles qui ne pesait presque rien et, sur un coup de tête, j'ai glissé dans la poche de mon blouson l'infime souvenir que j'avais dérobé à ce jour où j'avais vu les deux autours. Arrivée chez moi, je l'ai posé sur une étagère, près du téléphone. Trois semaines plus tard, ce serait cette petite sphère de mousse des rennes que je regarderais fixement lorsque ma mère m'appellerait pour m'apprendre que mon père venait de mourir.

Chapitre 2
La Perte

J'étais sur le point de quitter la maison quand le téléphone a sonné. J'ai décroché à la hâte, les clefs à la main. « Allô ? » Une pause. Ma mère. Elle n'a eu qu'une phrase à dire. « L'hôpital Saint-Thomas a appelé. » Et j'ai su. J'ai su que mon père venait de mourir. J'ai su qu'il était mort parce qu'elle me l'a dit après la pause, d'une voix que je ne lui avais jamais entendue auparavant. Mort. Je me suis retrouvée au sol. Les jambes coupées, je m'étais effondrée et j'étais assise sur la moquette, le téléphone collé contre l'oreille droite, à écouter ma mère et à fixer la petite sphère de lichen posée sur l'étagère, incroyablement légère, un enchevêtrement indestructible de rameaux gris, effilés et poudreux, dont les interstices étaient emplis de vide et de silence, et ma mère répétait qu'ils n'avaient rien pu faire à l'hôpital, c'était son cœur, je crois, il n'y a rien eu à faire, cela ne sert à rien que tu reviennes ce soir, ne reviens pas ce soir, c'est une longue route, il est tard, le trajet est si long, ce n'est pas la peine que tu viennes - ce qui était absurde, évidemment. Ni elle ni moi n'avions la moindre idée de ce que nous pouvions faire, de ce que nous devions faire, ni de ce qui se passait véritablement, sauf que toutes deux, et mon frère, lui aussi, nous nous cramponnions à un monde qui n'existait déjà plus.

J'ai raccroché le téléphone. Je n'avais pas lâché mes clefs. Dans ce monde qui n'existait déjà plus, j'étais sur le point d'aller dîner avec Christina, une amie australienne, philosophe, qui avait assisté à toute la scène : elle était dans le canapé quand le téléphone avait sonné. Elle me regardait, le visage très pâle. Je lui ai dit ce qui venait d'arriver. Et j'ai insisté pour que nous allions quand même au restaurant parce que nous avions réservé, bien sûr, nous devions y aller, et c'est ce que nous avons fait, nous avons commandé, nos assiettes sont arrivées, je n'ai touché à rien. Le serveur, ennuyé, a voulu savoir s'il y avait un problème. Que dire...

Je crois, mais je ne m'en souviens pas, que Christina lui a expliqué, car il a fait quelque chose d'assez extraordinaire. Il a disparu puis est réapparu à notre table, l'air soucieux et apitoyé, avec une part de brownie au chocolat accompagnée d'une boule de glace et d'un brin de menthe planté dedans, le tout recouvert de cacao et de sucre glace. Offert par la maison. Sur une assiette noire. J'ai ouvert de grands yeux. *C'est ridicule*, me suis-je dit. *Qu'est-ce que c'est ?* J'ai retiré le brin de menthe planté dans la glace, j'ai regardé les deux toutes petites feuilles et la tige minuscule recouverte de chocolat, et j'ai songé : *Cela ne repoussera plus jamais.* Désemparée, touchée qu'un serveur ait pensé qu'un dessert gratuit pourrait me réconforter, je fixai l'extrémité coupée du brin de menthe. Cela me rappelait quelque chose. Je fouillai dans ma mémoire. Brusquement, je me suis retrouvée trois jours auparavant, dans le Hampshire, au jardin, par un beau week-end de mars ensoleillé, grimaçant parce que je venais d'apercevoir la vilaine coupure que mon père s'était faite au bras. *Tu t'es blessé ?* lui ai-je demandé. *Quoi, ça* ? m'a-t-il répondu tout en accrochant l'un des ressorts du trampoline que nous étions en train d'assembler pour ma nièce. *Je me suis fait ça l'autre jour, je ne sais plus comment, contre un truc. C'est pas bien méchant. Ça sera vite guéri. Ça cicatrise déjà bien.* Et c'est alors que l'ancien monde s'est penché vers moi, m'a murmuré adieu et a disparu. Je me suis enfuie dans la nuit. Il fallait que je reparte dans le Hampshire. *Tout de suite.* Parce que cette coupure ne guérirait... ne guérirait jamais.

Il existe un mot pour dire le deuil, en anglais. *Bereavement.* Ou encore *bereaved* et *bereft,* « endeuillé ». Du vieil anglais *bereafian,* qui signifie « priver de », « ôter », « saisir », « dérober ». Dérobé. Saisi. Cela arrive à tout le monde, mais on le ressent seul. On a beau essayer, le choc du deuil ne peut se partager. Ce que je tentai pourtant de faire à l'époque, en toute sincérité. « Imagine que ta famille soit réunie dans une pièce. Absolument tout le monde. Tous ceux que tu aimes. Et là, quelqu'un entre dans la pièce et balance un énorme coup de poing à chacun, dans le ventre. À chacun d'entre vous. Vous vous retrouvez tous par terre. Ce qui se passe, c'est que vous ressentez tous la même douleur, mais que chacun est tellement absorbé par cette douleur atroce qu'il se sent absolument seul. C'est à cela que ça ressemble. » Je finis mon petit discours avec un sentiment de triomphe, persuadée d'avoir trouvé la manière idéale d'expliquer à mes amis ce que je ressentais. Je ne comprenais pas pourquoi les gens, autour de moi, prenaient une mine navrée et horrifiée, incapable alors de saisir que mon exemple, qui impliquait d'imaginer le passage à tabac de leurs proches, puisse leur sembler frappé au coin de la folie.

Encore aujourd'hui, je n'arrive pas à tout remettre dans le bon ordre. Les souvenirs sont comme de lourds blocs de verre que je peux agencer indifféremment, mais qui ne constituent pas un récit. Un beau jour, nous voici en train de marcher de la gare de Waterloo jusqu'à l'hôpital, sous un ciel nuageux. Le simple fait de respirer exige une immense discipline. Ma mère se tourne vers moi, le visage tendu, et me dit : « Dans quelque temps, tout ceci ne sera plus qu'un mauvais rêve. » Les lunettes de mon père, repliées avec soin, que l'on pose dans la paume tendue de ma mère. Son manteau. Une enveloppe. Sa montre. Ses chaussures. Nous repartons, serrant contre nous un sac en plastique qui contient ses affaires. Les nuages sont toujours là, une frise de cumulus immobiles au-dessus d'une Tamise lisse comme un décor de cinéma peint sur verre. Sur le pont de Waterloo, nous nous penchons au-dessus du parapet en pierre de Portland pour regarder l'eau. Je souris, pour la première fois, je crois, depuis le coup de téléphone. En partie parce que l'eau coule vers la mer, et que ce phénomène de physique élémentaire a encore du sens dans un monde qui n'en a plus. Et en partie parce qu'une dizaine d'années plus tôt, mon père avait inventé un projet fabuleusement original pour occuper nos week-ends. Il avait résolu de photographier tous les ponts qui franchissent la Tamise. Il m'est arrivé de l'accompagner le samedi matin en voiture jusqu'au fin fond des Costwolds. Mon père était non seulement mon père, mais aussi un ami, et le complice rêvé de ce genre d'aventures. Depuis la source herbeuse du fleuve, non loin de Cirencester, nous avons marché et exploré, suivant les méandres d'un petit ruisseau boueux. Nous nous sommes introduits sur des propriétés privées pour prendre des photos de petits ponts de planches. Nous nous sommes fait injurier par des fermiers, charger par le bétail. Nous avons étudié des cartes avec une concentration extrême. Cela a pris toute une année, mais mon père est venu à bout de cette quête. Quelque part chez ma mère, il reste un dossier qui contient l'inventaire photographique exhaustif de tous les ponts permettant de franchir la Tamise, de sa source à son embouchure.

Un autre jour, nous sommes pris de panique à l'idée que nous ne retrouverons peut-être pas sa voiture. Il l'avait garée quelque part près du pont de Battersea, et bien sûr, il n'était jamais revenu. Nous la cherchons pendant des heures, de plus en plus désespérées, explorant ruelles et culs-de-sac en vain, élargissant nos recherches jusqu'à des rues de plus en plus éloignées des endroits où nous savons qu'elle pourrait être. À la fin de la journée, nous finissons par comprendre que, même si nous retrouvons la Peugeot bleue de notre père, sa carte de presse glissée dans le pare-soleil et ses appareils photo dans le coffre, notre recherche aura quand même été totalement inutile. Bien évidemment, la voiture a été emmenée à la fourrière. Je trouve le numéro et dis à l'employé qui décroche que le propriétaire de la voiture ne pourra pas venir la chercher parce que c'est mon père et qu'il est mort. C'est mon père, et il n'a pas eu l'intention de laisser la voiture là, mais il est mort. Il n'a vraiment pas eu l'intention de la laisser là. Des phrases folles, inexpressives, taillées dans la roche. Je ne comprends pas son silence embarrassé. Il s'exclame : « Je suis désolé, mon Dieu, je suis vraiment désolé ! » Mais il aurait pu dire n'importe quoi, cela n'aurait pas eu de sens. Il a fallu qu'on apporte le certificat de décès à la fourrière pour ne pas avoir à payer l'amende. Cela non plus ne signifiait rien.

Après les obsèques, je suis retournée à Cambridge. Je ne dormais plus. Je passais de longs moments à rouler en voiture. Je regardais le soleil se lever, le soleil se coucher, le soleil parcourir le ciel. Je regardais les pigeons qui se faisaient la cour, la queue en éventail, et se pavanaient majestueusement sur la pelouse devant chez moi. Les avions continuaient à se poser, les voitures à circuler, les gens à faire leurs courses, à discuter et à travailler. Plus rien de tout cela n'avait de sens. Pendant des semaines, j'ai eu l'impression d'être un bloc de métal chauffé au rouge. C'est exactement ce que je ressentais, au point d'être convaincue, en dépit de toutes les preuves du contraire, que si l'on m'avait posée sur un lit ou sur une chaise, je les aurais carbonisés et serais passée au travers.

C'est à ce moment-là qu'une sorte de folie m'a peu à peu envahie. Rétrospectivement, je ne pense pas avoir jamais été vraiment folle. Comme Hamlet, je n'étais folle que « par vent de nord-nord-ouest », et j'ai toujours su « distinguer un faucon d'un héron ». Mais parfois, j'étais frappée de voir combien les deux se ressemblaient. Je savais que je n'étais pas *folle* à lier parce que j'avais déjà vu des gens aux prises avec la psychose et que cela, c'était la folie, aussi reconnaissable que le goût du sang dans la bouche. J'étais atteinte d'un genre de folie très différent, une folie calme et dangereuse, extrêmement dangereuse. Une forme de folie destinée à m'empêcher de devenir folle. Mon esprit luttait pour combler l'abîme et construire un monde neuf et à nouveau habitable. Le problème, c'est qu'il n'avait aucun matériau : ni compagnon, ni enfant, ni maison. Pas même un emploi stable. Alors il s'empara de tout ce qui passait à sa portée. En désespoir de cause, il se mit à interpréter le monde de façon aberrante. J'ai donc commencé à établir des liens bizarres entre les choses. Des détails sans importance ont brusquement acquis une signification extraordinaire. Je lisais mon horoscope et j'y croyais. Présages. Coïncidences. Accès de déjà-vu. Souvenirs d'événements qui n'avaient pas encore eu lieu. Le temps ne progressait plus vers l'avant. Il était devenu quelque chose de solide contre lequel je pouvais m'appuyer tout en sentant qu'il me repoussait : un fluide épais, mi-gazeux mi-vitreux, qui coulait dans un sens et dans l'autre simultanément, poussant vers l'avenir des ondes de souvenirs et repoussant vers le passé les événements nouveaux, de sorte que ce que je découvrais pour la première fois me paraissait le souvenir d'un lointain passé. À plusieurs reprises, j'ai eu l'impression que mon père était assis à côté de moi, dans le train ou dans un café. Tout cela me réconfortait, parce qu'il s'agissait des folies normales de la douleur. C'est ce que j'apprenais dans les livres. J'avais acheté des livres sur la douleur, la perte, le deuil. Des piles de livres instables qui envahissaient mon bureau. En bonne universitaire, je pensais qu'un livre, cela sert à donner des réponses. Était-ce rassurant de lire que tout le monde voit des fantômes ? Que tout le monde cesse de s'alimenter ? Que tout le monde devient boulimique ? Que la douleur survient par étapes que l'on peut numéroter et épingler comme des insectes dans une vitrine ? Je lisais qu'après le déni vient le chagrin. Ou la colère. Ou la culpabilité. Je me rappelle m'être demandé anxieusement à quel stade j'en étais. Je voulais étiqueter le processus, l'ordonner, le rendre intelligible. Mais tout cela n'avait aucun sens, et je ne reconnaissais aucune des émotions décrites.

Les semaines ont passé. La saison a changé. Les feuilles ont poussé. Les matins se sont emplis de lumière. Les martinets sont revenus autour de ma maison, traversant le ciel de ce début d'été en criaillant. Je me suis mise à penser que j'allais mieux. J'en étais au stade de ce qu'on appelle *la douleur normale*. Une remontée lente et sans à-coups vers la vie, après la perte. *Ça sera vite guéri*. J'en souris encore avec ironie, quand je repense à l'insouciance de cette certitude, parce que je me trompais du tout au tout. J'étais traversée par une pulsion indétectable. J'avais désespérément besoin de matière, d'amour, de n'importe quoi pour combler la perte, et mon esprit n'avait aucun scrupule à recruter n'importe qui, ou n'importe quoi, pour y parvenir. En juin, comme il fallait s'y attendre, je suis tombée catastrophiquement amoureuse d'un homme qui a pris ses jambes à son cou lorsqu'il a réalisé à quel point j'étais brisée. Sa disparition m'a laissée pratiquement inconsciente. Même si je ne me souviens plus de son visage, même si je sais pourquoi il s'est enfui et qu'il aurait pu s'agir de n'importe qui, j'ai gardé une robe rouge que je ne remettrai jamais. C'est ainsi.

Puis le monde lui-même s'est effondré de douleur. Les cieux ont crevé, il s'est mis à pleuvoir sans interruption. Aux informations, il n'était question que d'inondations et de villes envahies par les eaux, de villages noyés au fond de lacs, de crues subites envahissant l'autoroute M4 et de vacanciers naufragés, de kayaks dans les rues du Berkshire, de montée du niveau de la mer, de la découverte que la Manche avait été creusée, des millions d'années auparavant, par la vidange brutale d'un gigantesque lac glaciaire. La pluie ne cessait de tomber, noyant les rues sous des centimètres d'eau bouillonnante, brisant les stores des boutiques, transformant la Cam paisible en un torrent café au lait chargé de branches cassées et de végétation détrempée. Cambridge avait sombré dans l'apocalypse. « Je ne vois absolument pas ce qu'elle a de bizarre, la météo », déclarai-je à une amie avec qui je prenais un café, toutes deux abritées sous un auvent tandis que la pluie s'abattait sur le trottoir derrière nos chaises avec une telle violence que nous baignions dans un brouillard froid.

Alors que la pluie tombait, que les eaux montaient et que je me débattais pour ne pas perdre pied, quelque chose de nouveau survint. À plusieurs reprises, je me réveillai perplexe. J'avais rêvé de rapaces, une fois encore. Je me mis à rêver de rapaces tout le temps. Encore un mot, *raptor,* qui signifie « oiseau de proie ». Du latin *raptor,* « ravisseur », de *rapere,* « saisir ». Dérober. Saisir. Ces rapaces étaient des autours, et l'un d'entre eux, un autour bien particulier. Quelques années auparavant, j'avais travaillé dans un refuge pour oiseaux de proie, là où l'Angleterre bascule dans le pays de Galles, une région de terres rouges, de charbonnages, de forêts humides et d'autours sauvages. L'oiseau en question, une femelle adulte, avait heurté une clôture en pleine chasse et s'était assommée. Quelqu'un l'avait retrouvée, inconsciente, et l'avait mise dans un carton pour nous l'amener. S'était-elle cassé quelque chose ? Était-elle blessée ? Nous nous sommes tous retrouvés dans une pièce sombre, le carton sur la table, et la directrice du centre a plongé sa main gauche gantée dans la boîte. Il y a eu une courte lutte et voici qu'est apparue dans l'obscurité, la crête grise toute hérissée, les plumes rayées de sa poitrine boursouflées par la peur et l'agressivité, une énorme et vieille femelle. Vieille parce que ses pieds étaient noueux et poussiéreux, et ses iris, d'un orange profond et ardent. Elle était *superbe.* Superbe comme le sont une paroi de granit ou une nuée d'orage. Elle emplissait la pièce. Son dos massif était recouvert de plumes décolorées par le soleil. Musclée comme un pitbull, elle intimidait même les soigneurs qui passaient leurs journées à s'occuper des aigles. Si sauvage, mystérieuse, reptilienne. Avec beaucoup de précautions, nous avons étendu ses longues et larges ailes tandis qu'elle tournait la tête comme un serpent pour nous fixer du regard, sans ciller. Nous avons palpé ses ailes et ses épaules pour vérifier qu'elle n'avait rien de cassé, effleurant des doigts ses os creux et légers, fins tuyaux renforcés d'entretoises comme l'intérieur d'une aile d'avion. Nous avons examiné les os de sa ceinture pectorale, ses pattes épaisses recouvertes d'écailles, ses doigts et ses griffes noires qui atteignaient plus de deux centimètres. Elle semblait n'avoir aucun problème de vision : nous avons présenté un doigt successivement devant ses deux yeux incandescents. *Clac, clac*, elle a ouvert et refermé son bec, puis a tourné la tête pour planter son regard dans le mien. Deux pupilles noires immobiles, dardant le long de la courbe noire du bec. À cet instant, il m'est soudain apparu que cet autour était plus grand que moi, plus important. Et bien plus ancien : un dinosaure arraché à la forêt de Dean. Ses plumes exhalaient une odeur particulière, préhistorique, qui m'a sauté au nez, l'odeur de rouille et de poivre d'une pluie d'orage.

Elle n'avait rien de cassé. Nous l'avons donc remise en liberté. Elle a ouvert ses ailes et en une seconde, elle avait pris son envol. Elle a disparu derrière une haie, obliquant vers le néant comme si elle avait trouvé une brèche dans l'atmosphère humide du Gloucestershire et s'y était glissée. Tel était l'instant précis que je ne cessais de revivre, le rêve qui me revenait sans cesse. À partir de ce moment-là, l'autour devint inévitable.

Chapitre 3

Petits univers

Je n'avais que douze ans lorsque j'ai vu un autour dressé pour la première fois. *S'il vous plaît, oh ! S'il vous plaît !* J'avais supplié mes parents. Ils m'ont laissée y aller. Mieux encore, ils m'y ont conduite. *On fera bien attention à elle,* dirent les hommes qui portaient des oiseaux sur leur poing. Des autours aux yeux orange, distants et imperturbables comme des statues, la queue rayée de gris, les plumes de leur poitrine d'un blanc vermiculaire. Je ne pouvais dire un mot. Je voulais que mes parents s'en aillent, mais dès que la voiture s'est éloignée, j'ai eu envie de les rejoindre en courant. J'étais terrifiée. Non par les rapaces, mais par les fauconniers. Je n'avais jamais rencontré d'hommes comme eux, qui descendaient en costume de tweed de leur Range Rover cabossée ; des hommes de la haute société, qui me proposaient du tabac à priser et dont la prononciation trahissait le passage par Eton et par Oxford. J'ai commencé à éprouver le désagréable pressentiment que, même si je voulais plus que tout au monde devenir fauconnier, peut-être ne serais-je jamais *complètement* l'une des leurs. Peut-être me regarderaient-ils comme une curiosité plutôt que comme une âme sœur. Mais j'ai chassé mes craintes et choisi de rester silencieuse, car c'était la première fois que je voyais des fauconniers à l'œuvre dans la nature. *Je n'oublierai jamais ce jour*, me suis-je dit. *Un jour, ce sera mon tour.*

Nous nous sommes mis en marche dans la sombre lumière hivernale à travers des champs recouverts d'un fin duvet de blé en herbe. Un grand vol de grives litornes quadrillait le ciel, le rendant étrangement semblable à la manche brodée de perles d'un costume élisabéthain. Mes bottes se chargeaient de terre argileuse. Et vingt minutes après notre départ survint ce que j'attendais, mais à quoi je n'étais absolument pas préparée. Un des autours tua un faisan. Ce fut une plongée courte et brutale du haut d'un chêne vers une haie détrempée et touffue. Un choc bref et assourdi, dans un fracas de branches cassées et de battement d'ailes. Des hommes qui courent et un oiseau mort que l'on place avec respect dans une gibecière. Je suis restée un peu à l'écart, à me mordre la lèvre, ressentant des émotions que j'étais incapable de nommer. Pendant un moment, je n'ai plus voulu regarder ces hommes et leurs autours, et mon regard a glissé vers les pans de lumière blanche que découpaient dans leur dos les branches de la haie. Puis je me suis dirigée vers l'endroit où l'autour avait tué sa proie. J'ai plongé le regard dans un enchevêtrement ténébreux. Six plumes de faisan couleur cuivre luisaient dans un creux, sous un prunellier. Passant la main entre les épines, je les ai dégagées une à une et les ai mises dans ma poche où je les ai serrées dans mon poing, comme pour retenir cet instant qui s'était refermé sur lui-même. C'était la mort que j'avais vue. Je n'aurais su dire quels étaient ces sentiments que j'avais éprouvés.

Mais ce jour me réservait une autre découverte que cette première rencontre avec la mort, quelque chose qui m'a marquée. Au fil de l'après-midi, des hommes ont disparu de notre groupe, l'un après l'autre : leurs oiseaux avaient décidé de ne plus participer à la chasse et, ne voyant plus pourquoi ils devraient revenir se poser sur le poing de leur fauconnier, ils s'étaient perchés dans des arbres, chacun à son tour, le regard fixé sur les étendues de prairies et de bois qui déclinaient, le plumage gonflé, l'air implacable. À la fin de la journée, le groupe avait perdu trois hommes, trois fauconniers qui attendaient chacun son oiseau respectif au pied de trois arbres différents. Je savais que les autours étaient enclins à bouder, perchés sur une branche – c'était décrit dans tous mes livres. Dans *Faucons et Fauconnerie* de Frank Illingworth, j'avais lu que « même l'autour le mieux dressé et le plus doux fait parfois preuve d'un comportement particulier. Il devient nerveux, rétif, asocial. Ces symptômes de folie passagère peuvent se manifester au cours d'une chasse. C'est un désagrément qui peut durer des heures ».

Ces hommes ne parurent pas irrités mais simplement fatalistes, acceptant la situation d'un haussement d'épaules sous leur veste cirée. Ils ont bourré leur pipe, l'ont allumée, et nous ont salués de la main. Nous avons poursuivi notre chemin à pas lourds dans le crépuscule. On aurait dit le sacrifice chevaleresque d'un explorateur polaire de la Belle Époque. *Non, non, continuez sans moi. Je ne ferais que vous ralentir.* L'humeur de leurs autours était singulière. Il ne s'agissait pas d'un accès d'asociabilité, mais d'un phénomène bien plus étrange. On aurait dit que ces autours ne nous voyaient plus du tout, qu'ils s'étaient échappés de notre monde pour pénétrer dans un univers complètement différent et sauvage, dont l'être humain aurait été entièrement effacé. Ces hommes savaient que leur oiseau avait disparu. Il n'y avait rien d'autre à faire qu'attendre. C'est pourquoi nous les avons laissés : trois silhouettes solitaires regardant fixement les branches d'un arbre dans le crépuscule hivernal, dans la brume qui s'épaississait sur les champs environnants, attendant que le monde retrouve son équilibre et que leur autour revienne. Et comme les plumes que je tenais au fond de ma poche, cette attente me serrait le cœur et me laissait déconcertée.

Je n'ai jamais oublié ces autours silencieux et rétifs, mais quand je suis devenue fauconnier, j'ai toujours refusé d'en dresser. Ils me faisaient froid dans le dos, évoquaient la mort et la difficulté - d'effrayants psychopathes aux yeux pâles, qui vivent et tuent dans les sous-bois. C'étaient les faucons que j'aimais : des rapaces aux yeux noirs, aux ailes effilées, à peine plus lourds qu'une balle de fusil et d'une extraordinaire aisance en vol. J'admirais leur verve aérienne, leur caractère amical et leurs piqués étourdissants de plus de mille pieds d'altitude, leurs ailes coupant le vent dans le sifflement d'une voile qui se déchire. Ils étaient aussi différents d'un autour qu'un chien l'est d'un chat. Plus encore, ils me semblaient *meilleurs* que les autours. Tous mes livres l'affirmaient : le faucon pèlerin était le plus bel oiseau de la Création. « Il est de noble nature, et parmi tous les animaux, l'incarnation la plus parfaite du pouvoir, de la vitesse et de la grâce », écrivait le capitaine Gilbert Blaine en 1936. Il m'a fallu des années pour comprendre que ce panégyrique du faucon s'expliquait en partie par la personnalité de ceux qui en possédaient. Car on peut « voler » un autour presque n'importe où, puisque sa technique de chasse consiste à s'élancer du poing et à fondre sur sa proie à courte distance. Mais pour « voler » un faucon, il faut d'immenses espaces, des landes à grouses entourant de grands manoirs, de vastes étendues de champs, toutes choses qui ne sont accessibles que si l'on est riche ou bien né. « Parmi les peuples cultivés, affirme encore Blaine, la possession et l'usage du noble faucon ont toujours été le droit et le privilège exclusif de l'aristocratie. »

Comparé à ces fauconniers aristocrates, l'*autoursier*, qui dresse en solitaire autours et éperviers, a toujours eu fort mauvaise presse. Au XIVe siècle déjà, le poète normand Gace de La Bigne sermonnait ainsi ses lecteurs : « De bons ostours te faut avoir, mais ne gardez en la chambre des fauconniers ces malgracieux ostruciers. [...] Ils sont maudits en l'escripture, car de compagnie n'ont cure. » Il ajoutait que lorsqu'on voyait un homme mal conformé, les pieds trop grands, les jarrets longs et informes, bâti comme un tréteau, « à qui nature a trop haut mis les os des hanches et assis les épaules en trop haut lieu, [...] quand l'on veut de lui se moquer, l'on dit : "Regarde, quel ostrucier !" ». Tel maître, tel oiseau - la critique est reprise, encore six siècles plus tard. « On ne peut ressentir pour un autour le même respect et la même admiration que ceux qu'on accorde à un faucon pèlerin, explique Blaine, et les noms que l'on leur donne habituellement suffisent à les décrire. "Vampire", "Jézabel", "Swastika", voire "Mrs. Glasse", du nom d'une célèbre cuisinière du XVIIIe siècle, leur sont tout à fait appropriés, mais ils seraient totalement déplacés pour un faucon pèlerin. » L'autour était un scélérat : une brute meurtrière, difficile à dresser, maussade, indisciplinée. Un marginal. *Sanguinaire*, écrivait au XIXe siècle le major Charles Hawkins Fisher, sans cacher sa désapprobation. *Vile*. Pendant des années, j'ai partagé son opinion, parce que j'avais régulièrement des conversations qui renforçaient ma conviction que jamais je n'en dresserais un.

— Vous faites voler des faucons ? me demanda un jour un fauconnier. Moi, je préfère les autours. On sait à quoi s'en tenir, avec un autour.

— Ils ne sont pas trop pénibles ? dis-je, me rappelant toutes ces silhouettes voûtées haut perchées dans des arbres dénudés.

— Pas si vous connaissez le secret, répliqua-t-il en se penchant vers moi.

Il avait quelque chose de Jack Nicholson. J'eus un mouvement de recul, un peu effrayée.

— C'est très simple. Si vous voulez un autour bien élevé, il n'y a qu'une chose à faire. Lui donner l'occasion de tuer. Aussi souvent que possible. *Le meurtre*, y a que ça pour lui remettre les idées en place.

Et il sourit jusqu'aux oreilles.

— Super !

Il y eut un moment de silence, comme si ce n'était pas la réponse souhaitée. Je fis une nouvelle tentative :

— Merci.

Tout en pensant : *Bon sang ! Pas question d'abandonner les faucons, ça, non merci.* Je n'aurais jamais imaginé qu'un jour, je dresserais un autour. Jamais. Je n'avais jamais rien entrevu qui me ressemble un tant soit peu dans leurs yeux de meurtriers cruels et solitaires. *Ce n'est pas pour moi*, m'étais-je dit plus d'une fois. *Ça n'est pas moi*. Mais le monde avait changé, et moi aussi.

La fin du mois de juillet approchait et je m'étais convaincue d'être revenue à mon état normal, ou presque. Mais le monde qui m'entourait devenait vraiment très étrange. La maison était inondée d'une lumière profonde et livide, moitié magnolia, moitié eau de pluie. Les objets y restaient figés, sombres et parfaitement silencieux. J'avais parfois l'impression d'habiter une maison bâtie au fond de l'océan. Je ressentais d'imperceptibles pressions, de petits chocs dans les tuyaux. Je m'entendais respirer, et ce bruit me faisait sursauter. Il y avait quelque chose chez moi, quelque chose qui se tenait à mes côtés et que je ne pouvais ni voir ni toucher, à une fraction de millimètre de ma peau, quelque chose qui n'allait pas du tout et qui mettait une distance infinie entre moi et les objets familiers de ma maison. Je faisais comme si de rien n'était. *Je vais bien*, me répétais-je. *Parfaitement bien*. Et je marchais, je travaillais, je préparais le thé, je faisais le ménage, la cuisine, je mangeais, j'écrivais. Mais la nuit, alors que la pluie parsemait les carreaux de petits points de lumière orange, je rêvais de l'autour se glissant dans l'air humide pour s'échapper vers un autre monde où je voulais le suivre.

Je me suis assise devant mon ordinateur, dans la lumière pluvieuse de mon bureau. J'ai téléphoné à des amis. J'ai envoyé des courriels. J'ai trouvé un éleveur en Irlande du Nord à qui il restait un jeune autour de la nichée de l'année, âgé de dix semaines. Une femelle, à moitié tchèque, un quart finlandaise et un quart allemande, et pour un autour, elle était de petite taille. Nous sommes convenus que j'irais la chercher en Écosse en voiture. Je me suis dit que j'allais être heureuse d'avoir un petit autour. « Petit » : c'était bien le seul critère que j'avais moi-même déterminé. Je n'ai jamais pensé une seule seconde avoir eu mon mot à dire quant à l'animal lui-même. C'était l'autour qui s'était emparé de moi. Pas l'inverse.

Lorsqu'il a cessé de pleuvoir, la canicule s'est installée. Les chiens haletaient, étalés de tout leur long sous l'ombre noire des tilleuls, et les pelouses devant les maisons ont pâli et se sont transformées en foin. Un vent chaud et humide chassait les feuilles sans parvenir à rafraîchir l'atmosphère. Le genre de vent qui aggrave la situation, comme d'agiter la main dans un bain chaud. On avait l'impression de patauger jusqu'au cou dans un liquide épais. Je suis montée dans ma voiture transformée en fournaise pour aller voir un ami qui habite dans un village juste à la sortie de Cambridge. Je voulais discuter d'autours, et personne n'est plus qualifié que Stuart pour cela. C'est mon gourou en la matière. Des années auparavant, j'avais chassé au vol avec lui certains après-midi de fin d'hiver, marchant sur le sol gelé, traversant les ombres étirées et les champs de betteraves à la recherche de faisans sauvages ; son grand autour femelle était posé sur son poing comme une figure de proue légèrement penchée dans le vent argenté. Stuart est un type extraordinaire : charpentier, ex-biker, solide et serein comme la houle du grand large, et Mandy, sa compagne, est une femme généreuse dotée d'un humour débordant. Aller les voir tous les deux, c'était comme un bon coup de fouet. J'avais presque oublié combien le monde pouvait être sympathique et chaleureux. Stuart a démarré le barbecue et le jardin s'est rempli d'enfants et d'adolescents, de fumée de cigarette et de chiens de chasse qui reniflaient de-ci de-là. Des furets s'agitaient dans leur cage. À mesure que l'après-midi avançait, le ciel a blanchi et le soleil s'est voilé derrière une fine trame de nuages fibreux. Un Spitfire tournait au-dessus de nous. Nous nous épongions le front. Les chiens haletaient, les furets s'abreuvaient à leur bouteille et Stuart s'affairait au-dessus de son barbecue. Lorsqu'il a tourné le coin de la maison et nous a rejoints en s'essuyant le front de l'avant-bras, il a eu l'air surpris :

— On dirait qu'il fait plus frais.

Nous nous sommes exclamés en chœur :

— Non, c'est juste que tu t'es éloigné de ton barbecue !

Je me suis laissée tomber avec mon hamburger sur une chaise en plastique blanc. Sur un perchoir planté au milieu de la pelouse, à l'ombre de la haie, parfaitement indifférent à toute cette agitation, se tenait un parfait petit faucon pèlerin qui lissait avec soin les longues plumes rayées de ses culottes.

— À moitié tchèque ? a repris Stuart. L'autour le plus sanguinaire que j'aie jamais dressé était tchèque. Un vrai cauchemar. T'es vraiment sûre que c'est ce que tu veux faire ? (Il m'a désigné l'oiseau de la tête.) Tu peux faire voler celui-ci, tu sais, si tu en as envie. Tu veux un pèlerin ?

Mon cœur a fait un bond. Le faucon. Il était là, créature incroyablement belle, couleur d'éclat de silex et de craie, les ailes repliées et impeccablement croisées sur son dos, la tête comme ornée de favoris noirs tournée vers le ciel. Il regardait le Spitfire avec un intérêt tout professionnel. J'ai levé les yeux. Le bruit du moteur avait changé. Le pilote avait réduit les gaz et redescendait lentement dans l'atmosphère blanchâtre vers le musée de l'Aviation. Le faucon, la tête inclinée, le suivait aussi des yeux. Nos deux regards étaient parfaitement parallèles. Pendant un long moment de doute, je me suis demandé si je n'allais pas commettre une erreur terrible.

— J'en serais absolument ravie, dis-je d'une voix guindée et polie.

Le reste de mon hamburger a soudainement perdu toute saveur. Puis j'ai pris une grande inspiration et les mots ont jailli.

— Je veux dire qu'en temps normal, c'est ce que je ferais, je sauterais sur l'occasion. C'est une proposition incroyable, Stuart. Mais ce que je veux véritablement, c'est cet autour.

Il a hoché la tête. Courageusement, j'ai terminé mon hamburger. Le ketchup a coulé le long de mon bras comme une blessure.

Il y aurait donc un autour. Mais ensuite, voici ce qui est arrivé. Je me suis mise à éviter de regarder un livre rangé dans la bibliothèque près de mon bureau. Au début, cela n'a été qu'une sorte de point aveugle, un clignement des yeux involontaire ; puis comme un grain de sable au coin de l'œil. Je parcourais du regard l'endroit où se trouvait ce livre avec une légère impression de malaise que je n'arrivais pas à totalement identifier. Bientôt, je n'ai plus pu m'asseoir à mon bureau sans avoir conscience qu'il était là. Sur la deuxième étagère en partant du haut. Couverture entoilée rouge. Lettres argentées imprimées sur le dos. *The Goshawk. By T. H. White.* Je voulais ignorer que ce livre était là et je ne voulais pas me demander pourquoi. Mais très rapidement, ce foutu livre est devenu la seule chose que je voyais lorsque je m'asseyais à mon bureau, même si c'était le seul objet de la pièce que je refusais de regarder. Un matin, assise à ma table éclairée par le soleil, un café à portée de main et l'ordinateur allumé, incapable de me concentrer, j'ai cédé. C'était ridicule. Je me suis penchée pour l'attraper et l'ai posé devant moi. Il n'avait rien de particulièrement maléfique. C'était un vieux bouquin taché d'humidité, dont le dos, abîmé aux deux extrémités, s'effilochait comme s'il avait traîné des années durant dans d'innombrables sacs et caisses. Mes émotions désormais m'intriguaient. J'ai réfléchi à ce livre avec précaution, comme on tâte du bout de la langue une dent douloureuse. Mon aversion était palpable, mais mêlée d'une étrange appréhension qu'il me fallait disséquer, puisque je ne savais pas exactement de quoi elle était faite. J'ai donc ouvert le livre et ai commencé à lire. *Chapitre un. Mardi. La première fois que je le vis, on eut dit une chose arrondie comme un panier en osier recouvert de toile de jute.* Une phrase venue d'un temps ancien, qui exprimait l'appréhension d'un autre être. Non pas celle de l'homme qui l'avait écrite. La mienne. La mienne quand j'avais huit ans.

J'étais une enfant maigrichonne qui avait poussé trop vite, des taches d'encre plein les doigts, des jumelles autour du cou et les jambes ornées de sparadrap. Les pieds en dedans, les genoux cagneux, j'étais timide, spectaculairement maladroite, nulle en sport, allergique aux chevaux et aux chiens. Mais j'avais une obsession, les oiseaux, surtout les oiseaux de proie. J'étais convaincue qu'ils étaient les créatures les plus parfaites qui aient jamais existé. Mes parents, quant à eux, pensaient que cette manie passerait comme les autres, dinosaures, poneys ou volcans. Mais il n'en a rien été. Elle s'est aggravée. À l'âge de six ans, j'ai essayé de m'endormir, le soir, les bras repliés derrière le dos, comme si j'avais des ailes. Cela n'a pas duré longtemps car il est très difficile de dormir dans cette position. Plus tard, lorsque j'ai découvert des images d'Horus, dieu de l'ancienne Égypte à tête de faucon, tout de faïence et de turquoise, un trait noir en forme de moustache impeccablement tracé sous ses grands yeux obsédants, j'ai été saisie d'une crainte quasi sacrée. Là était mon dieu, et non celui qu'on priait à l'école et qui était un vieil homme barbu drapé de blanc. Pendant des semaines de secrète hérésie, j'ai murmuré *Cher Horus* au lieu de *Notre Père* lorsque tous les élèves rassemblés récitaient cette prière avant d'aller en cours. Cela me semblait une forme d'adresse convenable, que j'avais apprise en rédigeant des mots de remerciements après des anniversaires. Les habitudes du faucon, les différentes espèces de faucons, les noms scientifiques du faucon – j'apprenais tout. Je collais des images de rapaces sur les murs de ma chambre, j'en dessinais sans relâche sur des feuilles de carnets, dans les marges des journaux ou de mes cahiers d'école, comme si je pouvais leur donner vie par ce simple fait. Je me rappelle d'un professeur nous montrant des photos de la grotte de Lascaux et nous expliquant que l'on ne savait pas pourquoi les hommes préhistoriques avaient représenté ces animaux sur les parois. J'étais indignée. Je savais parfaitement pourquoi, mais à l'époque, j'étais incapable de mettre des mots sur mon intuition de manière compréhensible, même pour moi-même.

Lorsque j'ai découvert que la fauconnerie existait toujours, les choses ont perdu un peu de leur aura mystique. J'ai annoncé à mes parents, d'une patience à toute épreuve, que lorsque je serais grande, je serais fauconnier, et je me suis mise à collecter toutes les informations possibles sur cet art miraculeux. Mon père et moi avons consacré une grande partie des balades familiales à la chasse aux livres spécialisés, et l'un après l'autre, les grands classiques du genre ont rejoint notre bibliothèque, enveloppés dans des sacs en papier, trophées d'occasion dénichés chez des bouquinistes qui ont depuis disparu : *La Fauconnerie*, de Gilbert Blaine ; *La Fauconnerie*, de Freeman et Salvin ; *Faucons et fauconnerie*, de Frank Illingworth, et les *Conseils aux Fau-*

conniers de Harting. Que des livres d'hommes. Je les ai lus et relus, apprenant par cœur de pleines brassées de prose du XIXe siècle. Fréquenter ces auteurs, c'était comme se retrouver parachuté dans une prestigieuse école privée, car ces ouvrages avaient presque tous été écrits par des chasseurs au franc-parler, des aristocrates qui s'habillaient en tweed, chassaient au gros en Afrique et avaient des opinions très tranchées. Ce faisant, je ne me contentais pas d'apprendre les moindres détails des techniques de dressage des faucons. Je m'imprégnais des préjugés de l'élite impériale britannique. Je vivais dans un monde où les faucons pèlerins anglais volaient toujours plus vite que les oiseaux étrangers, dans un paysage de landes et de manoirs d'où les femmes étaient absentes. Ces hommes étaient des frères de sang. Je me sentais l'un d'eux, l'un des élus.

Je suis donc devenue la plus casse-pieds des spécialistes en fauconnerie. L'après-midi, après l'école, ma mère écrivait des articles pour le journal local : fêtes de village, décisions d'urbanisme, affaires judiciaires... Elle s'installait dans la salle à manger avec sa machine à écrire, un paquet de Benson & Hedges, une tasse de thé et un carnet de sténo à portée de main, et sa petite fille, debout près d'elle, lui débitait des phrases et des phrases d'extraits de livres de fauconnerie du XIXe siècle, pas toujours très bien mémorisées. Mais il me semblait vital d'expliquer à ma mère que *bien que « la peau de chien » soit le cuir qui convient le mieux pour fabriquer les longes, il est pratiquement impossible d'en trouver de nos jours*. Que le souci avec les faucons merlins, c'est qu'ils sont *enclins à s'enfuir avec leurs proies*. Et savait-elle que *le faucon sacre étant originaire des régions désertiques, il se révèle piètre chasseur sous le climat de l'Angleterre* ? Tout en installant de nouvelles feuilles de papier jaune et en positionnant les carbones afin qu'ils ne glissent pas, elle faisait oui de la tête, tirait sur sa cigarette et me disait combien tout cela l'intéressait, d'une voix qui évitait le moindre soupçon de condescendance avec un naturel extraordinaire. En peu de temps, je suis devenue une experte en fauconnerie, à la façon de ce marchand de tapis qui fréquentait la librairie où j'ai travaillé à une époque et qui était un expert des guerres médiques. Timide, d'âge moyen, le costume froissé et l'air d'avoir subi une indéfinissable défaite, il se frottait anxieusement le visage tout en commandant des livres au comptoir. Il n'aurait pas survécu longtemps sur un champ de bataille, mais il savait absolument tout sur ces guerres, il en connaissait toutes les batailles dans les moindres détails, savait exactement où les troupes phocéennes s'étaient postées sur les chemins de montagne. C'était ainsi que je connaissais la fauconnerie. Lorsque, des années plus tard, j'ai eu mon premier faucon, j'ai été sidérée par la réalité de la chose. J'étais ce vendeur de tapis à la bataille des Thermopyles.

Nous sommes à l'été 1979. Je suis une gamine de huit ans dans une librairie. Debout sous une fenêtre de toit, je tiens un livre de poche à la main et suis profondément perplexe. *Qu'est-ce qu'une histoire de séduction du XVIIIe siècle ?* Je n'en ai aucune idée. Je relie le texte imprimé au dos du livre :

> *L'Autour* est l'histoire d'un long duel entre M. White et un superbe oiseau de proie pendant le dressage de ce dernier. C'est le récit du combat intense de deux volontés à l'issue duquel la fierté et l'endurance du rapace sauvage sont minées puis finalement brisées par l'obstination quasi démente de ce fauconnier et professeur de lettres. C'est une histoire profondément envoû-

tante, à la fois comique et tragique, qui ressemble étrangement à l'une de ces histoires de séduction du XVIIIe siècle.

Cela ne me disait toujours rien. Mais ce livre, il me le fallait parce qu'il y avait un autour représenté sur la couverture. Sous ses sourcils, son regard était chargé d'une fureur truculente ; son plumage festonné dessinait des écailles dans une explosion de safran et de bronze. Ses serres agrippaient si fortement le gant décoré que je sentais mes propres doigts fourmiller et s'engourdir. Il était superbe, tendu à l'extrême par l'antipathie : tout ce que ressent un enfant en colère qu'on a forcé à se taire. À peine rentrée à la maison, j'ai couru dans ma chambre, me suis jetée à plat ventre sur mon lit et ai ouvert le livre. Je me souviens d'être restée là, appuyée sur les coudes, les pieds en l'air, et c'est là que j'ai lu la première page de *L'Autour* pour la première fois.

> La première fois que je le vis, on eût dit une chose arrondie comme un panier d'osier recouvert de toile de jute. Mais il était agité et menaçant, hideux comme un serpent aux yeux de ceux qui ne les connaissent pas.

C'était inhabituel. Ce texte ne ressemblait absolument pas à mes autres livres de fauconnerie. La petite fille que j'étais alors lisait en fronçant les sourcils. C'était un livre sur la fauconnerie écrit par un homme qui n'y connaissait rien et qui parlait de son rapace comme s'il s'agissait d'un monstre, sans mener le dressage comme il le fallait. J'étais totalement décontenancée. Les adultes étaient des experts. Ils écrivaient des livres pour vous expliquer les choses que vous ne connaissiez pas. Des livres pour dire comment s'y prendre. Pourquoi donc un adulte écrivait-il pour expliquer ce qu'il ne savait pas faire ? De plus, ce livre était truffé de passages décevants qui n'avaient rien à voir avec le sujet. Il traitait de la chasse à courre, de la guerre ou de l'histoire. Frustrée, je ne saisissais pas les références au Saint Empire romain germanique, ni à Strindberg ou à Mussolini, pas plus que je ne savais ce qu'était un *pickelhaube*, et je ne comprenais absolument pas ce que tout cela venait faire dans un livre censé parler d'un autour.

Plus tard, je suis tombée sur une critique de ce livre dans un vieux numéro du journal de l'Association des fauconniers britanniques, magnifiquement laconique. « Pour ceux qu'intéresse le morne processus d'introspection que constituent l'acclimatation et le dressage d'un autour, ce livre est un catalogue fort bien écrit de tout ce qu'il ne faut pas faire. » Les hommes en tweed avaient parlé. J'étais du bon côté, j'avais le droit de ne pas aimer cet adulte et de considérer qu'il était stupide. Je suis aujourd'hui mortifiée de repenser au soulagement éprouvé en lisant cet article, un soulagement qui n'était fondé que sur une erreur de jugement catastrophique quant aux dimensions de l'univers. Je m'étais réfugiée dans un sentiment de supériorité insouciante qui est le rempart des médiocres. Malgré tout, la gamine de huit ans que j'étais alors vénérait le faucon du livre. Un autour prénommé Gos. Gos était réel à mes yeux. Gos avait des rémiges d'acier, des yeux d'un orange intense comme les œillets d'Inde, il sautillait, volait et repliait ses grandes ailes sur un morceau de foie cru enfermé entre ses serres. Il pépiait comme un oiseau chanteur et avait une peur panique des voitures. J'aimais Gos. Je le comprenais, tandis que l'écrivain, lui, dépassait l'entendement.

Il y a quelques années, j'ai rencontré un pilote de U-2 à la retraite. Bel homme, de haute taille et tranchant comme un silex, il se tenait avec le calme imperturbable qu'on attend de la part d'un homme qui a passé des années à voler aux confins de l'espace dans un avion-espion américain d'un noir cendreux. Les implications géopolitiques de ses missions étaient plus que déconcertantes, mais difficile d'imaginer un gagne-pain plus prestigieux que de survoler la terre à quatre-vingt mille pieds d'altitude, là où elle s'incurve sous vos yeux et où le ciel est d'encre. Vêtu d'une combinaison spatiale, vous êtes coincé dans un cockpit pas plus grand qu'une baignoire, à piloter une machine qui a fait son vol inaugural l'année de la mort de James Dean. Vous ne pouvez pas toucher le monde, mais simplement le photographier. L'avion n'est pas armé, votre seule protection est l'altitude. Toutefois, au cours de cette conversation, ce qui m'a le plus impressionnée ne fut pas les récits de grande aventure ou « d'incidents » impliquant des Mig russes qu'il racontait avec humour, mais la façon dont il avait dû lutter contre l'ennui. Ces missions en solo pouvaient durer neuf heures d'affilée. Parfois douze.

— Ça devait être horrible, non ? lui ai-je demandé.

— C'est vrai que, parfois, on était un peu seul, là-haut.

Mais au son de sa voix, on sentait qu'il était encore nostalgique. C'est alors qu'il a ajouté une précision tout à fait inattendue :

— Je lisais.

Et à ces mots, son visage a changé, ainsi que sa voix : l'accent pince-sans-rire de *L'Étoffe des héros* avait été remplacé par un enthousiasme timide et enfantin.

— *La Quête du roi Arthur*. Le roman de T. H. White. Vous connaissez ? Un écrivain anglais. Un grand livre. C'est ça que j'emportais là-haut et que je lisais à l'aller et au retour de mission.

— Bien sûr que je connais ! C'est incroyable !

C'est une histoire extraordinaire qui me fascine encore. Il était une fois un homme en combinaison spatiale qui lisait *La Quête du roi Arthur*, grande épopée historique, réécriture comique, tragique et romantique de la geste arthurienne, qui parle de guerre et d'agression, de puissance et de justice, et qui cherche à définir ce qu'est une nation, ou ce qu'elle pourrait être.

White n'est pas un écrivain à la mode. Pendant mes études de lettres à l'université, je n'ai jamais entendu prononcer son nom. Mais un jour, il fut un écrivain qui connut la gloire. En 1938, il publia *L'Épée dans la pierre*, un livre pour la jeunesse racontant l'enfance du roi Arthur, qui le rendit riche et célèbre. Walt Disney s'empara des droits et en fit un dessin animé. Puis il écrivit *La Quête du roi Arthur*, qui reprend l'ensemble du cycle arthurien, et dont a été inspiré *Camelot*, la comédie musicale créée à Broadway en 1960 et le film du même nom. White a donc exercé une influence considérable : la Maison-Blanche des années Kennedy comparée à la ville légendaire de Camelot, c'est White. Quand vous pensez à Merlin l'Enchanteur coiffé de son grand chapeau pointu couvert d'étoiles, c'est toujours White. Et quand j'imagine ce pilote de U-2 lisant un livre sur le roi Arthur tout en haut dans le ciel, ce livre bizarrement réinterprété pour transformer un épisode de la vie politique américaine en conte de fées, je ne peux m'empêcher de penser à une phrase de la poétesse Marianne Moore : *Le remède contre l'isolement est la solitude*. La solitude du pilote d'un avion-espion, qui peut tout voir mais rien toucher, et qui lit *La Quête du roi Arthur* à cinquante mille pieds au-dessus des nuages – penser à son immense isolement, le souvenir de certaines choses qui me sont arrivées et le fait que T. H. White ait été l'un des hommes les plus seuls ayant jamais vécu, tout cela m'a un peu brisé le cœur.

L'Autour est une œuvre de jeunesse écrite avant les livres qui ont rendu White célèbre. « Ce livre traite des efforts d'un philosophe mineur, comme il l'explique lui-même avec tristesse, qui vit seul dans un bois, lassé de la compagnie de ses semblables, et qui tente d'apprivoiser une personne qui n'est pas un humain mais un oiseau. » Lorsque je l'ai relu, des années après ma première découverte d'enfant, j'y ai vu bien plus que le récit d'un fauconnier incompétent. J'ai compris pourquoi ce livre était considéré comme un chef-d'œuvre. White avait fait de la fauconnerie un combat métaphysique. Comme *Moby Dick* ou *Le Vieil Homme et la mer*, *L'Autour* est une rencontre littéraire entre l'animal et l'homme qui reprend la tradition puritaine du combat spirituel, de la lutte entre l'homme et Dieu, dont l'enjeu est le salut. Mon moi plus âgé, plus expérimenté, considérait désormais les aveux d'ignorance de White comme des actes de courage, et non des signes de bêtise. Mais je restais en colère contre lui. Tout d'abord parce que son faucon avait horriblement souffert de ses tentatives de dressage, et aussi parce que sa description de la fauconnerie comme un combat entre l'homme et le rapace avait eu une influence considérable sur l'opinion que nous nous faisions des autours et de la fauconnerie. Et à le dire franchement, je détestais l'image que White en avait donnée. Je ne pensais pas que la fauconnerie soit une guerre, je savais que les autours n'étaient pas des monstres. La petite fille indignée à plat ventre sur son lit s'indignait encore.

Voilà les réflexions qui me sont venues à l'esprit alors que je restais assise devant ce livre ouvert sur mon bureau, quatre mois après la mort de mon père. J'ai poursuivi ma lecture et, chemin faisant, j'ai éprouvé un petit choc en comprenant soudain pourquoi j'avais refusé de regarder ce livre pendant des semaines. Je savais désormais que ma rancœur tenait au fait que, pour la première fois, le besoin que j'avais de dresser un autour ne pouvait s'expliquer entièrement par des raisons personnelles. Mes raisons étaient en partie les mêmes que celles de White.

Chapitre 4

M. White

16 mars 1936. Du côté de la façade est de l'immense palais néopalladien qui abrite la Stowe School, des choucas s'affairent dans le châtaignier, l'eau s'écoule du toit de l'ancienne écurie qui abrite désormais des chambres, et dans l'une d'entre elles, M. White, directeur du département d'anglais, a repoussé les couvertures en tas au pied de son lit et tient en équilibre sur ses genoux un carnet dans lequel il rédige rapidement, de son écriture petite mais claire. Il se demande s'il s'agit de son livre le plus important. Il ne fera pas sa fortune. Mais il le sauvera.

Il pense qu'il va bientôt partir. La vie du collège est irréelle. Tout ce qui l'entoure est irréel. Il ne supporte pas ses collègues. Il ne peut plus supporter les élèves non plus ; en groupe, ils sont aussi infects que le haddock. Il faut qu'il s'en aille. Il vivra de sa plume. Son dernier livre s'est bien vendu. Il en écrira d'autres. Il louera un cottage en Écosse et passera ses journées à pêcher le saumon. Peut-être emmènera-t-il avec lui la serveuse du pub dont il aura fait son épouse, cette beauté aux yeux noirs qu'il courtise depuis des mois, même si, jusqu'à présent, il n'a été amoureux d'elle que platoniquement et que cela ne l'a mené nulle part. Les longues heures passées assis au bar se sont le plus souvent terminées dans une ivresse sans espoir. Cela fait longtemps qu'il boit trop et qu'il est malheureux. Mais les choses vont changer.

Le carnet dans lequel il écrit est gris. Il a collé sur la couverture la photo d'une de ses couleuvres à collier et tracé à l'encre les lettres ETC au-dessus. Le serpent convient parce qu'il s'agit d'un journal intime où il consigne ses rêves, même si l'on y trouve également d'autres choses : des fragments de textes, des plans de cours, des dessins de sphinx et de dragons rampants, et quelques tentatives d'autoanalyse :

1. Nécessité d'être le meilleur pour être aimé
2. Pas réussi à être le meilleur
3. Pourquoi cet échec ? (Mauvaise approche de ce que je faisais ?)

Mais principalement, le carnet contient le récit de ses rêves. Des rêves de femmes dotées de pénis, de boîtes emplies d'hymens comme des rognures d'ongles, de cobras qui se dressent mais sont inoffensifs. Il y a des rêves où il a oublié son fusil mais ne peut emprunter celui de son ami parce que celui-ci le donne à sa femme. Des rêves où il est un agent secret qui espionne des hitlériens, caché dans un trou dont seule émerge sa cigarette. Des rêves où il doit cacher son fusil de chasse dans le coffre de la voiture de sa mère pour éviter qu'il ne soit frappé par la foudre. Et même un rêve où son psychanalyste le félicite de la qualité de ses rêves.

« Il s'appelle Bennet, E. A. Bennet, a-t-il écrit à Leonard Potts, son ancien tuteur à Cambridge et sorte de figure paternelle. C'est un homme tout à fait exceptionnel, car guérir un cas comme le mien, c'est extrêmement rare, je crois, voire inédit. » S'ensuit une affirmation qu'il faut certainement comprendre comme le fantasme de ce qu'il souhaite devenir : « Un de mes amis, qui était un homosexuel sadique, est désormais un mari et un père de famille heureux. » Cela fait un an que White s'adonne à l'analyse avec acharnement. Il est convaincu que Bennet le guérira de tout : de son homosexualité, de son mal-être, de son sentiment d'irréalité, de son sadisme, de toutes ses confusions et de ses peurs. Tout se déroule bien. Il est quasi certain d'être amoureux de la serveuse. « Je suis si heureux que je sautille dans la rue comme une bergeronnette », écrit-il à Potts avec une fierté qui abrite, comme un petit oiseau tenu au creux de la main, sa terreur abjecte de l'échec.

Les élèves le traitent avec une sorte de crainte sacrée. Lorsqu'il parcourt les longs couloirs, en pantalon de flanelle grise, pull à col roulé et robe noire de professeur sur les épaules, M. White ressemble un peu à Byron. Il est grand, a des lèvres pleines et des yeux bleus très clairs, une moustache rousse bien taillée et des cheveux bruns indisciplinés. Il fait tout ce qu'il est prestigieux de faire : piloter un avion, chasser à tir et à courre, pêcher le saumon. Et mieux encore, il fait tout ce qu'il est scandaleux de faire : élever des couleuvres dans sa chambre, monter le perron du collège à cheval les jours de match, et le summum, publier des romans osés sous le pseudonyme de James Aston. Lorsque le directeur l'a découvert, il a été furibond : M. White a dû lui remettre une lettre où il s'engageait à ne plus jamais écrire de telles horreurs, racontent les élèves, qui font circuler clandestinement des exemplaires de ces livres avec des frissons d'excitation et de terreur. C'est un personnage surprenant, badin et sarcastique. Mais un professeur intimidant. Il n'inflige jamais le moindre châtiment corporel aux élèves, mais ces derniers sont terrifiés par son mépris. Il exige d'eux une totale sincérité d'émotion, et s'il ne l'obtient pas, il les remet à leur place en perçant leur toute nouvelle carapace de prétention avec une satisfaction qui frise la cruauté. Cependant, il y a quelque chose en lui qui en fait une sorte d'allié, et c'est à lui qu'ils vont se confier dans les moments difficiles. Son insubordination et sa prestance les fascinent. Ils savent qu'il est différent des autres professeurs de Stowe. *T'as entendu parler du jour où il s'est écrasé en Bentley dans un mur de ferme et où il a failli mourir ?* murmurent-ils. Et ils racontent avec délices ce légendaire lundi matin où M. White est arrivé en retard et saoul, a ordonné à la classe de rédiger un essai sur les dangers du démon de l'alcool, puis, croisant les pieds sur le bureau, s'est endormi.

Malgré toutes ces démonstrations de témérité, malgré tous ses talents, M. White, M. Terence Hanbury White, plus généralement connu sous le nom de Tim (à cause des pharmacies Timothy Whites), vit dans la peur. Il a vingt-neuf ans, cela fait cinq ans qu'il enseigne à Stowe et sept ans qu'il écrit, mais autant qu'il s'en souvienne, il a toujours été terrifié. « Parce que j'ai peur de certaines choses, d'être blessé, de mourir, il faut que je les tente », a-t-il expliqué dans *J'ai l'Angleterre dans la peau*, un recueil d'essais sur le sport publié l'année précédente. Il faut qu'il se montre courageux. Il sort de cours et roule à tombeau ouvert jusqu'au terrain d'aviation, le cœur au bord des lèvres, craignant de faire caler le moteur, d'encourir le mépris de l'instructeur, de partir dans une vrille dont il ne pourra se sortir et de se retrouver enseveli sous un amas d'ailes brisées, de longerons et de terre. Il chasse avec l'équipage de Grafton à travers les champs boueux du Buckinghamshire, terrifié à l'idée de manquer de courage, de tomber de cheval, de ne pas passer pour un gentleman, de susciter la fureur du maître d'équipage. Et si l'on remonte aux origines, en Inde, dont il se rappelle les lézards et les feux d'artifice, les nuits éclairées à la chandelle et les adultes en tenue de soirée, il se souvient aussi de la terreur des fessées, des disputes, de la haine de sa mère pour son père, de la haine de son père pour sa mère, de son père alcoolique, et de l'interminable conflit, violent et horrible, entre ses parents, où il n'a été qu'un pion. Sa mère ne s'intéresse qu'à ses chiens, son père les fait abattre. Elle s'intéresse alors à lui, et il est convaincu que son tour viendra. « On m'a raconté, écrit-il, qu'un beau jour, on a surpris mon père et ma mère en train de se battre pour s'arracher des mains un pistolet, chacun d'un côté de mon berceau, chacun affirmant qu'il ou elle allait tuer l'autre, puis se tuer, mais pas avant d'avoir commencé par moi. » Et de conclure : « Ce fut une enfance dangereuse. »

Il pose le bout de son stylo sur ses lèvres et relit ce qu'il vient d'écrire :

> Je fonds sur un oiseau aux serres cruelles et au bec désespéré. Peut-être m'a-t-il légèrement blessé mais cela aurait été beaucoup plus douloureux si je l'avais laissé s'échapper. Je le tenais fermement, je l'empêchais de me blesser, et j'appelais quelqu'un pour m'aider en lui maintenant les pattes. C'était un oiseau anglais.

Lorsque White mourut d'une crise cardiaque en janvier 1964, très loin de chez lui, dans une cabine du *SS Exeter* en Grèce, ses amis s'inquiétèrent pour sa réputation. Ils ne voulaient pas voir rendus publics certains passages de son journal intime, des passages au sujet de sa sexualité qui, en admettant qu'on en parle, devaient être traités avec une extrême délicatesse. Il fallait qu'ils trouvent le bon biographe. Ils choisirent donc l'écrivain et poétesse Sylvia Townsend Warner parce qu'elle avait correspondu avec White et qu'il avait aimé ses livres. Et pour une autre raison également : elle était lesbienne. « Vous aurez de l'empathie pour son personnage », lui déclara Michael Howard. « Si c'est un personnage suffisamment méchant, j'en aurai certainement », répondit-elle. Elle se rendit à Alderney et là, se promenant dans la maison de White, elle trouva son angle d'approche. White était présent dans les objets qui lui avaient appartenu. Elle écrivit à son ami William Maxwell :

> Son panier à couture avec un chaperon de rapace inachevé, sa collection de leurres pour la pêche à la mouche, les horribles bibelots que lui avaient offerts ses amis prolo, les jouets vulgaires achetés aux foires de Cherbourg, ses livres sur la flagellation bien rangés sur l'étagère - tout était là, étalé comme un cadavre sans défense. Et lui aussi il était là, soupçonneux, morose et résolu à désespérer. Jamais je n'ai autant ressenti l'imminence d'une apparition.

L'imminence d'une apparition. L'expression me laisse songeuse. Parce que c'était ce que faisait White pendant que je dressais mon autour. Il était déjà là lorsque je rêvais de l'autour disparaissant dans l'air humide. Il me hantait, non comme un fantôme recouvert d'un drap blanc ni comme un spectre qui frappe au carreau, mais il me hantait quand même. Depuis que j'avais lu *L'Autour,* je me demandais quel genre d'homme il avait été et pourquoi il s'était attaché à un oiseau qu'il semblait détester. Et pendant que je dressais mon propre autour, un petit espace s'était entrouvert, comme une fenêtre cachée dans le feuillage, sur cette autre vie dans laquelle vivaient un homme tourmenté et un oiseau que cet homme tourmentait, et je les voyais tous les deux plus distinctement. Comme White, je voulais me libérer de ce monde et avais le même désir de m'échapper dans la nature, un désir qui peut vous arracher toute douceur humaine et vous laisser perdu dans un monde de désespoir sauvage et courtois.

Ce livre que vous lisez est mon histoire. Ce n'est pas une biographie de Terence Hanbury White. Mais White appartient à mon histoire quand même. Je dois l'y inclure parce qu'il y a été présent. Pendant le dressage de mon autour, j'ai mené en quelque sorte une conversation silencieuse avec les faits et gestes d'un homme mort depuis longtemps, un homme soupçonneux, morose et résolu à désespérer. Un homme dont la vie me perturbait. Mais également un homme qui aimait la nature, qui la trouvait surprenante, ensorcelante et sans cesse renouvelée. Un homme capable d'écrire « La pie vole comme une poêle à frire ! » avec la jubilation d'avoir découvert quelque chose de neuf dans le monde. L'allégresse, le plaisir enfantin que White prend à observer la vie des créatures qui ne sont pas humaines, voilà ce que j'aime le plus chez lui. C'était un homme torturé et malheureux, mais qui savait que le monde est empli de miracles tout simples. Après avoir aidé un fermier à faire pouliner une jument, il avait écrit, émerveillé : « On ressent comme le sentiment de la création. Il y avait plus de chevaux dans ce pré quand j'en suis reparti que lorsque j'y étais arrivé. »

Dans *J'ai l'Angleterre dans la peau,* White a écrit l'une des phrases les plus tristes que j'aie jamais lues : « Tomber amoureux est une expérience de désolation, sauf lorsqu'on tombe amoureux d'un paysage. » Il était incapable d'imaginer un amour humain partagé. Il devait transférer ses désirs sur le paysage, espace vierge et désert, qui ne peut pas vous rendre votre amour mais qui ne peut pas non plus vous faire souffrir. Quand, lors de leur dernière rencontre, il avait avoué à l'écrivain David Garnett qu'il avait une personnalité sadique, ce dernier en avait rejeté la responsabilité sur la maltraitance affective que White avait subie enfant et sur des années de châtiments corporels lorsqu'il était pensionnaire. « C'était un homme extrêmement sensible, d'une grande tendresse de cœur, écrivit Garnett, qui s'était retrouvé pris au piège d'un dilemme : être sincère et cruel, ou se montrer faux et artificiel. Quelle que soit l'attitude qu'il choisissait, il révoltait l'objet de son amour et se dégoûtait lui-même. »

Lorsque White devient professeur à Stowe en 1932, il est déjà passé maître dans l'art de dissimuler sa véritable personnalité. Pendant des années, il a mis en pratique la maxime énoncée de manière limpide par le romancier Henry Green dans *Pack My Bag: A Self-Portrait,* récit autobiographique de ses années de pensionnat : « La manière la plus sûre d'éviter les ennuis quand on risque de ne pas être accepté, c'est de prendre systématiquement part à ce qui se trame. » Pour être adoubé et éviter les ennuis, White a dû se fondre dans son environnement : c'est déjà ainsi qu'il avait tenté de gagner l'amour de sa mère quand il était enfant. C'est une vie de faux-semblants perpétuels. Ayant achevé ses études à Cambridge avec la meilleure mention possible, il a décidé de rejoindre les rangs de la haute société. « Le snobisme est le plus passionnant de tous les jeux de société », explique-t-il à Potts avec une désinvolture enjouée, mais ses enjeux sont incalculables. Il s'adonne donc à toutes les activités requises : chasse à tir, pêche, aéroplane, chasse à courre. Cette dernière activité, régie par un nombre incalculable de règles, constitue l'ultime défi : il faut faire preuve de bravoure, être fortuné, maîtriser l'étiquette sociale, savoir monter à cheval et porter toutes sortes de tenues codifiées à l'extrême. « Peut-on porter un haut-de-forme, un habit et un gilet sans porter aussi des guêtres ? » demande-t-il avec inquiétude à un condisciple de Cambridge, Ronald McNair Scott. Il a des doutes quant à ses culottes d'équitation : « Les miennes sont de la bonne nuance de chamois (une sorte de kakhi *[sic]*), mais je me demande si le tissage (ou les côtes, peu importe le nom) n'est pas trop grossier, ou au contraire, pas assez ? » Trop grossier, pas assez grossier.

Il rédige un journal de chasse extrêmement détaillé pour consigner ses progrès : nombre de kilomètres parcourus et de terriers fouillés, de personnes rencontrées, de haies et de fossés franchis avec succès. Réflexions sur le comportement de son cheval, évaluation alambiquée de son propre comportement : « Je crois que je ne me suis pas mal comporté et n'ai en tout cas pas subi la moindre remarque à aucun moment. » Ces formulations défensives et négatives sont les mots d'un homme qui ferait n'importe quoi pour être accepté. Dans *J'ai l'Angleterre dans la peau*, il décrit le Buckinghamshire de la même manière : par le biais de ce qu'il n'est pas. Ce comté est dépourvu de tout attrait particulier, il n'a ni beauté ni importance historique, et évite ainsi d'attirer l'attention du monde. Quand il explique comment « ce comté cache son individualité afin de la préserver tout en faisant preuve d'une exubérance secrète en privé », on comprend qu'il parle de sa propre personnalité.

Nouveau déguisement. Ici, c'est l'environnement qui reflète l'homme. La frontière entre l'homme et le paysage s'estompe. Lorsque White décrit son amour pour la nature, au fond de lui-même, il décrit l'espoir d'être un jour capable de s'aimer lui-même.

La nature n'est pas seulement ce qu'il peut aimer sans risque : c'est également un amour qu'il peut décrire sans risque. J'ai mis longtemps à comprendre que beaucoup de grands récits animaliers classiques sont de la plume d'écrivains gays qui ont parlé de leur relation à l'animal en lieu et place des amours humaines qu'ils ne pouvaient évoquer. Prenez par exemple *Mes amies les loutres* de Gavin Maxwell : l'histoire d'un homme solitaire qui vit sur la côte écossaise en compagnie d'une loutre d'Asie, laquelle campe sur son canapé. Ou les livres du naturaliste et journaliste de radio Maxwell Knight, ancien espion du MI-5 et homosexuel clandestin. Incapable à double titre de parler ouvertement de ses allégeances, Knight a écrit un livre pour raconter comment il a apprivoisé un coucou appelé Goo. L'obsession qu'il éprouve pour ce petit oiseau parasite, toujours affamé et duveteux, est terriblement émouvante. Le coucou résume tous les éléments cachés de la vie de Knight : le subterfuge, la tromperie, le fait de se faire passer pour ce que l'on n'est pas.

White appartient à cette tradition littéraire poignante. Il a vécu seul toute sa vie. Il a certes connu quelques aventures sentimentales, décourageantes, avec des femmes : il a été sur le point d'en demander une en mariage, a failli en épouser une autre – de très jeunes femmes. Car les femmes plus mûres l'effrayaient. Leur silhouette, comme il l'avoua un jour, le rebutait au point de ne pouvoir se résoudre à les dessiner. Beaucoup plus tard, il tomba amoureux d'un adolescent, le fils d'un de ses amis. Ce fut son dernier amour, sans espoir car il n'était pas partagé. Mais il a toujours été entouré d'animaux. Ces derniers peuplent la vie de White ainsi que ses livres : chiens, hiboux, faucons, serpents, blaireaux, hérissons et même fourmis. Et à l'exception de Brownie, le setter qu'il adorait, il a toujours affirmé que ces animaux n'étaient pas des animaux de compagnie. Car un animal de compagnie « est presque toujours fatal à son maître, ou à lui-même ». Il est détruit par son propriétaire de même qu'« une mère détruit ses enfants et les étouffe comme du lierre ». L'animal de compagnie est synonyme de dépendance, une situation qui le terrorise. Un des chapitres de *J'ai l'Angleterre dans la peau* est introduit par une citation de Stella Benson qui éclaire la raison pour laquelle White rêvait d'avoir un faucon :

> L'indépendance – l'état dans lequel on se suffit à soi-même – est la seule forme de générosité, je pense, le seul acte de charité que nous pouvons exiger d'une créature vivante. Nous ne devons rien avoir à faire avec les os d'un autre être ; c'est notre seul droit – n'avoir rien à faire avec lui. L'os doit être l'axe d'un globe de verre impénétrable. On ne devrait pas pouvoir dire, en regardant un faucon : « Peut-être devrais-je faire ceci ou cela pour lui. » À cette condition, il sera non seulement protégé de moi-même, mais je serai aussi moi-même protégé de lui.

Alors qu'il était encore à Stowe, White acheta deux chats siamois, une race renommée pour son indépendance, et il tenta de « les habituer à ne dépendre que d'eux-mêmes et à n'éprouver aucune affection pour qui que ce soit ». Ce à quoi il avait essayé de parvenir lui-même, pendant des années. « En vain, conclut-il, écœuré. Au lieu d'aller et venir, libres et indépendants, ils passent la journée à dormir dans le salon et ne se réveillent que pour miauler et réclamer leur nourriture. » Les chats furent donc un échec. En revanche, pas les couleuvres qu'il élevait dans sa chambre, parce qu'il est « impossible de leur imposer de l'affection, ni de leur en voler ». White aimait ces couleuvres parce que c'étaient des animaux mal compris, détestés même, et « inévitablement eux-mêmes » : des versions du Moi qu'il aspirait à être, exactement comme les personnages qu'il crée dans ses livres : Merlin le parfait professeur, la Verrue, l'orphelin né pour devenir roi, et messire Lancelot, le chevalier mal adoubé dont White adopte la personnalité.

Lancelot était un sadique que seul le sens de l'honneur retenait de faire souffrir ses semblables - son Serment. Son Serment était sa promesse d'être clément, et c'est l'un des éléments qui font de lui le plus preux des chevaliers de l'univers. « Tout au long de sa vie, écrit White, même quand il serait un grand homme avec le monde à ses pieds, il sentirait cette faille : la présence, au fond de son cœur, d'une chose dont il était conscient et honteux, mais qu'il ne comprenait pas. » White a toujours fait en sorte de se montrer clément, précisément parce qu'il voulait être cruel. C'est pour cela qu'il n'a jamais battu ses élèves à Stowe.

Si le serment de White était d'abjurer la cruauté, alors les animaux ont joué un rôle singulier dans sa façon de le respecter. C'est en chassant avec l'équipage de la *Old Surrey and Burstow Hunt* que White a assisté à sa première mise à mort, ce qu'il raconte avec une fascination détachée. Le renard avait été débusqué du fossé où il s'était réfugié et jeté aux chiens qui le mirent en pièces sous les encouragements d'un cercle de chasseurs « les excitant de la voix ».

Ces hurlements « stridents, affectés et hystériquement bestiaux » rendaient ces hommes odieux. Les chiens, eux, ne l'étaient pas. « La sauvagerie de la meute, écrit White, était ancestrale et terrible, mais elle était vraie, ce qui ne la rendait pas horrible comme celle des humains. »

Dans cette scène sanglante, seule une personne échappe à la condamnation de White : le piqueur, personnage chevaleresque, grave et rougeaud, qui sonne la *mort* sur sa trompe, la sonnerie de deuil rituelle qui célèbre la mort du renard. Par une étrange alchimie - sa proximité avec la meute et la parfaite maîtrise qu'il en avait –, le piqueur n'était pas une figure d'horreur. Aux yeux de White, il s'agissait d'un tour de passe-passe moral, une façon d'échapper à son dilemme : en dressant un animal prédateur, en s'identifiant à lui, on pouvait gagner le droit de vivre ses désirs les plus sincères et les plus vitaux, voire les plus sanguinaires, en toute innocence. On pouvait rester vrai vis-à-vis de soi-même.

Lorsque White se mit à rêver du faucon, son identité déguisée commençait à se lézarder sous l'effet de la tension. Il ressentait « une étrange agitation bouillir en lui », il agissait de plus en plus fréquemment pour choquer ou dégoûter son entourage. Ses collègues se souviennent de lui arrivant à une soirée, saoul, et clamant : « Cette soirée n'a pas d'avenir racial. Une soirée, ce devrait être comme une réserve d'oiseaux, les gens devraient venir pour s'y reproduire. » Il avait décidé qu'il détestait les hommes. Qu'il préférait les animaux. Il continuait à boire beaucoup trop. Il avait renié ses anciennes passions, la chasse au renard et l'aviation, pourries jusqu'à la moelle par la mort, le snobisme, le désir de compétition, et qui ne reposaient que sur deux pauvres motivations : la peur de la chute et la peur de l'échec. L'ascension sociale était un jeu auquel il avait joué, mais pour de mauvaises raisons. Il y renonçait : « J'étais comme ce personnage angoissé de James Thurber qui cherche une grande caisse où se cacher, écrivit-il, et la seule issue me semblait être le splendide isolement. » Pendant les vacances de printemps, il partit pêcher seul à Belmullet, sur la côte ouest de l'Irlande, ce qui conforta la décision qu'il avait prise. De Belmullet, il démissionna de son poste à Stowe. « Cela a été un acte courageux, écrivit-il à Potts, car mon analyste n'a encore fait qu'un quart du chemin. Je ne sais pas de quoi mon avenir sera fait, si tant est que j'aie un avenir. » Avant d'ajouter : « La serveuse a été un fiasco total. »

C'était sans compter sur une nouvelle source de terreur : la guerre. Chacun sentait qu'elle se rapprochait, une chose presque tangible, acide comme une suée d'angoisse. « Nous nous tenons tous sous l'ombre d'une grande peur, avait écrit l'historien Denis Brogan deux mois auparavant. Et si l'ange de la mort ne se déchaîne pas encore sur Terre, nous entendons déjà le battement de ses ailes et nous les voyons obscurcir notre ciel familier. » White les voyait lui aussi, et il écrivit que la guerre était la faute « des maîtres des hommes qui, partout, poussent inconsciemment les autres dans la souffrance pour augmenter encore leurs propres pouvoirs ».

Sa peur de la guerre se mêlait à ses autres phobies. Il rêvait depuis longtemps de bombes et de gaz toxiques, de tunnels et d'évasion sous la mer. L'année précédente, il avait publié *Gone to Ground (« Réfugiés sous terre »)*, une sorte de *Décameron* des années 1930 où des chasseurs tapis dans un bunker souterrain se racontent des histoires pendant que des obus à gaz et des bombes incendiaires tombent du ciel pour annihiler cette chose nerveuse et brisée qu'est la civilisation. La civilisation était finie. Elle n'avait plus de sens. La modernité était une gigantesque foutaise, ainsi que le danger, la politique, les postures martiales, et tout cela allait mener à la fin de toute chose. Il devait s'enfuir. Peut-être pouvait-il se réfugier dans le passé. Là, il serait en sécurité. Il se mit donc à lire un livre sur la fauconnerie, du capitaine Gilbert Blaine.

Et c'est ainsi que White tomba sur l'histoire d'un autour perdu. « Alors que jusqu'au jour de sa fuite, il avait été aussi apprivoisé qu'un perroquet domestiqué, il était revenu en une semaine à un état féral et devint dès lors légendaire dans toute la région. » Pour White, cette phrase fut une épiphanie. Le faucon était un mythe. Une légende. « J'ai lu une phrase qui a illuminé mon esprit instantanément », écrit-il.

> Cette phrase disait : « Il retourna à l'état féral. » Un désir commença alors à naître dans mon esprit, le désir d'être capable d'en faire autant. Le mot « féral » avait une sorte de puissance magique qui s'alliait avec deux autres mots, « féroce » et « affranchi ». « Féerique », « fatal », « ailé » et d'autres alliances de mots douteuses formèrent un grand accord musical, le tout résonnant en harmonie avec « ferox ». Revenir à l'état féral ! Je louai un petit cottage pour cinq shillings la semaine et écrivis en Allemagne afin de me procurer un autour.

Féral. Il voulait s'affranchir. Il voulait devenir féroce. Il voulait être fatal, féerique, ferox. Tous les éléments de sa personnalité qu'il avait refoulés, sa sexualité, son désir de cruauté, de domination : tous se retrouvaient soudainement dans la figure de l'oiseau de proie. White se retrouvait lui-même dans l'autour que Blaine avait perdu ; il s'y agrippait au risque de se faire blesser, mais ne voulait pas le laisser partir. Il le dresserait. Oui. Il formerait cet autour et se formerait lui-même, puis il écrirait un livre et apprendrait à ses lecteurs cet art ancien et condamné. Comme s'il brandissait l'étendard d'un pays depuis longtemps vaincu auquel il faisait allégeance. Il dresserait son oiseau dans les ruines de son ancienne vie. Et quand la guerre viendrait, puisque c'était une certitude, et que tout s'effondrerait autour de lui dans la ruine et l'anarchie, White volerait son autour, se nourrirait des faisans qu'il attraperait, tel un survivant, un paysan vivant des fruits de la terre, loin de l'amère confusion sexuelle de la métropole ou des petites guerres intestines de la salle de classe.

Chapitre 5

Tenir bon

Quand vous êtes brisé, vous vous mettez à courir droit devant vous. Mais pas toujours pour vous enfuir. Parfois, vous vous précipitez désespérément vers quelque chose. Je n'avais pas les mêmes raisons que White mais je courais, moi aussi. En cette matinée du début du mois d'août, j'étais à six cent cinquante kilomètres de chez moi. J'avais l'impression de participer à un trafic de drogue. En tout cas, ça y ressemblait fort. Pendant d'interminables minutes, j'ai arpenté le quai d'un port écossais, une canette de soda caféiné dans une main, une cigarette dans l'autre, et dans la poche arrière de mon pantalon, une enveloppe bourrée de billets de banque (huit cents livres en billets de vingt). Un peu plus loin, Christina était restée assise dans la voiture, d'un calme olympien derrière ses lunettes d'aviateur. Elle était venue pour me tenir compagnie et j'espérais qu'elle ne s'ennuyait pas. En fait si, elle s'ennuyait sans doute. Peut-être dormait-elle ? Je suis revenue vers la voiture. La voiture de mon père. C'était désormais moi qui la conduisais, mais le coffre était encore encombré d'objets que je ne pouvais me résoudre à jeter : des boîtes de pellicules photo de trente-cinq millimètres, un paquet d'aspirine écrasé, un journal dans lequel mon père avait complété la moitié d'une grille de mots croisés, une paire de gants d'hiver. Je me suis appuyée contre le capot, je me suis frotté les yeux, et j'ai regardé l'entrée du port comme pour y faire apparaître le ferry. Une claire étendue turquoise s'étalait devant moi sur la mer d'Irlande, parsemée de petites croix - des mouettes - qui la traversaient. Il me semblait étrange qu'il fasse jour. Nous étions toutes deux épuisées par notre long voyage de la veille, et avions failli piquer une crise en arrivant à l'hôtel où nous devions passer la nuit. *Hôtel du* XXI*e siècle,* proclamait l'affichette plastifiée apposée à côté de la porte d'entrée. La première chose que nous avions vue avait été un bouledogue en plastique qui, assis sur le comptoir de la réception, grimaçait avec la cruauté malveillante et enjouée d'une créature tout droit sortie d'un cauchemar.

Dans la chambre, nous avons trouvé un ordinateur hors d'usage, un lavabo qui n'était pas raccordé et une gazinière en parfait état de marche qu'on nous a demandé de n'utiliser sous aucun prétexte. « C'est le règlement d'hygiène et de sécurité », nous a expliqué l'hôtelier en levant les yeux au ciel. Il y avait également et curieusement deux télévisions, des mètres de suédine marron agrafée aux murs et une salle de bains ornée d'une immense baignoire encastrée où Christina s'est plongée, étonnée par la couleur brunâtre de l'eau qui a traversé les tourbières. Je me suis effondrée dans un fauteuil, des images du voyage tournant dans ma mémoire comme un *road-movie* tourné par un réalisateur défoncé. Des semi-remorques géants chargés de ce soda écossais orange aromatisé au chewing-gum. Un corbeau près d'une flaque d'eau au bord de la route, les pattes mouillées et le bec tranchant comme un ciseau à bois. Une station-service. Une deuxième station-service. Un sandwich. Un gobelet de café imbuvable. Des kilomètres interminables. Du ciel, toujours plus de ciel. Un moment d'inattention en montant une côte quelque part, et un accident évité de justesse. Une troisième station-service. Une quatrième station-service. Je me suis massé le mollet droit tout ankylosé et j'ai cligné des yeux pour chasser ces images. Puis je me suis mise à fabriquer des jets.

J'aurais dû les faire plus tôt, mais je n'avais pas réussi à m'y mettre. Ce n'était que maintenant que l'autour me semblait assez réel pour les rendre nécessaires. Les jets sont des lanières de cuir qui passent dans les bracelets, également en cuir, fixés autour des pattes d'un faucon dressé. Le vocabulaire de la fauconnerie en anglais vient du français du XIVe siècle, du temps où la fauconnerie était le sport favori de l'élite. De petits fragments d'histoire sociale contenus dans une lanière de cuir. Quand j'étais enfant, j'avais été fascinée par ce vocabulaire d'une complexité si déconcertante. Dans mes vieux livres, chaque partie de l'anatomie d'un faucon porte un nom précis : les pattes se disent les *jambes*, la queue, le *balai*, les plumes qui recouvrent le haut des jambes forment les *culottes*. Le faucon mâle étant plus petit que la femelle, on l'appelle un *tiercelet*, du latin *tertius*, qui signifie le tiers. Les jeunes oiseaux sont des *niais*, les oiseaux plus âgés des *passagers*, ceux que l'on piège adultes sont des *hagards*. Au cours de leur dressage, on fait voler les rapaces munis d'une longue ligne, la *filière*. Les faucons ne défèquent pas, on dit qu'ils *émeutissent*, et quand ils étendent leurs ailes pour cacher la proie qu'ils ont *empiétée*, ils *font manteau*. Ce catalogue, étourdissant de précision, semble sans fin, et ce pour une raison bien précise : connaître cette terminologie attestait de votre rang dans la société. De même que dans les années 1930, White s'était inquiété de savoir si une cravache devait se dire *hunting crop, hunting whip, riding crop* ou *riding whip,* ou tout simplement *crop* ou *whip,* au XVIe siècle, le jésuite Robert Southwell, revenu clandestinement en Angleterre, vivait dans la terreur de se trahir parce qu'il n'arrivait pas à mémoriser le vocabulaire de la fauconnerie. Mais lorsque j'étais petite, ces termes n'étaient plus une cause de phobie sociale, ils étaient les mots magiques d'un langage ésotérique et perdu. Je voulais maîtriser cet univers que plus personne ne connaissait, devenir une experte de ce langage parfait et secret.

Aujourd'hui, on peut tout acheter sur Internet : jets, chaperons, sonnettes, gants, absolument tout. Mais lorsque j'ai commencé la fauconnerie, la plupart d'entre nous fabriquions notre propre équipement. Nous achetions nos émerillons dans des magasins de pêche, nos filières chez des shipchandlers. Nous récupérions des chutes de cuir chez des tanneurs ou des fabricants de chaussures pour confectionner nous-mêmes nos jets et nos chaperons. Nous adaptions, nous adoptions, généralement sans rien améliorer. Du moins, pas moi. J'ai passé des heures sans fin à cirer du fil de coton, à me transpercer les doigts en voulant percer le cuir, à essayer encore et encore de couper, de fabriquer et de coudre des choses qui ressembleraient aux photographies de mes livres, en attendant le jour de gloire où j'aurais peut-être mon propre faucon.

Je soupçonne que ces heures passées à fabriquer des jets et des chaperons ne furent pas que des préliminaires. Dans un album, j'ai gardé des dessins d'enfance, dont un petit dessin au crayon d'une crécerelle posée sur un gant. Je n'ai dessiné que les contours du gant, bien maladroitement. Je n'avais que six ans. La crécerelle a un œil noir, une longue queue et un minuscule éventail de plumes sous son bec recourbé. Elle est visiblement heureuse, bien que fantomatique. Comme le gant, elle est étrangement transparente, mais une partie de son corps a été dessinée avec très grand soin : les pattes et les doigts griffus qui sont surdimensionnés et qui flottent au-dessus du gant, parce que je ne savais absolument pas comment dessiner des serres qui s'agrippent. Chaque écaille, chaque serre a été soigneusement détaillée, ainsi que les jets. Un large trait noir représente la longe qui relie les pieds de l'oiseau à un point noir dessiné sur le gant, un point sur lequel j'avais passé et repassé la pointe de mon crayon jusqu'à ce que le papier se creuse et devienne brillant. Un point d'ancrage. Voici une crécerelle, posée sur mon poing, proclame le dessin. Ici. Elle ne va pas s'envoler ailleurs. Elle ne peut pas partir.

Il y a de la tristesse dans ce dessin, qui me rappelle un article du psychanalyste D. W. Winnicott décrivant le cas d'un enfant obsédé par la ficelle. Un enfant qui attachait les chaises aux tables, qui entortillait les coussins près de la cheminée et qui un jour, de manière inquiétante, a enroulé une ficelle autour du cou de sa sœur. Winnicott voyait dans ce comportement une manière pour lui de combattre sa peur d'être abandonné par une mère souffrant de dépression chronique. Pour cet enfant, la ficelle était un mode de communication non verbale, un moyen symbolique de créer des liens. Elle représentait le refus de la séparation. Le désir de tenir bon. Peut-être ces jets étaient-ils une tentative non verbale de s'accrocher à quelque chose qui s'était déjà envolé. J'ai passé les premières semaines de ma vie dans une couveuse, entourée de tubulures, sous une lumière électrique, la peau à vif, les yeux implacablement fermés. Je suis celle qui a eu de la chance. J'étais minuscule, mais j'ai survécu. J'avais un frère jumeau. Lui n'a pas vécu. Il est mort peu après sa naissance. Je ne sais presque rien de ce qui s'est passé, juste que ce fut une tragédie dont on ne devait jamais parler. C'était ce que préconisaient les médecins, à l'époque. Ils avaient dit à mes parents de passer à autre chose, d'oublier. « Regardez, vous avez un bébé. Il faut reprendre votre vie. » Lorsque, des années plus tard, j'ai découvert que j'avais eu un frère jumeau, la nouvelle m'a abasourdie, mais pas tant que cela. J'avais toujours eu l'impression qu'il me manquait une partie de moi-même. Une absence, simple et familière. Se pourrait-il que ma passion pour les oiseaux, pour la fauconnerie en particulier, provienne de cette perte originelle ? Cette crécerelle fantomatique était-elle une façon de tenir à mon jumeau ? Ces jets dessinés avec soin, un moyen de tenir fermement une chose que j'avais perdue sans le savoir, mais dont je savais qu'elle avait disparu ? J'imagine que c'est possible.

Désormais, c'était mon père qui était mort. *Tiens bon*. Je n'aurais jamais imaginé que fabriquer des jets puisse être un acte symbolique. Mais assise dans cette étrange chambre d'hôtel remplie de bric-à-brac, à découper de longues lanières de cuir, les faire tremper dans de l'eau tiède pour les étirer, les enduire d'apprêt, les examiner sous tous les angles, je savais que ces jets étaient plus que de simples morceaux de cuir. Ils seraient les liens qui me relieraient à mon autour autant qu'ils le relieraient à moi-même. J'ai pris mon couteau pour tailler l'extrémité en pointe, d'un seul geste ininterrompu. *Voilà*. Par ce geste, je faisais apparaître des présences. Soudain, l'autour est devenu très réel. Et dans un afflux de souvenirs si brusque qu'on aurait pu le croire présent dans la pièce, mon père aussi est devenu réel : cheveux gris, lunettes, chemise bleue en coton, cravate un peu de travers, une tasse de café à la main, l'air amusé.

Il m'avait énervée, à ne jamais utiliser les bons termes pour parler de l'équipement du fauconnier. Il disait *chapeau* et non chaperon, *bouts de corde* et non filières. Il le faisait exprès. Je m'agaçais et corrigeais ses erreurs, pensant qu'il me taquinait. Mais maintenant, je comprenais que mon père avait toujours parfaitement su comment désigner ces objets. Dans le monde du photojournalisme, meilleur vous étiez, moins le vocabulaire que vous utilisiez était précis. Pour lui, les photos n'étaient que des *clichés*, les appareils photo du *matos*. Il ne me taquinait pas, c'était sa manière de me féliciter. Ce foutu vocabulaire français du XIVe siècle. Merde, merde et merde ! Ça ne lui ressemblait pas du tout. La gorge, les yeux, le cœur, tout m'était douloureux. J'ai découpé l'extrémité du deuxième jet, les mains tremblantes. J'ai placé les deux morceaux de cuir côte à côte sur la table en verre. Ils étaient parfaitement symétriques. *Demain,* me suis-je dit, *j'ai rendez-vous avec un homme que je ne connais pas et qui va arriver par le ferry de Belfast. Je vais lui donner une enveloppe bourrée de papier en échange d'une cage qui contient un autour.* Cela me semblait la chose la plus improbable qu'on puisse imaginer.

L'autour que je m'apprêtais à récupérer était né dans un élevage près de Belfast. Élever des autours est réservé à ceux qui n'ont pas froid aux yeux. J'ai des amis qui s'y sont essayés et qui, après une saison, ont jeté l'éponge. Ce qu'ils disent, dans une sorte de stupeur post-traumatique et en se passant la main dans des cheveux prématurément blanchis, c'est : « Jamais plus. Je n'ai jamais rien fait d'aussi stressant. » Essayez et vous allez découvrir que chez l'autour, la différence entre l'excitation sexuelle et le déchaînement de violence est extrêmement ténue. Il faut ne pas les lâcher des yeux, surveiller leur comportement, être prêt à intervenir. On ne peut pas se contenter de mettre un couple d'autours dans une volière et les laisser se débrouiller tout seuls, car la plupart du temps, la femelle tue le mâle. Donc, il faut les installer dans deux volières mitoyennes séparées par un mur en dur, avec juste une ouverture à barreaux par laquelle ils peuvent se voir. Lorsque l'hiver cède la place au printemps, ils vont conduire leur parade nuptiale, comme Pyrame et Thisbée, par l'ouverture du mur, s'appeler, parader, déployer leurs ailes bleu poudré et faire bouffer leurs sous-caudales blanches comme s'ils portaient de vastes bloomers. Ce n'est que lorsque la femelle semble bien disposée que vous pouvez laisser le mâle entrer dans sa cage - une décision subtile qui ne tolère aucune marge d'erreur. Si tout se passe bien, les autours s'accouplent ; la femelle va pondre et une nouvelle génération de petits autours, des poussins recouverts d'un duvet blanc, les yeux encore mi-clos et les serres minuscules, vont éclore en captivité. Je n'avais jamais rencontré l'éleveur de mon autour, mais je savais déjà que ce serait un homme aux nerfs d'acier et d'une patience surhumaine.

L'autour de White, quant à lui, avait été capturé. Dans les années 1930, personne n'en élevait en captivité, puisque les forêts européennes étaient encore peuplées de centaines de milliers de faucons et qu'il n'y avait pratiquement aucune restriction au commerce de ces animaux. Comme presque tous les fauconniers de cette époque, White s'était procuré son autour en Allemagne. « Un vertigineux amas de brindilles maculées de fientes blanches » : ainsi s'imaginait-il le nid où son autour avait éclos. Il n'en avait jamais vu. Mais c'était avant Internet, où l'on peut désormais regarder à quoi cela ressemble sans avoir à parcourir une forêt. Un clic et vous entrez en gros plan dans l'intimité de la vie de famille du plus secret des oiseaux. Là, sur un écran de douze centimètres sur douze, on observe une portion carrée de forêt anglaise. Le sifflement qui sort des haut-parleurs de l'ordinateur est un amalgame digital du bruit des feuilles, du vent et du chant des pinsons. Vous voyez le nid, un entassement massif de rameaux contre l'écorce d'un conifère, tapissé de feuilles vertes. Devant la webcam, le mâle se matérialise au bord du nid. L'apparition est si soudaine et son plumage blanc argenté si brillant qu'on a l'impression de voir un saumon bondir hors de l'eau. Il y a quelque chose dans la combinaison de ce mouvement rapide avec l'effet retard de l'image compressée qui joue un tour à votre perception : vous gardez en mémoire la première image de l'oiseau sur laquelle ses mouvements s'impriment comme sur un palimpseste, jusqu'à ce que sa présence irradie sur l'écran. L'essence même de l'autour. Il incline la tête et appelle. *Ki-ki-ki-ki-ki.* Bec noir qui laisse échapper une buée dans l'air froid de cette matinée d'avril. Puis la femelle arrive. Elle est immense. Elle atterrit sur le bord du nid qu'elle fait trembler. À côté de ses pattes, le mâle paraît tout petit. Elle ressemble à un paquebot, un autour de la Cunard. Quand elle se tourne, on peut voir qu'elle porte encore à chaque jambe un bracelet de cuir. Cet oiseau est né en captivité quelque part, dans un élevage semblable à celui d'Irlande du Nord où le mien a vu le jour. Elle a été dressée par un fauconnier anonyme qui l'a perdue, et la revoici qui couve ses quatre œufs pâles, exemple suprême de la nature sauvage contemplée à distance sur un écran d'ordinateur.

Le temps s'est écoulé sur ce port écossais et les reflets brillants du soleil ont progressé de la mer vers la terre. Puis un homme s'est dirigé vers nous, transportant deux énormes cartons comme s'il s'agissait de deux valises trop grandes. Deux étranges valises qui semblaient défier les lois de la physique parce qu'elles oscillaient de manière erratique, ni en rythme avec ses pas ni soumises à la gravitation. *Il y a là-dedans quelque chose de vivant,* ai-je pensé avec un petit coup au cœur. Il a posé les cartons puis s'est passé la main dans les cheveux.

— J'ai rendez-vous un peu plus tard avec un autre fauconnier qui me prend le plus jeune des deux. Le vôtre, c'est le plus âgé. Le plus grand, aussi. Bon.

Il se passe à nouveau la main dans les cheveux et j'aperçois sur son poignet une longue coupure causée par une serre, une balafre cramoisie bordée de sang séché.

— On va vérifier le numéro des bagues et des papiers, a-t-il expliqué en sortant une liasse jaune de son sac à dos et en dépliant les deux formulaires officiels qui accompagnent pendant toute leur vie les oiseaux rares nés en captivité. Je ne voudrais pas que vous repartiez chez vous avec le mauvais autour.

Nous avons noté les numéros. Nous avons regardé les cartons, les poignées entourées de Scotch d'emballage, les petites trappes de contreplaqué et leurs charnières de cordelette soigneusement nouées. Puis il s'est agenouillé, a défait l'un des nœuds de la boîte la plus petite, et a jeté un coup d'œil à l'intérieur. *Boum.* Un coup sourd, provoqué par un battement d'ailes soudain, et le carton s'est mis à bouger comme si quelqu'un, à l'intérieur, avait donné un grand coup de pied.

— Elle a perdu son chaperon, a-t-il dit en faisant une grimace.

Ce petit capuchon de cuir sert à empêcher le faucon de voir des choses effrayantes. Nous, par exemple.

Un autre nœud à défaire. Concentration. Infinie précaution. La clarté du jour énerve le carton. Des serres qui griffent contre les parois, un autre coup sourd. Et un autre encore. *Boum*. L'air se charge, devient épais de poussière. Ce sont les dernières secondes avant la bataille. Et lorsque le dernier nœud cède, l'homme plonge le bras et, dans un fracas chaotique d'ailes et de serres bruissantes et de cris suraigus, tout cela simultanément, il tire de la boîte un autour gigantesque, vraiment gigantesque. Par une étrange coïncidence du monde et du geste, nous sommes à l'instant même inondés de soleil, et tout n'est plus que brillance et furie. Des ailes rayées battent furieusement, des rémiges aux extrémités noires fendent l'air tels des doigts, des plumes se hérissent comme les épines clairsemées d'un porc-épic nerveux. Deux yeux immenses. Mon cœur fait un bond de côté. C'est un tour de magie. Un reptile. Un ange déchu. Un griffon échappé des pages d'un bestiaire enluminé. Quelque chose qui étincelle à distance, comme de l'or tombant dans l'eau. Une marionnette brisée, ailes, pattes et plumes éclaboussées de lumière. Elle porte des jets que l'homme tient fermement. Pendant un moment horriblement long, elle pend, la tête en bas, les ailes ouvertes, comme une dinde à l'étal d'un boucher, sauf qu'elle relève la tête et qu'elle voit davantage de choses en un instant qu'elle n'en a jamais vu dans toute sa courte vie. Jusqu'à présent, sa vie n'a consisté qu'en une volière à peine plus grande que mon salon. Puis ce carton. Et maintenant ceci : elle peut tout voir. La traînée lumineuse sur les vagues, le cormoran qui plonge à une centaine de mètres de là, les écailles de peinture sous les carrosseries cirées de la longue file de voitures garées le long du quai, les collines au loin, recouvertes de bruyère. Et des kilomètres et des kilomètres de ciel où le soleil se répand sur la poussière et sur l'eau, et ces éléments indéchiffrables qui s'y meuvent et qui sont des mouettes blanches. Tout est surprenant et s'imprime pour la première fois dans son cerveau abasourdi.

Pendant tout ce temps, l'homme est resté parfaitement calme. D'un geste expérimenté, il a enveloppé l'oiseau d'un bras, lui a replié les ailes et a calé son dos hérissé de plumes contre sa poitrine, tout en tenant fermement ses pattes recouvertes d'écailles jaunes de l'autre main.

— On va lui remettre son chaperon, dit-il d'une voix tendue.

Son visage est soucieux, il reflète l'anxiété qui naît de la responsabilité. Cet autour avait éclos dans un incubateur, avait brisé sa fragile coquille bleutée, avait été installé dans une boîte de Plexiglas à l'atmosphère humidifiée, et pendant les premiers jours de sa vie, c'est l'homme qui l'avait nourri en lui présentant de tout petits morceaux de viande au bout d'une pince à épiler, attendant patiemment quc l'oisillon remarque la nourriture et l'avale, son cou trop mince tremblant sous l'effort de maintenir sa tête dressée. D'un seul coup, je suis tombé amoureuse de cet homme. J'ai récupéré le chaperon dans la boîte et me suis tournée vers l'autour. Son bec était ouvert, les plumes de sa nuque dressées. Ses yeux sauvages, de la couleur d'un rayon de soleil tombant sur une feuille blanche, fixaient sans ciller le monde entier qui s'y était abîmé en un instant. Un, deux, trois. Je lui ai glissé le chaperon sur la tête. Pendant une seconde, j'ai frôlé le crâne fragile et anguleux sous les plumes, j'ai senti ce cerveau étrange qui crépitait de terreur. Puis j'ai noué le cordon. Nous avons comparé le numéro des bagues et celui du formulaire.

Ça n'était pas le bon oiseau. Celui-ci, c'était le plus jeune. Le plus petit. Ce n'était pas mon autour.

Ah.

Nous l'avons remis dans son carton et avons ouvert l'autre, censé contenir l'autre autour femelle, plus grosse et plus âgée. Et qui l'était, carrément ! Tout, chez cet autour, était différent. Elle est sortie du carton prête à tuer, comme la folle d'un roman populaire victorien. Elle avait le plumage plus cendré, plus foncé, était beaucoup, beaucoup plus grande, et au lieu de piailler, elle geignait. De grosses goulées de son, horribles, comme un être souffrant. C'était insoutenable. *C'est mon autour*, me suis-je répété, presque incapable de respirer. Elle aussi avait perdu son chaperon, que j'ai récupéré dans le carton, comme auparavant, mais au moment de le lui remettre, j'ai plongé mon regard dans le sien et j'y ai vu quelque chose de vide et de dément. Une folie venue d'une contrée lointaine. Je ne la reconnaissais pas. *Ça n'est pas mon autour*. Le chaperon était à nouveau sur sa tête, le numéro vérifié, l'oiseau dans sa boîte, le formulaire replié, l'argent avait changé de mains, mais je ne pouvais penser qu'à une seule chose - *Ça n'est pas mon autour*. Une lente panique. Je savais ce qu'il fallait que je dise, et que j'allais commettre une entorse majeure à la coutume.

— C'est horriblement gênant, me suis-je lancée, mais j'ai vraiment accroché avec la première. Est-ce que, par hasard, vous pensez que je pourrais avoir celle-là plutôt que...

Je n'ai pas pu finir. Il a levé les sourcils. Je me suis remise à parler, à dire des choses de plus en plus stupides :

— Je suis sûre que l'autre fauconnier préférerait la plus grosse ? Elle est plus belle que la première, n'est-ce pas ? Je sais que ça ne se fait pas, mais est-ce que... ? Est-ce que je pourrais ? Vous pensez que ça serait possible ?

Et ainsi de suite, un tir de barrage de supplications insensées, désespérées et incohérentes.

Je suis certaine que ce n'est pas ce que je lui ai dit qui l'a convaincu, mais l'expression de mon visage. Une femme assez grande, blême, décoiffée par le vent, le regard épuisé, qui le suppliait sur le quai de ce port écossais, les mains ouvertes comme si elle jouait le rôle de Médée sur le rivage. À ce spectacle, il a dû sentir que ce que je lui demandais en bégayant était plus qu'un simple souhait, que cela cachait quelque chose de très important. Il y a eu un moment de silence complet.

— D'accord, a-t-il dit, avant d'ajouter, parce qu'il a vu que je ne le croyais pas : Non, je suis sûr que cela ne posera pas de problème.

Chapitre 6

Une boîte remplie d'étoiles

— C'est carrément mission impossible ! s'était exclamé mon vieil ami Martin Jones en levant les mains au ciel dans un geste de supplication et d'exaspération mêlées. C'est à se taper la tête contre les murs. Ne fais pas cela. Ça va te rendre folle.

Tout en conduisant, je ne cessais de penser à ce qu'il m'avait dit. Débrayer, passer en quatrième. Rond-point, rétrograder. Accélérer, à fond. Être contrariée, un peu. Je ne voulais pas réfléchir à tout ce que les hommes m'avaient dit. « Tu vas devenir folle. Les autours, c'est pour les mecs. Trouve-toi quelque chose de plus raisonnable. »

Je savais que dresser cet autour serait dur. C'est bien connu, ce sont des rapaces très difficiles à apprivoiser. À *manier*, comme disent les fauconniers. Vous pouvez manier un merlin en quelques jours. Il m'est arrivé de laisser une buse de Harris voler librement au bout de seulement quatre jours de dressage. Alors que les autours sont des rapaces nerveux, hypernerveux, et il faut beaucoup de temps pour les convaincre que vous n'êtes pas leur ennemi. D'ailleurs, « nerveux » n'est pas le mot qui convient : ils possèdent tout simplement un système neuronal surpuissant dans lequel les circuits qui relient les yeux et les oreilles aux neurones moteurs contrôlant les muscles n'ont que très peu de liaisons avec les neurones du cerveau. Les autours sont nerveux parce qu'ils vivent dix fois plus vite que nous et réagissent aux stimuli *littéralement* sans réfléchir. « De tous les faucons, écrit Richard Blome, un fauconnier du XVIIe siècle, l'autour est sans aucun doute le plus timide et farouche, envers les hommes et envers les chiens ; il faut davantage lui faire la cour comme à une maîtresse que d'user d'autorité en maître, car il sera enclin à ne pas oublier les torts et cruautés dont il aura pâti. Qu'on le traite avec douceur et il deviendra fort maniable et aimable envers son fauconnier. » Eh bien, ce serait donc la douceur, dans l'espoir d'être payée de retour.

Douceur et amour. Je me souviens que tout en conduisant, j'ai repensé avec indolence à ce brusque accès d'amour brûlant que j'avais ressenti, sur le quai de ce port écossais, pour un homme qui tenait dans ses bras un oiseau terrifié par un monde qu'il ne pouvait comprendre. Il m'a fallu des kilomètres de réflexion patiente pour comprendre que cet amour avait un lien avec mon père et avec moi-même. Pendant des semaines après sa mort, j'étais restée devant la télévision à regarder en boucle *La Taupe,* un feuilleton télévisé des années 1970. L'image de cette vieille cassette VHS était devenue délavée et granuleuse. En esprit, je me lovais dans ces intérieurs sombres, ces bureaux officiels et ces clubs de *gentlemen.* Il s'agissait d'un somptueux récit d'espionnage et de trahison monté avec la précision d'un mécanisme d'horlogerie sur un rythme glacial et lent. Mais c'était également l'histoire d'un jeune garçon surnommé Jumbo, pensionnaire d'un médiocre collège privé du Somerset. Jumbo est l'un de ces éternels perdants. Myope, asthmatique, rondouillard, rejeton d'un foyer brisé, il souffre d'un profond sentiment d'inutilité et de culpabilité. Lorsque arrive un nouveau professeur de français, un type bossu au faciès de pirate, Jumbo s'en fait un allié. « Tu es un bon observateur, lui dit cet homme. Je peux te le dire, mon vieux. Nous autres, solitaires, nous le sommes toujours. » Ce que Jumbo ne sait pas, ce qu'il ne peut pas imaginer, c'est que ce Prideaux a autrefois été agent secret, que son dos tordu est la conséquence d'une balle russe, et que d'autres ont souffert également, car Prideaux a été trahi par son ancien ami et amant. Le monde de Jumbo est trop petit pour contenir de telles expériences, mais il pressent que le professeur de français a perdu un très grand ami et décide de le remplacer jusqu'à ce qu'il revienne. Le garçon s'est trouvé une mission qui le rend utile. Je regardais ce feuilleton, je tombais amoureuse de Prideaux, et le paysage qui entourait ce pensionnat - collines noyées dans le brouillard, corbeaux croassant dans les ormes, matchs de rugby et buée blanche s'échappant de la bouche des élèves sur les terrains de sport le matin en hiver -, tout cela est devenu pendant ce printemps le décor d'une série de rêves déclenchés par le deuil.

Ce qui se passe dans votre esprit lorsque vous avez perdu quelqu'un de proche ne trouve son sens que plus tard. Tout en regardant ce téléfilm, j'avais plus ou moins compris que Prideaux était une figure paternelle que je m'étais choisie. Mais ce que j'aurais dû réaliser également sur ces routes du nord de l'Angleterre, c'est que le cerveau ne se contente pas de se choisir de nouveaux pères dans ce monde : il se dote également de nouvelles identités par l'intermédiaire desquelles nous puissions les aimer. Au cours de ces premières semaines de deuil, petite fille désespérée, j'avais choisi d'être Jumbo. Et sur le quai de ce port écossais, pendant une fraction de seconde, sans savoir pourquoi, j'avais choisi d'être l'autour. Kilomètre après kilomètre, je continuais à rouler, la route défilait et le ciel se découpait en bandes bleues et blanches dures comme de l'acier trempé.

J'ai commencé à m'inquiéter. Le carton était bien trop silencieux. Je me suis arrêtée avec anxiété sur la première aire de service venue. Christina est partie s'acheter une glace et moi, j'ai essayé de regarder à l'intérieur de la boîte par les trous d'aération. Après des heures passées à fixer l'asphalte éblouissant, mes yeux refusaient d'accommoder. Je ne voyais rien, d'ailleurs, je ne voulais rien voir, car il était évident que l'autour était mort. Et puis d'un seul coup - *oh, mon Dieu !* -, la boîte s'est emplie d'étoiles.

Il y a très longtemps, dans une galerie d'art, j'avais vu une petite valise en cuir brun posée à plat sur une table blanche. C'était le plus banal des objets, et un peu triste, comme si un voyageur l'avait déposé un instant puis oublié. L'artiste avait découpé un petit trou rond dans le cuir, et après l'instant d'embarras qui accompagne toujours le fait de devoir participer à une performance artistique, je m'étais penchée pour y coller l'œil. J'avais sursauté de surprise. Nouveau coup d'œil. Grisée, je régnais désormais en maître sur un univers infini, je contemplais un champ d'étoiles qui s'étendait à perte de vue. C'était très astucieusement fait : l'artiste avait fixé deux miroirs piquetés à l'acide à l'intérieur de la valise, un en bas et un en haut, et les avait éclairés par une guirlande de toutes petites ampoules. Le reflet des taches et des points lumineux sur les miroirs transformait l'intérieur de la valise en un cosmos brillant et froid qui semblait sans limite.

Penchée sur le siège arrière de la voiture et perdue dans le souvenir de cette valise, je regardais à nouveau un champ d'étoiles dans le noir. Lentement, elles se sont transformées en tout petits fragments de kératine - cette *poudre* qui protège les plumes qui poussent et finit par se détacher du plumage tout neuf - éclairés par un rayon de lumière qui filtrait à travers une fente dans le haut du carton. Mes yeux et mon cerveau se sont remis en phase et j'ai alors pu distinguer, dans la pénombre, le terne éclat de griffes jaune citron. Des plumes indistinctes frissonnant d'appréhension. L'autour savait qu'on l'observait. J'ai eu un frisson moi aussi.

— Tout va bien ? m'a demandé Christina en mordant dans son esquimau.

— Oui, oui ! Parfaitement bien.

J'ai redémarré. Nous sommes reparties. Cela fait des siècles qu'on échange et qu'on vend des rapaces, me suis-je reproché à moi-même. *Évidemment qu'elle est vivante.* Un voyage de sept heures, ce n'est rien. Pense aux marchands du XVIIe siècle qui importaient des faucons sauvages à la cour de France en les faisant venir d'Inde. Pense au cinquième comte de Bedford qui, lui, les faisait venir de Nouvelle-Écosse et de Nouvelle-Angleterre sur des navires en bois où des rangées et des rangées d'oiseaux chaperonnés, immobiles sur leurs perches, écoutaient les meuglements du bétail que l'on transportait dans ces mêmes navires pour pouvoir les nourrir. Tout en conduisant, j'ai aussi songé à l'autour de White et à son voyage qui avait été tellement pire que celui du mien : tout d'abord de son nid à la cage d'un fauconnier allemand, puis en avion jusqu'en Angleterre, puis en train de Croydon chez un premier fauconnier du Shropshire appelé Nesbitt, lequel l'avait expédié en Écosse chez un autre fauconnier pour un échange qui, en fin de compte, n'avait pas eu lieu, car l'autour était revenu chez Nesbitt. Après quelques jours de répit dans un grand grenier, il était reparti, en train cette fois-ci, pour Buckingham, une petite ville de brique rouge à quelque huit kilomètres de Stowe. C'est là que White l'avait récupéré. Après quel trajet ? J'ai calculé qu'il avait parcouru environ deux mille quatre cents kilomètres, en je ne sais combien de jours. Je ne vois pas très bien comment cet autour avait pu survivre.

De petites âmes arrachées à la sécurité. Dans les premières pages de *L'Autour,* White a décrit l'horrible voyage de son petit rapace : capturé dans son nid, fourré dans un panier et envoyé dans une contrée étrangère pour son éducation. Il nous demande de l'imaginer, de nous mettre à la place de cet autour, dans cet esprit d'enfant complètement perdu, de ressentir la chaleur et le bruit, la confusion et la terreur de ce voyage jusqu'à sa porte. « Il dut lui sembler que c'était la mort, la chose que nous ne pouvons connaître à l'avance. »

Ce que nous projetons dans la vie des animaux, ce sont les leçons que nous avons apprises du monde. Il y a quelque temps, dans une bibliothèque universitaire, j'ai retrouvé des photographies de White tout jeune enfant conservées dans une boîte jaune en fer-blanc. Des clichés argentiques d'un paysage poussiéreux de Karachi. Un acacia jandi, de grandes ombres allongées, un ciel clair. Sur le premier cliché, le petit garçon est assis sur un âne et fixe l'objectif. Il porte une tunique traditionnelle, un pantalon ample et un chapeau de soleil. Son visage rond ne semble pas du tout s'intéresser à l'âne. Il se contente de rester assis sur son dos. Sa mère se tient debout derrière lui, en robe longue Belle Époque d'un blanc immaculé. Une très belle femme, qui s'ennuie. Dans le deuxième cliché, le petit garçon court vers l'appareil photo sur le sol desséché. Il court le plus vite possible et ses petits bras sont flous, mais l'expression mi-terrifiée mi-réjouie de son visage est quelque chose que je n'ai jamais vu chez aucun autre enfant. C'est un sentiment de triomphe d'avoir monté l'âne, mêlé de soulagement car l'épreuve est finie. C'est le visage d'un petit être qui a désespérément besoin de sécurité mais qui sait parfaitement que cela n'existe pas.

Car il n'y avait pas de sécurité. Le mariage de ses parents s'était fait sous une mauvaise étoile. Constance Aston avait presque trente ans lorsque, ne pouvant plus supporter que sa mère lui reproche d'être encore à sa charge, elle lui avait lancé : « J'épouserai le prochain qui me demandera ma main. » Ce fut un certain Garrick White, commissaire divisionnaire de police à Bombay. Les nouveaux époux repartirent en Inde et, dès la naissance de Terence, Constance ferma la porte de sa chambre à son mari. Ce dernier se mit à boire et le mariage sombra dans la violence. Cinq ans plus tard, la famille revint vivre quelque temps chez les parents de Constance, à Saint-Leonard-on-Sea, une petite station balnéaire du sud-ouest de l'Angleterre. Lorsque ses parents repartirent en Inde, ils laissèrent là le petit garçon. Ce fut un abandon et un soulagement tout à la fois. *Il n'y a pas de mots pour raconter cette période si belle de ma vie.* C'est ainsi que White a décrit son séjour à Saint-Leonard dans un fragment autobiographique à peine romancé où perce par endroits sa propre voix enfantine, la voix d'un petit garçon recherchant désespérément l'attention des autres et déjà désireux de se transformer en une autre personnalité, plus protégée : *Regarde, Ruth, je suis le capitaine des pirates ! Regarde, je suis un avion ! Regarde, je suis un ours polaire ! Regarde ! Regarde ! Regarde !* Il y avait de spectaculaires chenilles qu'on surnommait « grandes harpies » ou « queues fourchues », une tortue, de grands bocaux de verre remplis de chocolat et de sucre, et des jeux sans fin avec ses cousins.

Mais le répit ne pouvait durer éternellement. « On nous a arrachés à cette vie, écrit-il, pour nous envoyer en pension. » La parenthèse idyllique était finie, le petit garçon replongé dans une vie de peur et de violence. À Cheltenham, le responsable d'internat était « un célibataire d'âge moyen, un sadique au visage sombre » efficacement secondé par ses acolytes, des préfets qui battaient régulièrement les élèves après la prière du soir. Chaque soir, le jeune garçon priait : « Mon Dieu, faites que je ne sois pas battu ce soir » - le plus souvent en vain. « Je savais de manière confuse qu'il s'agissait d'agression sexuelle, écrirait-il plus tard, sans être capable à l'époque de formuler l'accusation ainsi. » Rien d'étonnant qu'il ait éprouvé autant d'empathie pour son autour. L'enfant avait été arraché au seul endroit où il se soit jamais senti chez lui et envoyé, pour son éducation, dans un lieu tenu par des bureaucrates tortionnaires. White fut marqué à vie par cette trahison. Son autour en souffrirait lui aussi.

Ferox. Féerique. Affranchi. Tim White est assis à la table de sa cuisine et remplit le réservoir de son stylo à une bouteille d'encre verte posée sur la toile cirée. Cette encre semble malicieuse, telle une petite chose farouche. Il écrit sa nouvelle vie de la couleur de... ? Comment Havelock Ellis l'appelait-elle, déjà ? L'encre préférée des invertis. L'autour arrive demain. Bientôt, il y aura trois âmes dans cette maison : lui, son chien, et son autour. Cette idée l'exalte. Il adore cette maison qu'il appelle son cottage de laboureur, sa tanière de blaireau, son refuge. Dehors, le soleil et l'ombre du feuillage se déplacent sur les hauts pignons gris. Ce n'est pas une grande demeure ; il faut tirer l'eau au puits et les toilettes sont au fond du jardin, mais il la trouve somptueuse. Certes, il n'en est que locataire, à cinq shillings par semaine, mais c'est la première fois de sa vie qu'il habite véritablement chez lui. Il la transforme et la fait sienne. Il vernit les plafonds et repeint le reste en couleurs éclatantes. Rouge brillant. Bleu de Robbialac. Sur le manteau de la cheminée, des ailes d'oiseau en guise d'ornement. Du papier peint à motifs. Un miroir. Des livres partout. Il a dépensé soixante-six livres en tapis moelleux, a acheté une bergère recouverte de brocart et s'est fait livrer un stock de bouteilles de madère. À l'étage, il a transformé la chambre d'amis en une pièce secrète et féerique, exubérante et romantique : miroirs et dorures, draps bleus et couvre-lit mordoré, éclairage aux chandelles. Il n'ose cependant pas y dormir. Les rideaux marron et le lit de camp de la chambre d'à côté lui suffisent. L'autour, quant à lui, vivra dans la grange, et tous deux feront de ce lieu leur foyer.

J'arrive dans ma rue et aperçois l'alignement des façades victoriennes qui ondulent dans le crépuscule estival. Je me dirige vers ma maison en portant le carton. Je ne me souviens pas du moment où je l'ai ouvert ce soir-là, mais ce que je me rappelle, ce sont mes pieds nus sur la moquette et le poids de l'autour sur mon poing. Sa silhouette, allongée et hantée, le haussement nerveux de ses épaules lorsque, marchant à reculons, elle a franchi l'ombre du perchoir projetée sur le sol du salon. Je me rappelle avoir pensé à un passage de *L'Épée dans la pierre*. Lorsqu'un autoursier reprend son oiseau sur le poing, « se le réappropriant comme un homme estropié remet sa jambe de bois après l'avoir perdue ». Oui, c'est exactement ce que j'ai ressenti en prenant mon autour sur mon poing pour la première fois. Cette sensation très précise. En silence, je suis montée à l'étage et me suis allongée sur mon lit. L'autour était ici. Le voyage était terminé.

Cette nuit-là, j'ai rêvé de mon père. Ce n'était pas le rêve habituel de la famille réunie. Dans ce rêve-ci, je cherche quelque chose dans une maison, une maison vide dont les murs portent des marques décolorées aux endroits où il devrait y avoir des cadres. Je n'arrive pas à trouver ce que je cherche. À l'étage, j'ouvre une porte qui donne sur une chambre différente des autres : trois murs blancs qui ruissellent d'eau, mais le mur du fond a disparu. Pas de mur : juste le vide qui tombe dans le soir violet pâle d'une ville. Et à mes pieds s'étend un espace qui a été bombardé. Des tonnes de briques et de gravats, des lauriers de Saint-Antoine fleurissant en bandes entre les poutres et les bois de chaises brisés. L'ombre, entre ces obstacles, tourne à la nuit. Mais ce n'est pas cela que je regarde. Au sommet du plus haut monceau de gravats se tient un petit garçon aux cheveux très blonds. Son visage n'est pas tourné vers moi mais je le reconnais immédiatement, et pas simplement parce qu'il porte les mêmes culottes courtes et la même veste grise déformée que sur la photo de notre album de famille. C'est mon père.

Dès que je le vois, je sais où je suis. Dans le quartier de Shepherd's Bush, à Londres où, lorsqu'il était jeune, il faisait les quatre cents coups avec ses amis, explorait les pâtés de maisons bombardées, ramassait et récupérait des objets, se cachait et épiait. « On bombardait des briques avec d'autres briques, m'a-t-il une fois raconté. Il n'y avait pas grand-chose d'autre à faire. » À ce moment, le garçon se retourne, me regarde là-haut, dans la maison bombardée, et je sais qu'il va dire quelque chose. Mais il n'y a pas de mots. Au lieu de mots, il désigne quelque chose du doigt. Vers le haut. Je lève les yeux. Un avion nous survole, à des milliers de pieds d'altitude - si haut que son fuselage et ses ailes sont encore éclairés par le soleil couchant. Aucun bruit de moteur, pas le moindre son, rien d'autre ne bouge. Seul ce petit point de lumière qui traverse le ciel jusqu'à disparaître dans l'ombre de la Terre. Je regarde vers le sol à nouveau, et le petit garçon, mon père, a disparu.

Chapitre 7

Invisibilité

Prrt. Prrt. Prrt. Une note d'interrogation qui se répète, comme l'appel téléphonique d'un oiseau profondément caché dans le feuillage. Voilà ce qui m'a tirée du sommeil. C'est le chant d'un pinson perché dans le tilleul devant ma fenêtre. Je reste allongée à regarder le jour prendre forme et j'écoute le cri se déplacer dans l'arbre derrière la vitre. C'est *l'appel de la pluie,* un très beau nom pour ce chant qui résonne comme une question sans réponse. Personne ne sait pourquoi le pinson chante ainsi, mais le nom vient d'une ancienne tradition selon laquelle il annoncerait le mauvais temps.

Au cours des années 1950, dans un modeste laboratoire situé à Madingley, petit village situé à quelques kilomètres au nord de l'endroit où je suis allongée dans mon lit, un scientifique nommé Thorpe mena des expériences sur des pinsons pour essayer de comprendre comment ces oiseaux apprenaient à chanter. Il éleva de jeunes pinsons dans un isolement total, enfermés dans des cages parfaitement insonorisées, et il écouta, fasciné, les chants rudimentaires que produisaient ses oiseaux brisés. Il découvrit ainsi qu'il existait une toute petite fenêtre de temps pendant laquelle ces poussins confinés avaient besoin d'entendre les trilles sophistiqués des oiseaux adultes. Si on la laissait passer, ils ne pourraient jamais complètement parvenir à les produire par eux-mêmes. Il essaya d'exposer ces juvéniles aux chants d'autres espèces qu'il avait enregistrés : pouvait-on les persuader de chanter comme les pipits des arbres ? Ce furent des expériences fondamentales dans la compréhension des processus d'apprentissage, mais également des recherches imprégnées des anxiétés de la guerre froide. Les interrogations de Thorpe étaient celles d'un Occident obsédé par la question de l'identité et terrifié par les risques de lavage de cerveau. Comment apprenez-vous qui vous êtes ? Peut-on vous faire changer d'allégeance ? Peut-on se fier à vous ? Qu'est-ce qui fait de vous un pinson ? D'où venez-vous ? Thorpe découvrit que les pinsons sauvages originaires de régions différentes possédaient des dialectes différents. J'ai écouté avec attention celui qui chantait dans le tilleul : c'était exact, son cri n'était pas le même que celui des pinsons du Surrey que j'avais appris à reconnaître quand j'étais enfant. Il était moins étoffé, moins complexe, et semblait s'interrompre avant d'avoir été complètement terminé. Je me suis dit que j'aimerais entendre à nouveau des pinsons du Surrey. J'ai repensé à ces oiseaux tristes enfermés dans leurs cages insonorisées, et à la façon dont vos premières expériences vous apprennent qui vous êtes. J'ai pensé à la maison que j'avais vue en rêve. J'ai pensé au lieu où je me sentais chez moi. Soudain, dans un lent frisson d'exultation, j'ai réalisé que tout avait changé dans la maison que j'habitais. C'était l'autour. J'ai fermé les yeux. L'autour avait empli la maison de sauvagerie comme un vase de lys l'emplit de son parfum. Tout pouvait commencer.

Dans la pénombre que laissent filtrer les rideaux tirés, elle se tient sur sa perche, détendue, chaperonnée, extraordinaire. Des serres impressionnantes, un bec noir incurvé et dangereux, la poitrine café au lait toute lisse marbrée d'épaisses larmes de couleur chocolat qui la font paraître comme un samouraï cappuccino. Je murmure : « Bonjour, l'autour. » Je la vois plaquer ses plumes au son de ma voix, en signe d'alarme. « Chut », dis-je, autant pour moi que pour elle. « Chut. » Puis j'enfile mon gant, m'approche et la prends sur le poing en défaisant le nœud de fauconnier qui attache sa longe à la perche.

Elle se débat. Elle se débat violemment. *Bating* : « Un plongeon de rage et de terreur, tête la première, par lequel un faucon entravé tente de fuir le poing dans une folle tentative pour retrouver sa liberté. » C'est ainsi que White le décrit dans *L'Autour*. Le devoir du fauconnier, poursuit-il, « est de reprendre le faucon de son autre main et de le remettre sur son poing, avec douceur et patience ». Je la remets sur mon poing, avec douceur et patience. Ses griffes s'agrippent au gant de manière convulsive. *Cette perche bouge*. Je sens son cerveau qui tente de saisir la nouveauté. *Mais c'est la seule chose que je comprends. Je ne la lâcherai pas*. Je la persuade de grimper sur une perche fixée à une balance que j'ai bricolée. Les faucons ont un poids de vol, tout comme les boxeurs ont un poids de combat. Un faucon trop lourd n'a plus envie de voler et ne reviendra pas quand son fauconnier le réclame. Un faucon trop maigre fait peur à voir : décharné, malheureux, manquant d'énergie pour voler avec fougue et élégance. Reprenant l'autour sur mon poing, je tâte son bréchet avec les doigts de mon autre main. Elle est bien en chair, sa peau est chaude sous les plumes, et au bout de mes doigts, je sens les battements nerveux de son cœur. Je frissonne. Je retire ma main. Superstitieuse. Je ne supporte pas de sentir ce signe d'une vie frémissante, car je ne peux m'empêcher de penser que manifester ainsi mon attention pourrait provoquer sa fin.

Je m'assois dans le salon, glisse un morceau de viande crue dans ma main gantée sous ses pieds écaillés, et j'attends. Une minute, deux minutes. Trois. Je lui retire son chaperon.

Deux yeux immenses et fous me fixent une fraction de seconde puis disparaissent. Avant même d'avoir compris ce qui se passe, l'autour essaie de s'enfuir le plus vite possible. Arrêtée par ses jets, elle pousse des cris de détresse aigus quand elle réalise l'horreur de sa situation. Elle ne peut pas s'enfuir. Je la remets sur le gant. Sous ses plumes, elle n'est que muscles, os, et cœur battant à tout rompre. Elle se débat violemment à nouveau. Et encore une fois. *Je déteste cela.* Au cours de ces premières minutes, vous ne pouvez qu'accepter le fait que vous terrifiez votre oiseau alors que c'est tout le contraire que vous désirez. Après trois autres tentatives de fuite, mon cœur bat comme une bête prise au piège, mais elle est à nouveau sur mon poing, le bec ouvert, les yeux brûlants. Alors survient un long moment de concentration extrême.

L'autour me fixe, en proie à une terreur mortelle, et je sens que les silences entre les battements de nos deux cœurs se superposent. Ses yeux sont lumineux et argentés dans la pénombre. Je perçois sur mon visage son souffle brûlant, son odeur de poivre, de musc et de silex frappé. Ses plumes sont à demi hérissées, ses ailes à demi ouvertes, ses serres aux écailles jaunes terminées par des griffes noires incurvées agrippent le gant avec force. J'ai l'impression de brandir une torche enflammée. Je ressens la chaleur de sa peur sur mon visage. Elle regarde fixement. Encore et toujours. Les secondes ralentissent, s'égrènent. Ses ailes s'abaissent, elle se replie sur elle-même, prête à s'envoler. Je ne la regarde pas. Je ne dois pas la regarder. Ce que je fais, c'est me concentrer au maximum pour *ne pas être là.*

C'est une des choses les plus difficiles que j'ai apprises en dressant des rapaces : il faut parvenir à se rendre invisible. C'est ce qu'il faut faire lorsque vous avez au poing un nouvel oiseau, en proie à une peur sauvage et prêt à se défendre, et que vous disposez de la nourriture à ses pieds. Les faucons ne sont pas des animaux sociables comme les chiens ou les chevaux. Ils ne comprennent ni la contrainte ni la punition. La seule façon de les apprivoiser, c'est d'avoir recours au conditionnement positif, en leur offrant de la nourriture. Vous voulez que l'oiseau mange la « beccade » que vous lui proposez : c'est la première étape du processus qui vous mènera à devenir compagnons de chasse. Mais entre sa peur et la nourriture s'étend un gouffre immense, incommensurable, que vous devez franchir ensemble. Je pensais auparavant qu'on le franchissait en se montrant d'une patience infinie. Mais non : il faut davantage que cela. Il faut devenir invisible. Imaginez que vous êtes dans une pièce sombre. Vous êtes assis, un faucon au poing. Il est parfaitement immobile, tendu et prêt à jaillir comme une catapulte bandée à bloc. Sous ses pieds énormes et noueux, il y a un morceau de steak cru. Vous essayez de lui faire détourner le regard pour qu'il voie la viande à ses pieds parce que vous savez - sans même le regarder - que ses yeux horrifiés sont fixés sur votre profil. Vous n'entendez que le *clic clic* humide de ses paupières qui clignent.

Pour franchir ce gouffre entre la peur et la nourriture et rendre en quelque sorte possible une concorde entre vos deux esprits pour le moment paralysés, immobiles, il faut impérativement que vous ne soyez pas là. Vider votre esprit et demeurer parfaitement immobile. Ne penser très exactement à rien. Le faucon devient une idée étrange, creuse, aussi mince qu'un cliché ou qu'un dessin schématique, mais dans le même temps, il pèse autant sur votre avenir que la décision d'un juge courroucé. De votre poing ganté, vous resserrez un instant votre prise sur le morceau de viande et vous sentez un minuscule changement d'équilibre. Vous voyez, à la limite de votre champ de vision, que l'oiseau regarde désormais vers la viande. Puis, tout en restant invisible, vous faites de ce morceau de viande la seule chose qui existe dans la pièce, excepté l'oiseau. Vous, vous êtes totalement absent. Tout ce que vous espérez, c'est qu'il va accepter de se mettre à manger et que lentement, très lentement, vous allez pouvoir vous rendre visible. Même si vous ne bougez pas le moindre muscle, si vous vous contentez de relâcher votre esprit et de reprendre une attitude mentale plus normale, le faucon le *sait.* C'est extraordinaire. Cela demande beaucoup de temps que d'être soi-même en présence d'un nouveau faucon.

Je n'ai pas eu besoin d'apprendre comment y parvenir. J'étais déjà une spécialiste. C'est quelque chose que j'avais appris très tôt, quand j'étais une petite fille légèrement craintive, obsédée par les oiseaux, et qui aimait à disparaître. Comme le Jumbo de *La Taupe,* j'étais une observatrice-née. Je l'avais toujours été. Quand j'étais petite, j'escaladais la colline derrière la maison et me faufilais dans mon refuge favori, sous un rhododendron, me tortillant à plat ventre comme un minuscule sniper. Et de mon trou de tirailleur secret, le nez au ras du sol, respirant l'odeur de bruyère écrasée et de terre acide, je regardais le monde qui s'étalait en contrebas, savourant le calme intense que fait naître le sentiment de voir sans être vue. D'observer et non d'agir. De rechercher la sécurité dans le fait de se rendre invisible.

C'est une habitude dans laquelle on peut vite tomber mais, croyez-moi, l'invisibilité vous joue de très mauvais tours dans la vie - dans vos relations avec les autres, en amour, au travail ou à la maison. En ce qui concerne les premiers jours de dressage d'un nouveau faucon, en revanche, savoir disparaître est le plus grand talent du monde.

La confiance que je ressentais, assise là avec mon autour, était absolue. *Je sais comment faire. C'est un domaine, au moins, où j'excelle. Je connais tous les pas de cette danse.* Tout d'abord, elle va se nourrir sur le poing. Puis, au fil des jours, elle va devenir moins farouche, en partie parce que je vais la garder à l'intérieur et constamment en ma présence, comme le faisaient les fauconniers du XVe siècle. Bientôt, elle viendra d'elle-même sur le poing pour se nourrir, d'abord en marchant, puis en sautant. Nous irons faire de longues promenades pour qu'elle s'habitue aux voitures, aux chiens et aux gens. Puis elle volera pour revenir sur le poing quand je l'appellerai, d'abord retenue par une filière, puis librement. *Et puis...*

Et puis... J'avais prévenu mes amis que je ne voulais pas être dérangée. J'avais rempli le congélateur de viande pour oiseau et débranché le téléphone. J'étais désormais tel un ermite, seule avec un autour dans une pièce sombre. Trois murs tapissés de livres, un tapis afghan élimé et un canapé de velours jaune taché. Un vieux miroir aux reflets aqueux était accroché au-dessus de la cheminée condamnée, où je lisais à l'envers le slogan d'une affiche des années 1930 fixée sur le mur derrière moi : VOUS POUVEZ COMPTER SUR SHELL, imprimé au-dessus d'un glacis orageux et d'une portion de la côte du Dorset. Il y avait également une vieille télévision, un carré de vinyle vert menthe sous la perche et une paire de rideaux fleuris vert foncé qui nous cachaient le monde extérieur. Le but était de rester immobile, l'esprit vide, le cœur empli d'espoir. Mais tandis que les minutes s'allongeaient, j'avais besoin de bouger, ne serait-ce qu'un tout petit peu, de tourner un pied qui s'engourdissait, de froncer le nez qui me démangeait et, chaque fois, je sentais l'autour tressaillir de peur. Mais je voyais aussi du coin de l'œil qu'elle redressait petit à petit son maintien. Elle se tenait plus droite. La peur ambiante avait légèrement diminué d'intensité.

Les anciens fauconniers appelaient *watching* cette technique de dressage qui consiste à adopter un état d'esprit familier et rassurant, méditatif, attentif et posé. Pour la première fois depuis des mois, ma vie avait un but. J'attendais le moment à partir duquel tout le reste s'ensuivrait : le moment où l'autour baisserait la tête et commencerait à se nourrir. C'était la seule chose que je désirais. La seule qui comptait. Attendre. Guetter. Rester assise avec l'autour, c'était comme retenir sa respiration pendant des heures sans effort. Ni inspiration ni expiration. Ne restaient que les battements de mon cœur que je ressentais dans le bout de mes doigts, telle une petite pulsation dans une coupure qui ne semblait pas faire partie de moi, parce que c'était la seule chose que je sentais bouger. Comme s'il s'agissait du cœur de quelqu'un d'autre, ou de quelque chose d'autre qui vivait en moi. Quelque chose doté d'une tête aplatie et reptilienne et de deux lourdes ailes pendantes. Aux flancs ombreux et rayés comme ceux d'une grive. La lumière dans la pièce avait pris une teinte verdâtre, sombre, fraîche et vaguement sous-marine. Au-dehors, la vie continuait, caniculaire et distante. Des ombres glissaient derrière les rideaux, passants, étudiants, bicyclettes et chiens. Des silhouettes indistinctes, dont j'entendais les voix métalliques et incompréhensibles. Le *tap tap* des pas sur le trottoir. Le sifflement grinçant d'une autre bicyclette. De longues minutes ont passé. Un petit morceau de duvet s'est détaché des plumes tectrices pour tomber doucement sur le tapis à mes pieds. Une minuscule étoile, pratiquement dénuée de calamus, juste une petite peluche blanche et douce que j'ai fixée pendant un long moment. Je n'avais pas regardé un objet avec une telle concentration tout en ayant l'esprit ailleurs depuis ce morceau de lichen, le jour où le téléphone avait sonné.

Des boulots de cascadeurs. C'est comme cela que mon père les appelait, d'un terme dont les journalistes se servent pour désigner un reportage dangereux : se pencher hors de l'hélicoptère, l'appareil photo dans une main et l'autre agrippée au cadre de la porte parce que le harnais de sécurité a cassé. Ou bien regarder dans un objectif grand-angle du haut de la cathédrale de Salisbury, debout sur un mince arceau d'acier fixé dans la pierre à cent trente mètres du sol. « Les boulots de cascadeurs ? Je les affronte en regardant dans le viseur, disait-il en mimant le geste de lever l'appareil et d'y coller son œil. Regarder dans le viseur. Ça t'empêche de te sentir concerné. Ça t'empêche d'avoir peur. » Vous n'avez plus de corps qui risque de tomber, ou de vous laisser tomber. Rien n'existe plus qu'un rectangle de verre soigneusement poli, le monde que l'on voit à travers, et toute une série de décisions techniques qui vous tournent dans le cerveau - exposition, profondeur de champ, comment obtenir le cliché que l'on souhaite.

Assise dans la pénombre avec l'autour, je me sens bien plus en sécurité que je ne l'ai été depuis des mois. En partie parce que j'ai désormais un but. En partie aussi parce que j'ai enfermé le monde à l'extérieur. Je peux désormais penser à mon père. J'ai commencé à réfléchir à la façon dont il avait affronté les difficultés. Mettre une lentille entre lui et le monde n'était pas seulement le moyen de se protéger du simple danger physique, mais de toutes ces autres choses qu'il devait photographier. Des choses horribles, tragiques : accidents, collisions ferroviaires, villes au lendemain de bombardements. Il s'inquiétait de ce que cette stratégie de survie soit devenue une habitude. « Je vois le monde à travers une lentille », avait-il dit un jour, un peu tristement, comme si l'appareil photo était toujours là, l'empêchant de se sentir partie prenante, quelque chose qui le séparait de la vie des autres.

Le pinson s'est remis à lancer son cri. *Comment l'on apprend ce que l'on est.* Comment ai-je appris de mon père à devenir une observatrice ? Était-ce par une sorte d'imitation enfantine de sa stratégie professionnelle pour affronter les difficultés ? J'ai joué avec cette idée pendant quelque temps avant de la rejeter. *Non, ce n'est pas cela.* Non pas parce que *c'est faux,* mais plutôt parce que *je ne peux pas y croire.* Ces milliers et milliers de photos prises par mon père. Réfléchissez-y plutôt. Chacune d'elles est un document, un testament, un rempart contre l'oubli, contre le néant, contre la mort. Regardez, ceci a existé. Une chose est survenue et maintenant elle ne pourra plus jamais ne pas avoir été. C'est là, sur la photo : un bébé qui met sa petite main dans la paume ridée d'un octogénaire. Un renard qui traverse un sentier forestier et un homme qui lève son fusil pour tirer. Un accident de voiture. Un accident d'avion. Une comète qui laisse une traînée dans le ciel du matin. Un Premier ministre qui s'essuie le front. Les Beatles, assis à la terrasse d'un café sur les Champs-Élysées par une froide matinée d'hiver en 1969, John Lennon très pâle sous sa casquette de marin. Toutes ces choses étaient advenues, et mon père les avait fixées dans une mémoire qui n'était pas seulement la sienne, mais celle du monde. La vie de mon père n'avait rien à voir avec la disparition. Toute sa vie durant, il avait lutté contre la disparition.

Un soir d'hiver, il était rentré de son travail étrangement découragé. Nous lui avions demandé ce qui s'était passé. « Vous avez vu le ciel aujourd'hui ? » En sortant d'une conférence de presse, il avait traversé un parc de Londres. L'endroit était désert, hormis un petit garçon qui jouait près d'un lac gelé. « Je lui ai dit : "Regarde le ciel, regarde. Souviens-toi de ce que tu as vu. Tu ne reverras jamais plus cela." » Au-dessus d'eux, dans un ciel venteux et brumeux, se dessinait un entrelacs de halos de glace et de parhélies. Un halo à 22 degrés, un arc circumzénithal et un arc tangent supérieur, la lumière du soleil se réfractant et découpant le ciel dans une géométrie complexe de glace, d'air et de feu. Mais le garçon n'avait pas eu l'air intéressé du tout. Mon père était déconcerté. « Il a peut-être cru que tu étais un de ces types bizarres qui traînent par là. » Nous avions pouffé de rire, levé les yeux au ciel, et il avait pris un air embarrassé et vaguement contrarié, mais il était surtout triste pour ce petit garçon qui n'avait pas vu.

Maintenant que mon père n'était plus là, je commençais à comprendre comment la mortalité est liée à des choses telles que ce ciel d'hiver parcouru d'arcs lumineux. À comprendre que le monde est rempli de signes et de merveilles qui apparaissent et disparaissent. À comprendre que si vous avez de la chance, vous pourrez peut-être les voir. Une fois. Deux fois. Peut-être jamais plus. Chez ma mère, il y a des étagères remplies d'albums de photos de famille, mais également le cliché d'un sansonnet au bec tordu. D'un jour de givre et de fumée. D'un cerisier lourdement chargé de fleurs. De nuages d'orage, d'éclairs, de comètes et d'éclipses : des événements célestes terrifiants par leur éloignement, mais cependant rassurants, car le monde est éternel même si nous ne sommes qu'un fragment de sa course.

Prendre une bonne photo, c'est ce que Henri Cartier-Bresson appelle le *moment décisif* : « Votre œil doit voir une composition ou une expression que la vie elle-même vous offre et vous devez savoir intuitivement à quel moment appuyer sur le déclencheur. Le moment ! Si vous le ratez, il disparaît à tout jamais. » C'était à l'un de ces moments que je pensais, assise dans cette pièce à attendre que l'autour se nourrisse sur mon poing. Une photo en noir et blanc prise par mon père des années auparavant. Un vieil éboueur, barbe blanche taillée en bouc, chaussettes tirebouchonnées et chaussures éculées. Vêtu d'un pantalon de travail froissé. Une paire de gants. Une casquette en laine. L'appareil doit être tout proche du trottoir et mon père a dû s'accroupir sur la chaussée pour prendre ce cliché. L'homme se penche, son balai de bouleau appuyé sur son flanc. Il a enlevé le gant de sa main droite et, entre le pouce et l'index, il tend une miette de pain à un moineau sur le bord du trottoir. L'oiseau est surpris en plein envol, au moment même où il attrape la miette, et l'expression de l'homme est inondée de joie. C'est le visage d'un ange.

* * *

Le temps s'est écoulé. Dans la nature, les faucons se gavent et peuvent se passer de nourriture pendant des jours. Je savais que l'autour ne se nourrirait pas sur mon poing aujourd'hui car elle n'avait pas faim. Elle avait peur. Le monde entier était une insulte. Nous avions toutes deux besoin d'un répit. Je lui ai remis son chaperon. *Là.* Un instant de panique, les nerfs en feu, puis elle s'est détendue parce que le jour avait tourné à la nuit et que j'avais disparu. La terreur l'avait quittée. *Hoodwinked* : être chaperonné, aveuglé, berné. Une très ancienne supercherie, et bien excusable : l'obscurité lui donnerait un espace où calmer ses nerfs, et moi les miens. Sur sa perche, elle s'est endormie. J'ai dormi, moi aussi, enroulée dans une couette sur le canapé. Plus tard, lorsque je l'ai reprise, l'atmosphère de la pièce avait changé. Elle avait déjà fait cela avant et n'était plus aussi catégoriquement convaincue que je sois un monstre. Elle s'est débattue et a essayé de s'enfuir, mais cette fois-ci vers le sol. Le mouvement n'était plus une tentative terrifiée de s'échapper le plus loin possible de moi. Je l'ai remise sur le poing. Nous nous sommes assises. Et là, au lieu de rester les yeux fixés sur moi, horrifiée, elle a commencé à explorer les environs. Des nouveautés, les étagères, les murs, le sol. Elle a tout inspecté avec de petits mouvements obliques de la tête. La parallaxe de l'autour qui évalue les distances à la perfection. Elle a observé le plafond et jaugé ses dimensions, les rangées d'étagères. Elle a incliné la tête pour considérer la frange de pompons embrouillés qui bordait le tapis. Puis est survenu un moment décisif. Ce n'était pas celui que j'espérais, mais ce fut fascinant quand même. Alors que, par simple curiosité, elle explorait la pièce du regard, elle a tourné la tête et elle m'a vue. Elle a sursauté. Sursauté exactement comme un humain surpris. J'ai senti la convulsion de ses serres et le choc, froid et électrique. C'était cela, le moment décisif. Une minute auparavant, je la terrifiais tellement que rien n'existait à part moi.

Puis elle m'avait oubliée. Pendant une fraction de seconde seulement, mais cela suffisait. Ce petit moment d'oubli était merveilleux parce qu'il était le signe que l'autour commençait à m'accepter. Il suscitait cependant une autre émotion, plus profonde et plus sombre. J'avais bel et bien été oubliée.

Chapitre 8

Intérieur à la Rembrandt

White relâcha son jeune autour dans la grange dès la première nuit, et avant l'aube, à trois heures cinq, l'oiseau vint se poser sur son poing pour manger. Il avait faim. Il était accoutumé aux humains et déjà prêt à venir chercher sa nourriture auprès de son fauconnier. C'était une étape que la mienne n'avait pas encore atteinte et qu'elle n'atteindrait pas avant de longs jours. Si White avait su ce qu'il faisait, Gos aurait pu voler librement en une semaine. Mais il ne le savait pas. Il n'avait pas compris qu'un faucon que l'on dresse ne doit pas être rassasié, car ce n'est qu'en offrant de la nourriture à un oiseau sauvage qu'on l'incite à nous considérer comme un être bienveillant et non comme un danger menaçant toute l'existence.

White reste pétrifié. Sur la queue de son autour, on distingue d'étranges rayures pâles transversales, comme si quelqu'un avait passé une lame de rasoir sur les plumes. Il sait ce dont il s'agit : des stries de croissance causées par un manque de nourriture pendant la période de pousse des plumes, une fragilité qui peut les amener à casser. Culpabilité et accusation. White s'inquiète, s'imagine que c'est de sa faute si l'autour porte ces stigmates. Il veut effacer ces stries, compenser les carences qui ont marqué son oiseau et fragilisé ses plumes. Alors il le nourrit. Il lui donne à manger tant qu'il peut, sans savoir que puisque ses plumes ont fini de pousser, il n'y a aucun risque que les marques s'aggravent. Il gave tellement son autour que ce dernier ne peut plus rien avaler, ne peut plus supporter de voir de la nourriture. Et c'est ainsi que White, en autoursier terrifié, se retrouve à caresser la poitrine de son oiseau avec un crâne de lapin ouvert, afin de lui montrer la cervelle répandue et d'essayer désespérément de la lui faire manger, alors que l'autour n'en veut pas car il est pleinement rassasié. *Aime-moi, je t'en supplie. Je vais me faire pardonner. Je vais te rendre la vie meilleure. Te guérir. Je t'en prie, mange.* Mais la seule chose que veut un gros autour trop nourri, c'est qu'on le laisse tranquille, c'est disparaître dans cette autre moitié de l'univers où il n'y a pas d'êtres humains, repu et content, et les yeux mi-clos, se tenir sur une patte, l'autre relevée bien au chaud dans les douces plumes, afin de digérer et de dormir. Au cours des jours et des semaines suivants, White essaie différentes sortes de nourriture, de meilleure qualité, pour tenter de lui en faire manger davantage qu'il ne peut supporter. Il le cajole, à bout de nerfs, convaincu que sa patience sera la plus forte. Bien évidemment, vient le moment où l'autour recommence à avoir suffisamment faim pour avaler quelque chose. Alors White le gave à nouveau, certain que désormais, tout va bien. L'autour se remet à le détester, et l'étrange ballet recommence. « Des jours d'attaques et de contre-attaques, voici comment White décrit cette période, comme si nous avancions et reculions tour à tour, nous disputant des champs de bataille. » Le comportement de White envers son faucon suit une forme de logique cauchemardesque : la logique du sadique qui déteste à moitié son faucon parce qu'il se déteste lui-même, qui, parce qu'il l'aime, veut le faire souffrir tout en ne le voulant pas, qui le force à manger afin de s'en faire aimer. Et cette logique tordue se heurte à la logique simple d'un autour sauvage trop nourri qui considère que cet homme est la chose la plus hostile de l'univers.

« Je venais juste d'échapper à l'humanité, écrivit White, le pauvre Gos, quant à lui, venait juste d'être capturé par elle. » Mais White n'avait fui qu'à moitié. À lire *L'Autour*, on pourrait penser que son cottage était loin de tout lieu habité, un avant-poste en pleine forêt, à une demi-lieue de la route la plus proche. Mais en réalité, il s'élevait sur les terres du château de Stowe et avait été construit sur l'une des anciennes *ridings* ou avenues tracées aux siècles précédents pour permettre aux carrosses d'arriver jusqu'au château. L'une d'elles, empruntant une coulée d'herbes hautes et mouvantes, passe au pied du cottage puis franchit une crête tondue par les moutons avant d'arriver aux portes mêmes du collège. Le cottage était certes rustique, avec des toilettes au fond du jardin et l'eau qu'il fallait tirer du puits. Et lorsque White s'occupait de son autour dans la grange, il pouvait encore voir, inscrit au crayon au dos de la porte, le tableau de chasse d'un garde victorien depuis longtemps disparu : Faisans. Lièvres. Cependant l'endroit n'était pas isolé. Telle était sa maison : pas vraiment perdue au fond d'un bois, mais au bord de la vieille route de Stowe, telle une promesse pas entièrement tenue. White l'habitait comme un chien qui reste assis au bout de sa chaîne, un divorcé malheureux qui déménage au bout de la rue. En dépit de l'exultation qu'il ressentait à être libre, le professeur ne s'était pas échappé hors des frontières de l'école. Il n'en avait pas non plus fini avec l'enseignement.

Dans les livres de Blaine, White avait lu que la fauconnerie était l'art de maîtriser les créatures vivantes les plus sauvages et les plus fières et que, pour les dresser, le fauconnier devait combattre leur attitude de défi et de rébellion. Le dressage d'un faucon était le reflet de l'éducation reçue par un élève en pension. Dans les deux cas, il s'agissait de façonner et de former un sujet incontrôlable et indiscipliné, de le civiliser. De lui inculquer les bonnes manières et l'obéissance. Mais les méthodes étaient différentes, ce qui réjouissait White. « J'avais été professeur pendant si longtemps, une profession où, pour traiter une situation difficile, la méthode classique consiste à punir. Il était agréable de découvrir une autre manière d'exercer cette profession, où on jugeait ridicule de punir. »

C'était le genre d'éducation qui lui convenait parfaitement, pensait-il, à lui-même et à son oiseau. Il intitulerait son livre *L'Autoursier* et au fil des pages, il ferait avec ses lecteurs « une patiente excursion à travers champs et dans l'histoire ». Une excursion qui ne les mènerait pas seulement dans un passé anglais imaginaire, mais également dans son propre passé. White avait « abandonné cette curieuse compétition à laquelle se livrent les adultes hétérosexuels », il était redevenu « un garçon monastique ». Au cours de ses longues séances de psychanalyse avec Bennet, il avait appris que retourner dans le passé était une manière de raccommoder les choses, de mettre à nu d'anciens traumatismes, de les revisiter et de déminer leur pouvoir. Désormais, il retournait dans le passé avec son rapace. Il avait déjà ressenti beaucoup de compassion pour le petit autour dans son panier, il s'était identifié à lui. Désormais, il revivait inconsciemment son enfance – le faucon jouant le rôle de White enfant, et White l'adulte jouant celui d'un professeur éclairé qui ne peut pas, ne veut pas, ne doit pas battre ou faire du mal à l'enfant dont il a la charge.

Il considère la fauconnerie comme le plus glorieux des mystères. Il n'a personne pour la lui enseigner, il ne dispose que de deux livres, sans compter la description de l'*Encyclopædia Britannica* qu'il connaît par cœur ou presque. Il s'agit de *La Fauconnerie,* de Blaine, publié l'année précédente, et de *Chasse et Fauconnerie* de Gerald Lascelles, paru en 1892. Mais le livre qu'il suit inconditionnellement est bien plus ancien : il date de 1619. Intitulé *An Approved Treatise of Hawkes and Hawking,* il ne s'intéresse qu'aux autours et a été écrit par un certain Edmund Bert, *gentleman.* White n'en possédait pas encore d'exemplaire, car c'est un livre rare, mais il l'avait lu – peut-être l'exemplaire de la Cambridge University Library, celui-là même sur lequel j'ai passé des heures lorsque j'étais étudiante. Car comme White, j'ai été séduite. C'est un livre absolument fascinant. Bert est l'homologue au XVIIe siècle des autoursiers du Yorkshire les plus rudes de ma connaissance et sur lesquels a déteint le caractère de l'autour. Fauconnier accompli, spirituel et irascible, Bert ne laisse jamais passer une occasion de se glorifier ou de vanter le comportement parfait de ses autours, perchés sur leurs ergots pour avaler les morceaux de moelle qu'il leur tend du bout des doigts et parfaitement à l'aise où qu'ils l'accompagnent. Lorsqu'il n'est pas chez lui, se vante-t-il, il installe son oiseau « sur un tabouret de velours, dans la grand-salle ou dans la chambre, quel que soit le lieu où je me tiens, car je veux garder mon autour sous les yeux autant que possible. Ce faisant, il arrive que la dame ou la maîtresse des lieux soit fort mécontente. » Pince-sans-rire, il poursuit : « Mais je peux si bien répondre des parfaites dispositions de mon oiseau que je leur promets de lécher le carreau pour le nettoyer s'il venait à y fienter. »

White a été hanté par Edmund Bert pendant qu'il dressait son autour de même que j'ai été hantée par White, mais de manière différente. « J'éprouvais une sorte de béguin d'écolière pour ce vieil homme sérieux qui avait vécu trois siècles auparavant », a-t-il reconnu un jour en privé. White voulait impressionner Bert. Il était amoureux de lui. Étourdi de rêverie moyenâgeuse, amoureux d'un autoursier mort depuis trois cents ans, il avait décidé d'ignorer pratiquement tous les enseignements de Blaine et de dresser son faucon à l'ancienne :

> Les anciens maîtres fauconniers avaient inventé une manière de les apprivoiser qui ne présentait aucune forme de cruauté visible, et dont la cruauté cachée devait être portée *[sic]* par le dresseur autant que par l'oiseau. Il s'agissait de priver l'oiseau de sommeil, non pas en le secouant ou par tout autre moyen mécanique, mais en promenant l'élève sur le poing et en restant éveillé. Le faucon était ainsi « veillé », privé de sommeil, par un homme qui ne dormait pas non plus pendant deux nuits, trois nuits, voire parfois jusqu'à neuf nuits d'affilée.

White fait exprès de mal interpréter la méthode de Bert. L'autoursier du XVIIe siècle avait à sa disposition nombre de compagnons et de serviteurs pour prendre le relais lorsqu'il dormait. Or, White désire subir un rite de passage. La véritable veillée du chevalier. Et il a besoin de la vivre seul, d'homme à homme, pour ainsi dire. Veiller son autour sera une pénitence, une ordalie, une mise à l'épreuve de sa parole. Il ne se montrera pas cruel. Mais il conquerra et le faucon et lui-même d'un seul coup. « L'homme contre l'oiseau, écrit-il, avec Dieu comme arbitre. Ce face-à-face dure depuis trois mille ans. » Au cours de cette longue vigile (White ne prendra que six heures de sommeil en six jours), les effets de la fatigue extrême se font sentir de façon dramatique. Sans relâche, délirant sous l'effet du manque de repos, assis dans la cuisine ou debout dans la grange éclairée, il reprend sur le poing l'autour trop gras et terrorisé, lui récite des passages de *Hamlet,* de *Macbeth,* de *Richard II* ou d'*Othello* - « mais sans que la voix ne prenne d'intonation tragique » - et tous les sonnets dont il se souvient. Il lui sifflote des hymnes et des cantiques, lui fait écouter des airs d'opérette de Gilbert et Sullivan, des arias d'opéra italien - avant de conclure qu'à la réflexion c'est Shakespeare que les autours préfèrent.

Pendant mes études, je m'étais inscrite à un cours sur la tragédie afin de valider mon diplôme de lettres. Ce qui n'était pas dénué d'ironie, parce que j'étais moi-même à l'époque un véritable personnage de tragédie. Je m'habillais tout en noir, je fumais des Camel sans filtre, je passais mon temps à traîner, les yeux cernés de khôl, sans parvenir à écrire le moindre essai ni sur la tragédie grecque, ni sur la tragédie jacobine, ni sur la tragédie shakespearienne - ni à faire quoi que ce soit d'autre, d'ailleurs. « J'aimerais pouvoir mettre à Mlle Macdonald une appréciation louangeuse, écrivit l'un de mes tuteurs sèchement, mais étant donné que je ne l'ai jamais vue et que je ne sais absolument pas à quoi elle ressemble, cela m'est tout à fait impossible. »

Cependant, je lisais. Je lisais même beaucoup. Et j'ai découvert qu'il existait des myriades de définitions de cette chose qu'on appelle tragédie, qu'elles se sont frayé leur chemin dans l'histoire de la littérature, et que la plus simple d'entre elles était celle-ci : la tragédie est l'histoire d'une personne qui, à cause d'une faille morale ou d'un échec personnel, est menée à sa perte par la force des circonstances.

C'est ce cours sur la tragédie qui m'a amenée à lire Freud, parce qu'il était encore à la mode à l'époque et que les psychanalystes s'étaient eux aussi mis en peine d'expliquer la tragédie. Et après ces lectures, je me suis mise à voir toutes sortes de transferts psychanalytiques dans mes livres de fauconnerie. J'ai vu que ces fauconniers du XIXe siècle projetaient sur leurs faucons toutes les qualités masculines qu'ils croyaient menacées par la modernité : la sauvagerie, le pouvoir, la virilité, l'indépendance et la force. En s'identifiant avec leurs faucons pendant qu'ils les dressaient, ils pouvaient *introjecter,* ou recouvrer, ces qualités. Et dans le même temps, ils pouvaient exercer leur pouvoir en « civilisant » une créature sauvage et primitive. Masculinité et conquête : deux mythes impériaux pour le prix d'un. Le fauconnier victorien assumait le pouvoir et la force du faucon. Le faucon assumait les manières de l'homme.

Pour White aussi, la fauconnerie impliquait d'étranges projections, mais de natures extrêmement différentes. Son jeune autour allemand était l'expression vivante de tous les désirs indignes et obscurs qu'il avait tenté de réprimer depuis des années. C'était une chose fatale, féerique, férale, féroce et cruelle. Il avait tenté pendant si longtemps d'être un gentleman. De s'adapter, d'adhérer à toutes les règles de la société civilisée, d'être normal, d'être comme les autres. Mais ces années à Stowe, son analyse et la peur de la guerre l'avaient mené à un point de rupture. Il avait refusé l'humanité et choisi les faucons, mais il ne pouvait échapper à lui-même. Une fois de plus, White s'engagea dans un combat pour civiliser la perversité et le chaos qui l'habitaient. Seulement désormais, il les avait investis dans son autour et tentait de les y civiliser. Il avait engagé une étrange bataille avec un rapace qui incarnait tout ce qu'il désirait mais avait toujours combattu. C'était un paradoxe terrible. Une véritable tragédie. Rien d'étonnant à ce que sa vie avec Gos l'ait mené au bord de la folie.

Il est perdu. La grange est un cachot. Il titube et flotte, ivre de fatigue. Un vent d'été, mais froid, pénètre par les interstices des murs. Des chouettes effraies chassent aux alentours en poussant leur cri aigu, mince et chuintant sous une lune basse et orange. Il est un bourreau, pense-t-il, et il devrait porter un masque noir pour cacher ses traits. Il mesure désormais le temps qui s'écoule en comptant les tentatives de fuite de l'autour. Des centaines et des centaines de fois, il l'a repris pour le remettre au poing. La grange est la Bastille, le faucon, un prisonnier, le fauconnier, un homme en culottes d'équitation et veste à carreaux. Debout dans un intérieur à la Rembrandt. Des branchages et des bocaux entassés sur le sol de brique. Des toiles d'araignées aux murs. Une grille de cheminée brisée. Un tonneau de bière. Une flaque de lumière qui tombe de la lampe à pétrole. Et l'autour. L'autour, l'autour, l'autour. Il est sur son poing, les pointes de flèches sépia dessinées par les plumes de sa poitrine hirsutes et effilochées à force d'avoir été manipulées. L'homme oscille d'avant en arrière comme un marin sur le pont d'un navire, comme si le sol tanguait et roulait comme la mer. Il essaie de rester éveillé. Il essaie de garder son faucon éveillé. Le faucon essaie de fermer les yeux et de dormir, mais le balancement l'empêche de sombrer. Je suis libre, se dit l'homme à lui-même. *Libre.* Il fixe les toiles d'araignées derrière le faucon épuisé. Je respecte le *purdah*, pense-t-il, heureux. Je ne dois pas regarder le faucon dans les yeux. Je ne dois pas le punir même s'il se débat et frappe, même si la peau de mes mains est arrachée par ses coups de bec et que la figure me brûle des coups d'ailes affolés qu'il m'a donnés. Les faucons ne peuvent pas être punis. Ils mourraient plutôt que de se soumettre. Ma seule arme est la patience. Patience, du latin *patior*, souffrir. C'est une ordalie. Je vaincrai. Il oscille sur ses pieds, il souffre, le faucon souffre aussi. Les chouettes désormais silencieuses ont pris leurs quartiers dans les *ridings* trempés de rosée.

Chapitre 9

Rite de passage

Les plumes de sa poitrine sont couleur de journal décoloré par le soleil, de papier marqué par le thé, et chacune porte à son extrémité une marque lancéolée plus sombre. De la gorge aux pieds, elle paraît éclaboussée de gouttes de pluie. Ses ailes sont chêne teinté, leurs rémiges rayées soigneusement repliées sous les plumes de couverture bordées de teck plus pâle. Sur l'ensemble de son plumage court un étrange reflet gris, que l'on ressent plus qu'on ne le voit, chatoiement argenté d'un ciel pluvieux se mirant à la surface d'une rivière. Elle a l'air tout neuf. Comme si le monde ne pouvait l'atteindre. Comme si tout ce qui existe et qu'elle observe glissait comme des gouttes d'eau sur ses plumes huilées et compactes. Plus je reste à ses côtés, plus je m'émerveille qu'elle soit aussi reptilienne. La transparence de ses yeux pâles et ronds. La peau jaune et cireuse autour de son bec de bakélite noire. La façon dont sa tête ondoie et s'incline d'un côté et de l'autre pour fixer des objets distants. La moitié du temps, elle me semble une créature aussi étrange qu'un serpent, forgée de métal, d'écailles et de verre. Mais soudain, je perçois en elle les traits typiques des oiseaux, ce qui la transforme en un être proche et attachant : maladroitement, d'un pied griffu, elle gratte son menton ébouriffé, ou elle éternue lorsqu'un fragment de duvet lui entre dans le nez. Et quand je la regarde à nouveau, elle ne me semble plus ni serpent ni oiseau, mais une créature façonnée par un million d'années d'évolution pour une existence qu'elle n'a pas encore vécue. Les longues plumes rayées de sa queue et ses ailes courtes et larges sont parfaitement adaptées aux brusques virages et aux accélérations brutales du vol à travers les obstacles des sous-bois. Les motifs de son plumage la camouflent à la perfection, imitant à s'y méprendre les rais de lumière et d'ombre. Les vibrisses, ces plumes minuscules et fines comme des cheveux qui poussent entre son bec et ses yeux, servent à retenir le sang qui va sécher, se déliter, puis tomber, et les sourcils froncés qui donnent à sa tête cette expression d'intense rapacité sont en réalité des bourrelets osseux qui protègent ses yeux quand elle fond sur sa proie dans les fourrés.

Tout, chez un autour, est adapté et ajusté à la chasse et à la mise à mort. Hier, j'ai découvert que lorsque j'aspire entre les dents en émettant un petit crissement comme un lapin blessé, les tendons de ses doigts se contractent instantanément et ses griffes entrent dans le gant avec une force qui me broie la main. Cette prise mortelle est un réflexe archaïque profondément ancré dans son cerveau, une réponse innée qui n'a pas encore rencontré le stimulus destiné à la susciter. Ce réflexe est également provoqué par d'autres sons : des gonds ou des freins qui grincent, une roue de bicyclette mal huilée. Au cours du deuxième après-midi, Joan Sutherland chante un air d'opéra à la radio. Ouille ! Cela m'a fait rire. Stimulus : *aria*. Réponse : *À mort !* Mais à la longue, ces réflexes déclenchés à mauvais escient cessent d'être comiques. Peu après dix-huit heures, de petits hurlements mécontents sortent d'une poussette juste devant ma fenêtre. Instantanément, l'autour plante ses griffes dans le gant, augmentant la pression dans une série de spasmes de plus en plus forts. *À mort !* Le bébé pleure. *À mort ! À mort ! À mort !*

Deux jours s'écoulent. Je reste assise. Je marche. Je reste assise. Je dors. L'autour est presque constamment sur mon poing. J'ai mal au bras. Une fatigue étouffante envahit mon cœur. À la radio, une émission sur l'agriculture. Blé, colza, bourrache. Cerises et tunnels de culture. L'autour est successivement un crapaud bossu, un enfant nerveux, ou un dragon. La maison se transforme en vrai dépotoir. La poubelle est festonnée de lambeaux de viande crue. Je n'ai plus de café. Je ne sais plus parler. De ma bouche ne sortent que des bribes de phrases marmonnées, destinées à rassurer l'autour. Elle les écoute en silence, ou en émettant par le nez de petits piaulements nerveux. Quand je marche, elle ne quitte pas mes pieds des yeux, comme s'il s'agissait de deux petits animaux qui se déplacent dans la maison à nos côtés. Elle s'intéresse aux mouches, aux grains de poussière qui flottent, à la façon dont la lumière tombe sur certaines surfaces. Que regarde-t-elle ? Que pense-t-elle ? J'entends le petit clic des membranes qui balaient ses pupilles lorsqu'elle cligne des yeux. Depuis que je les regarde de près, ses yeux me perturbent. Ils ressemblent à deux disques de papier pâle collés de part et d'autre de sa tête, percés d'une pupille noire qu'abrite un dôme transparent comme une goutte d'eau. L'autour est plus étrange que je ne l'avais imaginé, et plus calme que je ne l'aurais jamais cru possible. Je m'inquiète. Quelque chose ne va pas ? Elle est étrangement docile. Où est la créature démente que je m'étais figurée ? Cela fait deux jours que je suis à ses côtés et, contrairement à White, pas une seule fois je n'ai eu envie de la mettre en pièces ou de la frapper à mort. Je m'étais attendue à une tornade déchaînée de terreur et de sauvagerie, à un terrible combat de deux âmes, mais au contraire, alors que la lumière fonce et que quelques martinets retardataires s'élèvent à tire-d'aile pour aller se perdre dans le ciel, je reste assise sur un canapé à regarder un autour fatigué s'endormir. Le bord d'attaque de ses ailes s'affaisse et vient toucher le gant. Une paupière grise et duveteuse remonte pour recouvrir un œil. Puis l'autre. Ses épaules tombent. Sa tête dodeline. Le bout de son bec brillant s'enfonce dans les plumes de sa gorge. À la regarder ainsi somnoler à cette heure vespérale, j'ai les yeux qui se ferment également, mais lorsque le sommeil me saisit, je me retrouve debout dans le squelette d'une maison incendiée, dans un air vide et blanc où flottent des paillettes de mica ou de givre. Autour de moi, des poutres et des chevrons noircis. Je tends la main, touche un morceau de bois carbonisé. Froid. Duveteux. Détraqué. La panique s'installe. Refus. Sentiment de désespoir absolu. Puis d'effondrement, la maison s'écroulant sur elle-même et sur moi. Nous nous réveillons au même moment, l'autour et moi. Elle avec un sursaut d'appréhension, refermant encore plus étroitement ses serres et ses plumes, et moi, aux prises avec une sensation de désorientation lente et nauséeuse qui me force à me raccrocher désespérément à l'autour pour me ramener dans un monde où il n'y aura pas de cendres. Et toujours ces mêmes questions qui reviennent en boucle. Pourquoi dort-elle autant ? Les faucons dorment lorsqu'ils sont malades. Elle doit être malade. Pourquoi est-ce que je dors ? Suis-je malade également ? Qu'est-ce qui ne va pas chez elle ? Chez nous ?

En fait, tout allait bien. Elle n'était pas malade. C'était juste un bébé. Elle s'endormait parce que c'est ce que font les bébés. Je n'étais pas non plus malade, mais orpheline, et terriblement influençable. Et je ne savais pas ce qui m'arrivait. Pendant des années, j'avais ri de White et de sa façon de considérer le dressage d'un faucon comme un rite de passage. *Complètement exagéré. Dingue.* Parce que le dressage, ce n'était pas cela et je le savais. J'avais « volé » des dizaines de faucons et chacune des étapes du dressage m'était familière. Mais si le dressage lui-même était familier, la personne qui parcourait ces étapes ne l'était plus. J'étais détruite. Une part fondamentale de mon être essayait de se reconstruire et le modèle à suivre était là, sur mon poing. Le faucon était tout ce que je voulais être : solitaire, indépendante, libérée de la douleur, insensible aux blessures de la vie humaine.

J'étais en train de devenir un autour.

Je n'ai pas rapetissé. Contrairement au jeune garçon que Merlin métamorphose en faucon au cours de son éducation magique, il ne m'a pas poussé de plumes. Enfant, j'adorais cette scène que je lisais et relisais, tout excitée par la transformation des orteils de la Verrue en serres griffant le sol ou par l'apparition des primaires, douces plumes bleues lui poussant subitement au bout des doigts. Mais même si cela ne se voyait pas, j'étais moi aussi en train de me transformer en autour.

La transformation s'effectua sous l'effet du deuil, du dressage et d'une dépossession de moi-même. Les premiers jours en compagnie d'un nouvel autour sauvage sont un menuet délicat et réflexif. Il faut déchiffrer l'état d'esprit de l'oiseau pour juger quel est le bon moment pour se gratter le nez sans susciter des réactions, le bon moment pour marcher ou pour s'asseoir, pour s'éloigner ou pour se rapprocher. Pour cela, il faut observer sa posture et ses plumes, dont les mouvements transforment sa silhouette en un baromètre extrêmement précis de son humeur. Les émotions les plus simples d'un autour sont faciles à percevoir. Les plumes plaquées contre le corps signifient *J'ai peur*. Relâchées, elles veulent dire *Je me sens bien.* Mais plus vous observez un faucon, plus vous distinguez de nuances, et très rapidement, dans l'état d'hypervigilance qui était alors le mien, je me suis mise à réagir au moindre signe. Une contraction grimaçante des vibrisses de sa face, les yeux presque imperceptiblement froncés, signifiait quelque chose comme *Je suis heureuse.* Une expression fugitive sur son visage, étrangement distante et réservée, signifiait *J'ai sommeil.*

Pour dresser un faucon, il faut l'observer comme si vous étiez vous-même un faucon afin de parvenir à comprendre son humeur, puis de devenir capable de prévoir ce qu'il va faire. Voilà en quoi consiste le sixième sens du dresseur expérimenté. Finalement, vous ne voyez plus le langage corporel de l'oiseau, il vous semble ressentir tout ce qu'il ressent et remarquer tout ce qu'il remarque. La perception du faucon devient la vôtre. Vous exercez ce que le poète Keats appelle la qualité du caméléon, cette capacité à « perdre son identité et sa rationalité », à être « constamment forme - et matière d'un autre corps ». Un tel exploit de re-création imaginaire m'a toujours été facile. Trop facile. C'est en partie ce qui fait l'observateur-né - oublier qui il est pour se mettre à la place de ce qu'il observe. C'est pourquoi la petite fille que j'avais été adorait regarder les oiseaux. Elle se faisait disparaître puis, dans les oiseaux qu'elle observait, elle s'envolait. C'est ce qui se passait maintenant. Je m'étais introduite dans l'esprit sauvage de l'autour pour la dresser et à mesure que les journées s'écoulaient dans la pièce assombrie, mon humanité se consumait.

Trois coups indécis à ma porte. Je réponds :

— Deux minutes.

À l'intérieur de moi, une petite voix hargneuse siffle rageusement : « Va-t'en ! » C'est Christina, munie de deux gobelets de café et des journaux du dimanche.

— Alors ? me demande-t-elle en s'installant dans le fauteuil près de la cheminée, comment ça se passe ? Le faucon va bien ?

Je dis oui de la tête. Je lève les sourcils. J'ai vaguement conscience que cela ne suffira pas, comme conversation.

— Hmm, dis-je d'une voix qui n'est pas entièrement la mienne.

Christina passe ses bras autour de ses genoux et me regarde curieusement. *Il faut que je fasse un effort,* me dis-je. Alors je parle de l'autour pendant un certain temps et puis je ne peux plus continuer. Je fixe mon gobelet de café.

Je suis contente de la voir. *Elle ne devrait pas être ici.* Il est bon, ce café. *Nous devrions rester seules.* Ces pensées rancunières me surprennent. Dresser un faucon consiste à lui montrer des nouveautés. Or, Christina est une nouveauté.

— Je vais essayer quelque chose, lui dis-je. Fais comme si le faucon n'était pas là et continue à lire le journal.

Je vais chercher un petit morceau de bœuf dans la cuisine, je m'assois avec l'autour sur le canapé, approche la main et lui enlève son chaperon. Survient un moment d'incompréhension, le cœur qui palpite et l'air de la pièce qui semble soudain glacial. Les plumes collées au corps, incertain et sauvage, les yeux comme des soucoupes, l'autour regarde fixement. Mon cœur se serre. Elle va essayer de s'enfuir et se débattre. Mais le moment s'étire et elle n'en fait rien. Après un long moment d'observation prudente, elle décide qu'un humain qui tourne les pages d'un journal est un spectacle fascinant.

Une heure plus tard, l'atmosphère est calme et détendue. Nous regardons la télévision. L'autour se balance doucement d'avant en arrière, hypnotisé par le scintillement de l'écran. De minuscules morceaux de duvet encore attachés au bout de ses plumes scapulaires frémissent dans le courant d'air qui vient de l'entrée. Sans le moindre avertissement, elle s'arrache de mon poing en un tourbillon d'ailes et se débat violemment. Les journaux s'envolent. Christina se recroqueville. *Merde. Je devrais lui remettre son chaperon et la laisser se reposer. Ça fait trop pour elle.* Mais je me trompe. Ce n'est pas la peur qui a provoqué sa réaction. C'est la frustration. Elle passe sa rage sur ses jets qu'elle mordille puis déchire la viande sous ses pieds. Elle a faim. La nourriture est une merveilleuse découverte. L'autour est un gastronome décidé et délicat. Elle choisit, mord, avale, piaille de joie puis mord et avale à nouveau. Je suis ravie, mais également révoltée. Ce moment aurait dû naître de la solitude et de l'obscurité méditative. Pas comme cela. Pas en plein jour, pas devant quelqu'un d'autre, et pas au son d'une voix qui sort de la télévision en criant : « Allô ! Allô ! » Pas en présence de nazis de pacotille et d'une bande-son qui parle de saucisses géantes dans la France occupée. L'autour fronce les yeux de plaisir, les vibrisses se dressent autour de son bec, ses plumes se relâchent et cascadent, ocre et crème.

— Elle a déjà fait cela ? demande Christina.

— Non, c'est la première fois.

Des rires préenregistrés retentissent lorsque apparaît un officier nazi déguisé en femme. L'autour a fini de manger, se redresse, secoue toutes ses plumes comme un gros panache mousseux, reste immobile un instant avant de les laisser reprendre leur place en frissonnant. Elle s'ébroue, ce qui est un signe de contentement. C'est la première fois qu'elle réagit ainsi.

Désormais, mon autour est suffisamment apprivoisé pour rester sur sa perche près de la fenêtre, sans chaperon. De là, elle regarde le rideau bouger sur un tapis recouvert de poussière. Elle ne se laisse pas encore prendre sur le poing sans se débattre, mais j'y travaille. Du canapé, je lance dans sa direction un petit morceau de steak gros comme un ongle. Il tombe avec un bruit mou sur le carré de vinyle à ses pieds. Elle regarde. Plisse les yeux. Tourne et incline la tête pour l'examiner plus attentivement. Puis saute par terre dans un crissement de serres et un grand battement d'ailes, ramasse délicatement le bout de viande et l'avale. D'un coup. Elle reste là un petit moment, comme si elle essayait de se rappeler quelque chose qu'elle a oublié, puis remonte d'un bond sur la perche avec brio, ses culottes ébouriffées et sa queue qui remue. J'attends un peu et je lui envoie un deuxième morceau de viande. *Floc.* Elle saute. L'avale. Remonte. Je me laisse glisser vers le sol, reste immobile un moment puis me rapproche lentement, en glissant en biais sur les fesses tout en la regardant du coin de l'œil. Elle se raidit. Je m'arrête. Elle se détend. Je me rapproche. Elle se raidit à nouveau. Je m'arrête. Centimètre par centimètre, je traverse ainsi le tapis jusqu'à l'extrême limite où le moindre mouvement déclenchera une tentative de fuite. Je respire avec autant de précaution que si je devais tirer sur une cible placée à une distance insensée. J'étends ma main gantée vers elle. L'atmosphère de la pièce est si chargée d'indécision que j'en ai une sorte de goût dans la bouche. Mais joie ! Elle regarde la nourriture devant elle. Elle se penche comme si elle voulait l'attraper quand soudain, quelque chose en elle se brise. Dans l'affreux bruit métallique que fait l'anneau du perchoir contre le socle, elle se débat furieusement pour s'éloigner de moi. *Bon sang.* Je la reprends sur le gant pour lui donner quelques beccades.

Une fois qu'elle est réinstallée sur sa perche, nous recommençons le même jeu. *Floc.* Elle saute, avale, remonte. Elle a résolu le mystère de savoir d'où provient la nourriture et une partie d'elle-même est en train de reconsidérer la place que j'occupe dans son univers. Elle me fixe avec intensité alors que je m'approche lentement et qu'à nouveau j'étends la main pour lui présenter un morceau de steak. Elle se penche et attrape l'offrande. Mon cœur bondit. Elle en prend un deuxième, puis un autre, faisant claquer ses mandibules noires et brillantes.

Tandis que, assise et heureuse, je lui offre des morceaux choisis, un nom s'impose à mon esprit : *Mabel.* D'*amabilis*, aimable. Un prénom ancien, légèrement ridicule, démodé, qui évoque une grand-mère, des têtières en dentelle et le thé de l'après-midi. Il existe une superstition chez les fauconniers selon laquelle les capacités d'un rapace seraient inversement proportionnelles à la férocité de son nom. Appelez votre faucon Bouboule et il deviendra un chasseur redoutable. Appelez-le Spitfire ou Tueur et il refusera sans doute de voler. White avait nommé le sien Gos, pour faire court, mais il lui avait aussi conféré tout un tas d'autres noms d'une grandiose noirceur qui, pendant des années, m'ont fait lever les yeux au ciel d'exaspération. Hamlet. Macbeth. Strindberg. Van Gogh. Astur. Baal. Medicis. Roderick Dhu. Lord George Gordon. Byron. Odin. Néron. Mort. Tarquin. Edgar Allan Poe. *Et puis quoi encore,* me disais-je, amusée mais légèrement méprisante. Appeler son autour ainsi !

Désormais, cette liste ne provoque plus que de la tristesse. Mon autour avait besoin d'un nom qui soit aussi éloigné que possible de cette affreuse litanie, aussi éloigné que possible de la Mort. « Mabel. » Je lui dis ce nom à voix haute, et je l'observe qui me regarde le prononcer. Ma bouche façonne le mot. « Mabel. » En le disant, je réalise soudain que tous ces gens qui passent devant la fenêtre à pied ou à bicyclette, qui font leurs courses, rentrent chez eux, dînent, s'aiment, dorment et rêvent, tous ces gens ont un nom. Et que j'en ai un, moi aussi : *Helen*. Quel son étrange. Vraiment étrange. Je place un autre morceau de viande sur le gant et le faucon se penche pour le manger.

Chapitre 10
Ténèbres

Il se verse un nouveau whisky dans le verre qu'il vient de vider et repense avec morosité aux événements de la journée. Il est libre, mais il s'est enchaîné à un fou. Un dingue. À tout le moins un être qui souffre d'accès de délire hallucinatoire. Il dirige la lumière de la lampe à pétrole vers le bas et se rassoit pour relire, accablé, le journal qu'il tient jour après jour des progrès de son autour :

> 6 h 15-6 h 45 : ai marché en rond autour de Gos en brandissant une cuisse de lapin. Il se débat dès que j'approche trop près. Suis reparti sans qu'il ait mangé. Rien dans le livre à ce sujet. Ai fait la même chose avec le même résultat pendant quinze minutes toutes les heures jusqu'à 18 heures.

Cette cuisse de lapin le dégoûte. La fourrure qui est restée attachée. Les griffes. Le rond de chair pâle de plus en plus cireuse et desséchée à mesure que les heures passent. Il en est dégoûté parce que l'autour n'en veut pas. L'autour ne veut pas de lui non plus. Toute la journée, il lui a sifflé des airs de musique à en avoir les lèvres gercées et ne plus pouvoir émettre un son. Sa sollicitude a peu à peu disparu, tournant à la déception puis au désespoir. La nuit précédente, sa frustration a atteint un degré tel qu'il a empêché Gos de remonter sur son poing après qu'il a essayé de s'enfuir. Pire encore, il a jubilé lorsqu'il a vu le faucon tournoyer lentement, tête en bas, retenu par ses jets. C'est un péché terrible. Il en est empli de honte. Et s'inquiète. Les émeus de Gos sont verts. Cela signifie-t-il qu'il est malade ? Peut-être est-ce pour cela qu'il refusait le lapin. Que doit-il faire ? *Le laisser jeûner*, pense-t-il. Cela le guérira de ses maux d'estomac, si c'est bien de cela qu'il s'agit. Peut-être lui donnera-t-il un peu d'œuf demain ? Mais le plus important, c'est que l'autour *ne mangera que lorsqu'il aura sauté sur le poing, et pas avant.*

Si White avait respecté son plan d'action, il aurait réussi. Mais il n'en fit rien. À l'aube, il lui avait déjà donné un lapin presque entier que Gos avait avalé sans avoir sauté sur le poing. Une résolution non tenue de plus. Aucune ne le fut. Même son intention de priver Gos de sommeil pendant trois jours et trois nuits avait échoué : il avait eu tellement pitié de lui qu'il l'avait remis sur la perche pour qu'il fasse de petits sommes. Libéré de la présence de White, l'autour se souvenait combien la vie avait été meilleure quand il n'était pas lié à un humain qui n'arrêtait pas de le caresser et de lui parler, de l'ennuyer avec des bouts de foie de lapin gluants, de lui chanter ou de lui siffler des airs de musique, de manipuler devant lui des verres emplis de liquide. Lorsqu'il revenait le reprendre sur le poing, Gos était toujours aussi sauvage.

Pauvre Gos. Pauvre oiseau effrayé, aux plumes brisées et élimées. J'ai souvent pensé à lui pendant que je restais assise à côté de mon autour. Je le voyais en noir et blanc, et de très loin, comme si je le regardais par le mauvais bout d'un télescope : un autour miniature et malheureux se débattant violemment en piaillant de détresse sur l'herbe grise devant une maison lointaine. Gos était tout à fait réel à mes yeux. Mais pas White. Il était difficile de l'imaginer avec son autour. Assise auprès du mien, je n'arrivais tout simplement pas à me le figurer. J'avais vu des photos, mais elles représentaient toutes un personnage différent : l'une d'elles montrait l'homme aux yeux clairs et à la barbe shakespearienne qui avait écrit des romans sous le pseudonyme de James Aston. Une autre, un jeune homme mince, le regard nerveux, le visage émacié et hanté, M. White, le professeur. Il y avait des photos de White, l'homme de la campagne, col de chemise ouvert et veste à carreaux, l'air canaille et amusé. Et des photos beaucoup plus tardives : un Hemingway anglais, corpulent, à la barbe fleurie, ou un Falstaff en pull-over de laine. Je ne pouvais réconcilier ces visages. Assise à côté de Mabel, je lisais et relisais *L'Autour,* et chaque fois, j'avais l'impression qu'il s'agissait d'un texte différent. Parfois un récit d'aventures, drôle et caustique. Parfois le journal d'un homme qui se moque de l'échec. Parfois encore la chronique poignante du désespoir d'un autre homme.

Cependant, tandis que j'affaitais mon autour et l'habituais à la présence humaine, il y avait un avatar de White qui m'apparaissait clairement, et ce n'était pas White le fauconnier. C'était l'homme qui, pour la première fois, avait découvert les joies de la vie domestique. L'homme qui repeignait les boiseries de sa maison en éclatantes teintes bleues et rouges, qui arrangeait des plumes dans un vase et cuisinait des currys de crevettes, d'œufs et de cuillerées de marmelade finement coupée. Je le voyais faire bouillir son linge dans sa lessiveuse sur la cuisinière et lire *The Midnight*

Folk, de John Masefield, installé dans son fauteuil, son setter Brownie endormi à ses pieds.

Et je le voyais boire. Il y avait toujours une bouteille non loin de lui et son combat avec Gos le poussait à boire encore davantage. « Non pas que je busse suffisamment pour me rendre incapable ou stupide, écrirait-il, mais parce que l'alcool me semblait désormais la seule façon de continuer à vivre. » Assise près de mon autour et réfléchissant à la vie de White, je me demandais si c'était l'alcool qui l'obscurcissait et le dérobait ainsi à ma vue. Je savais que c'était une idée fantaisiste, mais malgré tout, il me semblait qu'il y avait un lien profond entre l'alcoolisme de White et le fait qu'il me soit insaisissable. J'étais certaine que c'était l'alcool qui renforçait son comportement autodestructeur, car c'est un trait courant chez les alcooliques que de faire des projets et des promesses, à eux-mêmes et aux autres, avec ferveur et sincérité, dans l'espoir d'une rédemption. Des promesses qui sont systématiquement rompues par la peur, le découragement, par toute une série de raisons qui dissimulent un désir très profond d'anéantir leur personnalité brisée.

Le lendemain matin, j'ai ouvert les rideaux. La lumière qui a envahi la pièce m'a rendue plus visible, ce qui a inquiété l'autour pendant un moment. Mais lorsqu'une large bande de soleil est tombée sur son dos, elle l'a accueillie en soulevant ses plumes. Maintenant, debout dans une bassine peu profonde à côté de sa perche, elle mordille ses serres et picore l'eau à petits coups de bec secs et précis. Elle retourne d'un bond sur sa perche et se lisse les plumes, en se contorsionnant pour prendre les poses stylisées qu'adoptent les faucons des estampes japonaises. Elle passe rapidement son bec dans ses plumes, une par une, avec un bruit de papier que l'on raye ou de cartes que l'on bat. Puis elle étire une de ses larges ailes derrière son dos et la replie lentement au-dessus de sa queue toujours éclairée par le soleil. Elle s'ébroue et caquette de contentement par le nez. Je regarde tout cela avec un sentiment de joie gourmande et pétillante comme des gorgées de champagne. *Regardez comme elle est heureuse.* Cette pièce n'est pas un cachot et je ne suis pas un tortionnaire. Je suis une figure bienveillante qui s'incline et se courbe en d'anxieuses génuflexions pour lui apporter de succulentes offrandes de steak.

Ce n'est que de l'hubris. Moins d'une heure plus tard, je suis convaincue que mon autour me déteste et que je suis le pire fauconnier de l'histoire de l'humanité. Peu importe que Mabel soit beaucoup plus calme que tout ce que les livres ou les mecs m'avaient prédit. *J'ai lamentablement échoué. L'autour est irrécupérable.* J'en suis certaine, parce qu'elle refuse le chaperon. Jusqu'à présent, elle l'a toujours accepté avec sérénité. Un peu plus tôt dans la journée, j'ai senti un petit bourdonnement d'inquiétude dans son cœur, qui a maintenant explosé en véritable rébellion. J'approche le chaperon, elle se baisse pour y échapper. Elle tourne la tête dans tous les sens. Rentre le cou dans les épaules. Esquive et fuit.

Je sais pourquoi. Au début, le chaperon était un refuge bienvenu, mais maintenant qu'elle a décidé que j'étais inoffensive, ce n'est que quelque chose qui l'empêche de voir. Or, elle veut voir. Malheureuse, perturbée, passant d'un pied sur l'autre, elle cherche du regard dans la pièce un endroit où se réfugier. Son humeur est contagieuse : mon cœur palpite, lourd dans ma poitrine. J'ai perdu ma capacité à disparaître. J'essaie de me rendre invisible en écoutant le match de cricket retransmis à la radio, mais je ne comprends rien de ce que dit le commentateur. Le seul moyen de ne pas penser à mon autour malheureux, c'est de me concentrer sur le chaperon que je tiens à la main. Elle aussi, elle ne pense qu'à cela.

Je me souviens qu'il y a quelque temps, en cherchant un stylo avant le début d'un séminaire universitaire, je l'ai sorti de mon sac.

— Qu'est-ce que c'est ? m'a demandé une collègue.

— Un chaperon de faucon, ai-je répondu sans lever les yeux.

— Vous l'avez apporté pour nous le montrer ?

— Non, c'est juste qu'il était dans mon sac.

— Je peux le voir ?

— Oui, bien sûr.

Elle l'a pris, fascinée.

— Quel objet extraordinaire ! a-t-elle dit, plissant les yeux sous sa frange coupée toute droite. C'est ce que l'on met sur la tête d'un faucon pour le faire se tenir tranquille, c'est bien ça ?

Elle a examiné l'intérieur, où le cuir moulé est cousu avec un fil fin comme un cheveu, puis l'a retourné dans ses mains et a regardé l'ouverture en biseau qui laisse passer le bec du faucon, le nœud de passementerie dit « bonnet turc » par lequel on tient le chaperon, et les deux longues lanières qui permettent de l'ouvrir et de le fermer. Elle l'a reposé sur la table avec respect.

— Les finitions sont si soignées… On dirait un escarpin Prada.

Effectivement, ce chaperon est l'un des plus beaux que l'on puisse trouver. Il a été fabriqué par un fauconnier américain, Doug Pineo, il ne pèse presque rien. À peine quelques grammes. Le contraste entre cette légèreté parfaite et mon cœur si lourd me donne le vertige. Je ferme les yeux et ma mémoire s'emplit de chaperons. Chaperons américains modernes, comme celui-ci. Chaperons bahreïnis en cuir de chèvre très souple, pour les faucons sacres et les pèlerins migrateurs. Chaperons syriens. Chaperons turkmènes. Chaperons afghans. Minuscules chaperons indiens en peau de serpent pour les shikras et les éperviers. Immenses chaperons d'Asie centrale, destinés aux aigles. Chaperons français du XVIe siècle, taillés dans de la peau de cabri toute blanche, rebrodés au fil d'or et ornés de blasons peints. Le chaperon n'est pas une invention européenne. Ce sont les fauconniers arabes qui ont appris aux chevaliers francs comment s'en servir au temps des Croisades, ces guerres où l'on partageait dans les deux camps un même amour de la fauconnerie, ce qui fit des rapaces des pions dans le jeu politique. Lors du siège de Saint-Jean-d'Acre, un gerfaut au plumage blanc appartenant à Philippe Ier, roi d'Espagne, avait cassé sa longe et s'était envolé au-dessus des murs de la cité assiégée. Le roi avait dépêché un envoyé dans la ville pour qu'il lui soit rendu. Saladin refusa. Philippe envoya alors un deuxième messager, accompagné de hérauts portant trompettes et oriflammes, pour offrir une rançon de mille couronnes d'or. Le faucon lui fut-il rendu ? Je ne m'en souviens pas. Cela importait-il ? *Non,* me suis-je dit avec férocité. *Ils sont tous morts. Depuis longtemps.* Je pense à Saladin prenant dans ses mains le faucon du roi et lui couvrant les yeux de cuir. *Je possède ceci. C'est le mien.* Je pense à des cagoules. Je pense à Abou Ghraib. Du sable dans la bouche. La torture. Histoire, faucons, chaperons, tout ce qu'implique le fait de priver quelqu'un de la vue pour le calmer. *Dans son plus grand intérêt.* La nausée m'envahit. La sensation que le sol se dérobe, que du sable humide se désagrège sous mes pieds. Je ne veux pas penser aux photos de l'homme que l'on torture, un chaperon noir sur la tête, ni aux fils électriques qui mènent à ses mains, ni à l'ennemi invisible qui se tient derrière l'appareil photo, mais je ne peux rien voir d'autre et le mot *chaperon* est comme une pierre brûlante dans ma bouche. En arabe, *burqa*, le voile, le chaperon.

Je me mets à parler à l'autour (du moins je pense que c'est à l'autour que je m'adresse) d'une voix aussi basse et rassurante que possible.

— Quand tu te promèneras en voiture, Mabel, il y aura plein de choses effrayantes, et on ne peut pas se permettre que tu remues dans tous les sens pendant que je conduis. C'est juste pour que tu sois en sécurité.

Puis j'ajoute :

— C'est indispensable.

Je m'entends prononcer ces mots. *C'est indispensable.* C'est ce que je me dis à moi-même, mais je déteste cela. Elle aussi. Patiemment, je lui présente à nouveau le chaperon.

— Regarde, dis-je avec précaution, c'est juste un chaperon.

Je l'approche lentement de son menton emplumé. Elle se débat. J'attends qu'elle se calme et j'approche à nouveau le chaperon. Elle se débat. Nouvelle tentative. Elle recommence, une fois, deux fois, trois fois. Je veux être douce. *J'agis* véritablement avec douceur, mais ce n'est qu'un vernis sur un violent désespoir. Je ne veux pas lui mettre son chaperon. Elle le sait. À la radio, le commentateur explique à grand renfort de détails enthousiastes pourquoi un batteur a manqué son tir.

— Ta gueule !

Je craque. J'essaye à nouveau.

— Allez, Mabel.

Je la supplie et, une minute plus tard, le chaperon est sur sa tête, elle est à nouveau sur sa perche et je m'effondre sur le canapé. Le monde est incandescent et je ne veux pas y toucher. *C'est un désastre. Un véritable désastre. Je n'y arriverai pas. Je n'arrive à rien. Je suis un fauconnier merdique.* J'éclate en sanglots. Je me recroqueville sur le canapé, enfonce mon visage dans un coussin et finis par m'endormir d'épuisement.

* * *

Quarante minutes plus tard, Stuart est là qui examine l'oiseau, les yeux à demi plissés, en vrai spécialiste.

— Elle est petite, n'est-ce pas ? dit-il. (Sa main descend lentement sur une barbe de trois jours.) Mais c'est un joli autour. Un long corps. Une longue queue. Un chasseur d'oiseaux.

Il veut dire que mon autour sera sans doute plus à l'aise à chasser des faisans et des perdrix que des lapins ou des lièvres.

— Oui.

— Comment t'en sors-tu ? me demande Mandy.

Assise sur le canapé, elle se roule une cigarette. On dirait une étonnante princesse punk néorurale sortie d'un improbable roman de Thomas Hardy. Je lui explique que l'autour est incroyablement calme et que tout va bien. Mais c'est un horrible mensonge. Quand ils ont frappé à la porte et m'ont réveillée, j'ai su que je devais coûte que coûte afficher une compétence de façade. Jusqu'à présent, j'ai réussi à sauver les apparences, même s'il y a eu un moment délicat lorsque Mandy m'a regardée avec inquiétude et que j'ai réalisé que j'avais les yeux rouges et irrités. *C'est bon,* me suis-je dit.

Elle va penser que j'ai pleuré à cause de papa. Je prends l'autour sur le poing et je reste plantée là, comme quelqu'un qui brandit un cadeau d'anniversaire sans savoir à qui le donner.

— Couché, Jess ! dit Stuart.

Le pointer anglais noir et blanc qu'ils ont amené se laisse tomber sur le tapis en soupirant. J'enlève son chaperon à Mabel. Elle est dressée sur la pointe des pieds, le bout de son bec appuyé contre sa poitrine mouchetée et argentée. Elle regarde ce nouveau phénomène que constitue pour elle un chien. Le chien la regarde. Nous aussi. Moment de curieux silence. Je le prends pour de la colère. Pour de la déception. Pour tout, sauf ce qu'il est véritablement : de la surprise. Une expression admirative passe sur le visage de Stuart.

— Eh bien ! dit-il finalement, c'est un oiseau en or que tu as là ! Je pensais vraiment qu'elle paniquerait. Elle a été parfaitement bien affaitée.

— Tu crois vraiment ?

— Elle est si calme, Helen, ajoute Mandy.

Il me faut un moment pour me laisser plus ou moins convaincre, mais le fait que je parvienne à lui remettre son chaperon sans trop de difficultés arrange encore les choses. Une heure et deux tasses de thé plus tard, en compagnie de mes deux amis, l'avenir me semble à nouveau radieux.

— Ne traîne pas, me dit Stuart en partant. Sors-la de chez toi. Emmène-la dehors, qu'elle s'habitue à la rue.

Je sais qu'il a raison. Il est temps de passer à la deuxième étape du dressage.

Porter le faucon au poing, c'est ainsi que les fauconniers appellent le fait de se promener avec un rapace pour l'apprivoiser, et tous mes livres sont formels : c'est l'étape cruciale pour avoir un autour bien dressé. « La clef de son maniement consiste à le porter au poing, le porter sans relâche », écrit Gilbert Blaine. Selon Edward Michell, c'est « le secret suprême de la discipline ». Si l'on remonte jusqu'au XVIIe siècle, Edmund Bert avait déjà expliqué que, lorsque vous vous promenez avec un faucon, « son œil s'accoutume à des objets changeants », et c'est pour cela que le porter et le promener est efficace, et pour cela également que l'on ne peut pas apprivoiser un autour en le gardant chez soi. Un faucon qui ne sort jamais « ne supportera rien, parce qu'on ne l'aura pas accoutumé à quoi que ce soit », écrit-il encore. *Oh, Edmund Bert !* pensé-je. *Si seulement nous étions encore au XVIIe siècle, il y aurait bien moins de choses effrayantes à l'extérieur pour mon autour.*

Mais je savais que ce n'était pas vrai. Il y aurait eu la foule, des charrettes, des chevaux et des chiens qui auraient été aussi effrayants pour un autour à demi apprivoisé que les bus, les mobylettes et les étudiants à vélo. La différence, c'est qu'en 1615, cela n'aurait attiré l'attention de personne. Voir un faucon dans les rues de Cambridge aurait été un spectacle aussi commun que de voir aujourd'hui un chien tenu en laisse. Alors que si je me promène avec mon autour aujourd'hui, tous ceux que je vais croiser vont se permettre de s'approcher et de regarder, de poser des questions et de se renseigner. Qu'est-ce que c'est comme oiseau ? Qui êtes-vous ? Pourquoi vous promenez-vous avec un rapace ? Et derrière mon manque d'inclination à la conversation, il y a quelque chose qui me terrifie bien plus : les gens. Les gens, tout simplement. Je ne veux voir personne. Après avoir refermé la porte, je suis restée pendant un long moment à la regarder fixement, cette porte, tout en me frottant la joue là où le coussin avait laissé une marque profonde et irrégulière.

Plus tard cet après-midi, je sors Mabel dans le jardin, clos de murs, de ma maison. Au-dessus de nous s'étend un champ profond de cumulus qui filent rapidement. Les branches se soulèvent sous la brise, les feuilles remuent dans un bruit de papier froissé. L'air est empli de soleil, de poussière et de graines de pissenlit. Il y a trop de lumière, trop de contrastes. Trop de bruits et de mouvements. Toute cette agitation me crispe. Et l'autour ? Elle reste imperturbable. Elle incline la tête pour regarder les nuages qui filent. Dehors à la lumière, ses iris sont plats, brillants et un peu flous. Ses pupilles se dilatent et se contractent comme le diaphragme d'un appareil photo suivant qu'elle regarde vers le haut un Cessna qui passe, ou renverse la tête pour observer une mouche, puis une autre, tout en mordillant distraitement le morceau de viande que je tiens dans le gant tandis qu'elle regarde des choses qui sont au-delà, bien au-delà de ma faible vision humaine.

Le monde dans lequel elle vit n'est pas le mien. La vie va bien plus vite pour elle, le temps s'écoule plus lentement. Ses yeux peuvent suivre les battements d'ailes des abeilles aussi facilement que nous suivons ceux d'un oiseau. *Que voit-elle exactement ?* Mon cerveau fait des acrobaties pour essayer de l'imaginer, parce que cela est impossible. Mes yeux possèdent des cellules photoréceptrices sensibles à trois couleurs : le rouge, le vert et le bleu. Les faucons, comme tous les autres oiseaux, en voient quatre. Cet autour perçoit des couleurs que je ne peux distinguer, jusque dans le spectre des ultraviolets. Elle voit aussi la lumière polarisée et peut suivre les ascendants thermiques qui s'élèvent, tourbillonnent et se mélangent aux nuages. Elle peut suivre également les lignes de force magnétiques qui quadrillent la surface de la Terre. La lumière qui emplit ses pupilles noires et profondes est enregistrée avec une précision si terrifiante qu'elle peut voir avec une absolue clarté des choses que je suis incapable de distinguer dans le flou général. Les griffes d'une hirondelle de fenêtre qui file au-dessus de nos têtes. Les veines irriguant les ailes d'un papillon blanc qui poursuit son chemin hésitant au-dessus des moutardes dans le fond du jardin. Et je reste là, avec mes faibles yeux d'humain submergés par la lumière et les détails, tandis que l'autour observe tout avec la gourmandise d'un enfant qui remplit un cahier de coloriage, gribouille joyeusement, juxtapose les couleurs et s'approprie les pages. Je n'ai qu'une idée : *Je veux rentrer à l'intérieur, chez moi.*

Chapitre 11

Quitter la maison

Clefs en proche, autour au poing, et nous voilà parties. Quitter la maison, ce soir, a quelque chose d'effrayant. Quelque part dans mon esprit, des cordages se déroulent et tombent. On dirait que les amarres sont larguées, comme si j'étais un dirigeable qui entreprend son vol inaugural dans les ténèbres. Pour entrer dans le parc, j'enjambe la petite grille et me dirige vers l'avenue de tilleuls larges et noirs dont le feuillage est éclairé par en dessous. L'endroit me semble torride, bien entretenu et dangereux. Mes sens sont en alerte, comme si l'on m'avait prévenue que le parc serait plein de lions affamés. L'air nocturne circule entre les arbres et les papillons de nuit tournent en cercles poussiéreux autour des lampadaires. Je regarde à mes pieds : chaque brin d'herbe pâle projette deux ombres créées par les deux lampadaires des plus proches, tout comme moi, d'ailleurs. De loin provient l'écho mourant d'un train qui s'éloigne. Plus proche, un chien lance deux aboiements. Il y a du verre brisé près de l'allée, et non loin, une plume de pigeon ramier, une plume de poitrine à en juger par sa taille et sa forme incurvée. Elle est posée sur la pelouse comme si elle flottait juste au-dessus, luisant doucement dans l'obscurité.

— Bon sang, Mabel, qui a bien pu mettre du LSD dans mon thé !

C'est la première fois que je vois la nuit comme cela. Je m'enfonce dans ce monde éclairé par les lampadaires, m'étonnant de l'acuité de mes perceptions et rassurée par l'indifférence de mon autour. Elle ne regarde rien, se fiche pas mal de ce qui l'entoure : elle est penchée et très occupée à picorer une cuisse de lapin que je tiens dans mon gant. C'est ce qu'on appelle un « tiroir » - un morceau de viande avec tendons et os - qui l'occupe pendant que nous marchons et détourne son attention des choses qui l'entourent. Elle tire sur de petits lambeaux de chair avec la concentration d'un convive désarticulant un homard. Je l'observe et me détends peu à peu. Soudain, ce monde vide se met à grouiller.

Ce ne sont pas des personnes. Ce sont des choses à éviter, à craindre et esquiver pour protéger mon autour. Elles se dirigent vers nous comme des rochers qui déboulent dans un jeu vidéo, menaçant de nous écraser d'un simple coup d'œil. Mon cœur s'emballe. Fuir et se cacher. Je suis ici pour montrer des humains à l'autour mais de loin, à bonne distance seulement, et ces trois hommes en chemise pastel arrivent droit sur nous. Je me glisse derrière un tronc d'arbre et les laisse passer. Lorsque leurs dos entrent dans le champ de vision de Mabel, elle plaque ses plumes si étroitement autour de son corps qu'on la dirait fourrée dans une housse en plastique sous vide. Ils disparaissent, elle secoue la tête nerveusement, pousse un petit cri par le nez et se remet à manger.

Une minute plus tard, c'est une femme chargée de sacs de supermarché qui arrive sur nous. Pas d'endroit où se cacher. *Mais d'où sortent-ils tous, bon sang !* Je regarde désespérément tout autour de moi. Mabel n'est désormais plus qu'une paire d'yeux immenses et hantés, un fantôme d'os et de tendons, prêt à se débattre. Je la tiens contre ma poitrine et tourne lentement sur moi-même pour lui cacher la femme. La femme ne voit pas l'autour. Elle ne voit qu'une cinglée, vêtue d'une parka déchirée et d'un large pantalon de velours, qui tourne sur elle-même sans rime ni raison. Elle presse le pas. Le sentiment de danger augmente. *Tout va bien. Tout va bien se passer.* Mais le sang résonne dans mes oreilles. Un grincement de vélo, tout proche. L'autour se débat violemment. Je pousse un juron. Nouvelle bicyclette. Nouvelle réaction de panique. Je flanche et repars vers la maison. Nous y sommes presque lorsqu'un joggeur nous dépasse. Je ne l'ai pas entendu arriver dans ses baskets hors de prix, et l'autour se débat à nouveau. Je le déteste d'avoir perturbé mon oiseau, je le déteste vraiment, sa présence me rend folle de rage. Toute ma colère rentrée, la colère dont j'ignorais qu'elle était là, celle que les livres appellent « Une des Cinq Étapes du Deuil », surgit et me submerge dans un accès de fureur chauffée à blanc. Je le regarde s'éloigner en souhaitant qu'il tombe raide mort. Mais il interrompt sa foulée, se retourne et s'arrête à dix pas de moi.

— Désolée, lui dis-je, en ravalant ma colère. C'est la première fois qu'elle sort de la maison et elle a encore peur des gens.

— C'est moi qui suis désolé. Je ne l'avais pas vue.

Je réalise alors que c'est une personne, une vraie personne, mince, barbue, vêtue d'un tee-shirt bleu, une bouteille d'eau à la main. Il est amical, timide et semble un peu impressionné par l'autour. Sans doute quelqu'un de sympathique.

— J'espère que je ne vous ai pas fait peur. Excusez-moi.

Il sourit et secoue la tête :

— J'ai été surpris. Ce n'est pas tous les jours qu'on voit ça.

Je regarde brièvement l'autour qui se penche à nouveau pour manger la cuisse de lapin. J'ouvre la bouche pour dire quelque chose, mais lorsque je relève la tête, il a disparu.

L'air est limpide après la forte pluie, et les foules qui traversent le parc avant la fermeture ont disparu. Pour sa deuxième expédition hors de la maison, Mabel agrippe le gant avec plus de force que jamais. Elle est tendue. Elle me semble plus petite et plus lourde quand elle est de cette humeur, comme si la peur avait un poids, comme si l'on avait coulé du plomb dans ses longs os creux. Les taches de sa poitrine en forme de gouttes de pluie forment de longues lignes verticales, tels les sillons qui encadrent une bouche pincée. Par intermittence, elle donne un coup de bec à sa nourriture, mais la plupart du temps, elle regarde fixement autour d'elle, crispée, sur la défensive. Elle suit les vélos des yeux. Elle se recroqueville, prête à s'élancer quand les gens s'approchent trop. Les enfants l'alarment. Elle ne sait trop que penser des chiens, des gros en tout cas. Car les petits la fascinent, mais pour d'autres raisons.

Après dix minutes d'appréhension obsédante, l'autour a conclu que rien de tout ce qu'elle voit ne va la dévorer, la battre ou la mettre à mort. Elle s'ébroue et recommence à manger. Les voitures et les bus passent dans un tintamarre enfumé et, quand elle a fini son « tiroir », elle se redresse pour observer le monde étrange qui l'entoure. Je fais de même. Je suis restée complètement seule avec mon autour pendant si longtemps que je redécouvre ma ville par ses yeux. Elle observe une femme sur la pelouse qui lance une balle pour jouer avec son chien, un spectacle que je regarde avec le même étonnement. Je fixe des feux tricolores pendant un long moment avant de me souvenir de ce dont il s'agit. Les vélos me paraissent des énigmes tourbillonnantes de métal scintillant. Les bus qui nous dépassent, des murs avec des roues. Ce que l'autour considère comme un point saillant dans le décor urbain ne le sera pas pour un humain. Les choses qu'elle voit n'ont aucun intérêt pour elle. Aucune pertinence. Jusqu'à un bruyant battement d'ailes. Nous levons la tête, toutes deux. C'est un pigeon, un ramier, qui vient de se poser dans un tilleul au-dessus de nous. Le temps ralentit, l'air épaissit et l'autour se transforme, comme si tout son système d'attaque s'était soudain enclenché. *Cible dans le collimateur.* Elle est sur la pointe des pieds. Elle tend le cou. *Ceci. Cette trajectoire de vol. Cette chose,* pense-t-elle, *c'est fascinant.* Une partie de son jeune cerveau vient de comprendre une chose qui a tout à voir avec la mort.

Comme l'a écrit White, « promener longuement l'autour sur le poing était une nécessité. Comme de tout temps ». Mais White marchait comme si la marche elle-même était le secret, et non l'attention qu'il devait porter aux sentiments de son rapace. Même au lendemain de la mort de mon père, mon cœur déchiré savait que le secret du dressage était de prendre les choses lentement. De passer de l'obscurité à la lumière, d'une pièce fermée à l'air libre en prenant son temps, de rester d'abord à distance puis de se rapprocher progressivement de ce monde étrange et empli de voix bruyantes et de bras remuants, de poussettes multicolores et de mobylettes rugissantes. Jour après jour, mètre après mètre, beccade après beccade, mon autour en viendrait à ne plus considérer toutes ces choses comme des menaces, mais à les accepter avec équanimité.

En revanche, pour Gos, ce fut un supplice sans fin. White le promenait parce que c'était ce que ses livres lui disaient qu'il fallait faire. Il sortit donc avec Gos le jour même de son arrivée. Quarante-huit heures plus tard, Gos fut amené jusqu'à la ferme des Wheeler pour y faire connaissance de « toute la famille, sans oublier les chiens qui aboyaient », et le jour suivant, ils allèrent le long de la route voir des voitures et des cyclistes. « Il n'arrête pas de se débattre », note White dans son journal de bord. Et cela continue. Il emmène Gos au pub avec lui. Il l'emmène pêcher la carpe. Il l'emmène en voiture à Banbury. « Il fallait qu'il apprenne à supporter cette agitation comme nous le faisons nous aussi, même si nous ne la fréquentons que fort peu. » Et Gos finit par apprendre, comme une âme désespérée qui finit par comprendre son impuissance face à une horreur perpétuelle et la supporte parce qu'il n'y a pas d'alternative. Gos accepta son sort car il n'avait pas d'alternative. Aucune douceur dans son dressage. Terrorisé sans relâche, il dut apprendre à supporter le monde, tout comme White avait appris qu'il ne pouvait s'échapper du pensionnat.

Parcourant les petites routes et les sentiers herbus, traversant des champs de foin détrempés, White se fondait dans le paysage. Des jours entiers de marche où l'autoursier novice s'immergeait avec gratitude dans le rythme et le climat du Buckinghamshire. Rentrant chez lui le soir par les chemins bordés de hautes haies, il regardait « la lune rouge s'élever imperceptiblement [...], cette même lune qui, ce matin, s'était couchée toute jaune dans l'aube ». La nuit, le monde déserté devenait magique et les *ridings* s'emplissaient de brume, d'étoiles et de solitude. Telles étaient les patientes excursions de White à travers champs et dans le passé.

Abstraction faite de l'excentricité qu'il y avait à se promener un faucon sur le poing, White se livrait à une activité très répandue en son temps. Car dans les années 1930, il était extraordinairement populaire de faire de longues randonnées dans la campagne anglaise, et très souvent de marcher la nuit. Les clubs de randonneurs publiaient des calendriers de la pleine lune, les compagnies ferroviaires affrétaient des trains mystère pour des destinations rurales, et lorsqu'en 1932, la compagnie Southern Railway proposa une excursion au clair de lune dans la région vallonnée des South Downs, plus d'un millier et demi de marcheurs s'inscrivirent, alors qu'elle ne s'attendait à vendre qu'une quarantaine de billets. Ces randonneurs ne cherchaient pas à conquérir de nouveaux sommets ou à se lancer des défis : ils recherchaient une communion mystique avec leur pays. Ils randonnaient pour remonter le temps vers un passé fantasmé, baigné de la gloire magique des origines, vers l'« Angleterre heureuse » des temps préindustriels ou vers l'Angleterre préhistorique qui offrait consolation et sécurité à des esprits douloureusement troublés. Car si le développement des chemins de fer, des routes et d'une florissante littérature champêtre avait contribué à le favoriser, ce mouvement était véritablement né du traumatisme de la Grande Guerre et se nourrissait de la peur d'un nouveau conflit. Le critique Jed Esty a décrit cet engouement pastoral comme l'un des éléments d'un mouvement beaucoup plus vaste de défense de la culture nationale contre la crise économique, la contraction de l'Empire et les menaces totalitaires venues de l'étranger. C'était un mouvement qui mettait à l'honneur les sites anciens et les traditions folkloriques. Il faisait ses délices de Shakespeare et de Chaucer, des druides et de la légende d'Arthur. Il croyait qu'une composante essentielle de la nation avait été perdue mais pouvait être recouvrée, au moins en imagination. White, entraîné dans cette nostalgie d'un passé à sauvegarder, marchait avec son autour et écrivait des histoires de fantômes, décrivait la nudité d'Orion dont la constellation resplendissait dans le ciel d'Angleterre, évoquait les lignes imaginaires que les hommes et le temps avaient tracées sur le paysage. Au coin du feu, l'autour à ses côtés, il méditait avec mélancolie sur le destin des nations.

Les nuages sont bas. Ce qui n'a pas d'importance. Il ne va pas faire voler son autour ce matin, il le promène. Il marche avec lui vers un lieu qu'ils atteindront après avoir traversé cinq champs. Il est désormais près des ruines de la chapelle de saint Thomas le martyr. Un édifice qui a tout d'abord été une chapelle, puis une maison, et qui est désormais une ruine, une grande carcasse effondrée de pierre de fer tachée. Le toit ressemble à une cage thoracique ouverte, recouverte de chaume pourrissant. Les linteaux des fenêtres s'affaissent et les ouvertures des portes sont condamnées par des amas de poutres et de gravats de plâtre. De grandes bandes d'orties d'un vert luxuriant poussent alentour. Des frênes lèvent au ciel leurs poings dentelés et les champs s'ouvrent des deux côtés. Le lieu est particulièrement calme. On entend les trilles d'un rouge-gorge, comme de l'eau qui coule. L'endroit est protégé de toute présence humaine par un puissant sortilège, pense-t-il. La pestilence d'un cadavre de mouton qu'il a découvert, abandonné dans un fossé, lui reste dans les narines, une triste toison en loques trempée et grouillante d'asticots. L'odeur ne le dérange pas. C'est une puanteur vivifiante, l'odeur de la mortalité. Il regarde la pelouse tondue par les lapins. Sous ses pieds, ceux qui ont vécu, sont morts et ont été enterrés en ce lieu, sont toujours présents, pense-t-il. Leurs ossements antiques seraient heureux de voir à nouveau un autour. Il fait le tour de la chapelle et imagine la terre sous ses pieds qui se retourne et murmure comme un dormeur en sentant l'autour familier passer au-dessus d'elle, de même que les ossements du laboureur murmurent quand les engins agricoles roulent sur sa tombe oubliée.

> Je pensais à cette petite race désormais sous terre, étrangers appartenant à une espèce disparue, à l'abri de la compréhension et presque de l'imagination : moines, nonnes, et l'éternel malfaiteur. J'étais désormais aussi proche d'eux que n'importe qui, proche de Chaucer lui-même, « avec un autour gris au poing ». Ils comprendraient mon faucon en le regardant avec leurs yeux comme un fermier comprend ce qu'est un élévateur. Nous nous aimions.

La promenade de White à Chapel Green était le passage de *L'Autour* que je préférais quand j'étais petite. Il décrivait une communion avec quelque chose de perdu et d'oublié, et l'autour était au cœur de cette communion. Ce passage me faisait toujours éprouver le sentiment d'avoir un lien de parenté avec White - même si je n'arrivais pas à imaginer pourquoi les fermiers savaient plus que les autres ce qu'était un élévateur. Cela n'avait pas de sens. *Peut-être White avait-il voulu écrire « tracteur »*, me disais-je, car je ne savais pas à l'époque ce qu'était un élévateur à foin, ni que White en avait récemment vu un chez les Wheeler qui exploitaient les terres autour de sa maison. Mais j'imaginais sans peine la chapelle, et aujourd'hui encore plus clairement que jamais. Si je fermais les yeux, je voyais White lever Gos sur son poing et fermer lui aussi les yeux, comme s'il était possible que ce XXe siècle chaotique disparaisse et que le monde des siècles passés soit ressuscité. Un monde qui abritait en son cœur une communauté perdue. Là, White aurait été aimé. Là, il aurait été compris.

Regarder en arrière, et tout cela par amour. Sur ma bibliothèque au fond de la pièce, il y a un télescope. Une longue-vue terrestre dans un étui de cordura vert. Je l'avais empruntée à mon père pour observer les oiseaux et ne la lui avais pas rendue. J'avais oublié de la lui rapporter lors de ma dernière visite. « La prochaine fois », m'avait-il dit en secouant la tête avec une exaspération enjouée. Il n'y aurait pas de prochaine fois. Je ne pouvais plus la lui rendre. Je ne pouvais plus m'excuser non plus. Il y a eu un moment, peut-être le lendemain de sa mort, ou le surlendemain, où je me suis retrouvée assise dans un train avec ma mère et mon frère. Nous partions chercher sa voiture. C'était un voyage désespéré. Je m'agrippais tellement fort à la banquette recouverte d'un tissu rêche que j'en avais les articulations toutes blanches. Je me souviens d'arbres à papillons, de mâchefer, d'un gazomètre vert et de la centrale électrique de Battersea au moment où le train a ralenti. Il m'a fallu attendre ce moment où nous nous sommes retrouvés sur un quai inconnu de la gare de Queenstown Road, sous un auvent de bois blanc, ce moment où nous nous sommes dirigés vers la sortie, pour réaliser pour la toute première fois que je ne reverrais jamais plus mon père.

Jamais plus. Je me suis brutalement arrêtée. J'ai hurlé. Je l'ai appelé de toutes mes forces. *Dad.* Puis le mot *Non* qui a jailli en un long hurlement avant de s'effondrer. Ma mère et mon frère m'ont entourée de leurs bras, et moi aussi. Un fait brut. Je ne lui parlerais plus jamais. Je ne le verrais plus jamais. Nous sommes restés enlacés, pleurant mon père, l'homme que nous aimions, cet homme calme, en costume, appareil photo à l'épaule, qui partait chaque jour en quête de nouveautés, qui saisissait la course des étoiles et des tempêtes, des rues et des politiciens, qui arrêtait le temps en photographiant les mouvements du monde. Mon père, qui était parti photographier des bâtiments endommagés par la tempête cette nuit où le monde lui avait imposé sa destruction et que son cœur avait cédé.

Les photos qu'il avait prises étaient encore dans l'appareil que l'hôpital avait rendu à ma mère. Sa dernière photo, je ne l'ai vue qu'une seule fois. Je ne veux plus jamais la regarder. Mais je ne cesse de la voir. Floue, en contre-plongée, prise de bien trop bas. Une rue de Londres déserte. Lampadaires au sodium, crépuscule, un mur qui a perdu sa verticalité et se prolonge au loin, un point de fuite dans le ciel orageux et jaunâtre.

Chapitre 12

Hors-la-loi

— Allez, Mabel.

Je suis à genoux sur le tapis, je tiens dans le gant un coquelet d'un jour. Mon congélateur est plein à ras bord de ces petits cadavres tristes et floconneux, rebuts de l'aviculture industrielle. Mabel en raffole. Elle regarde avec envie celui que je tiens dans mon gant, juste hors de sa portée. Je siffle et lui dis :

— Tu peux y arriver. Saute !

Mais elle fait tout ce qu'elle peut pour éviter d'avoir à sauter. C'en est comique. Elle se penche. Encore un peu plus. Elle étend son cou au maximum et ouvre le bec avec espoir. La nourriture est là mais elle ne peut pas l'atteindre. Elle manque de perdre l'équilibre, se rattrape au dernier moment. Changement de tactique. Elle tente d'attraper la viande en projetant devant elle un pied immense. Comme un cobra qui frappe, son allonge est incroyable, ses jambes sont presque aussi longues que son corps. Son tibia recouvert de plumes fauves apparaît en un éclair, et il s'en faut de peu que ses serres n'atteignent le gant.

Dépitée, elle tape du pied sur la perche, l'agrippe. Ses moustaches noires se durcissent pour former deux rides grimaçantes le long de ses joues, et je la sens se hérisser. Sa tête oscille comme un serpent, elle évalue la distance. Quelque chose est en train de changer. Je le sens dans un frisson, comme si la pièce s'obscurcissait et se contractait pour devenir un point. Puis cela survient. Je reçois un coup si puissant et inattendu sur la main que le choc se répercute tout le long de ma colonne vertébrale jusqu'au bout de mes pieds. Comme si on m'avait frappée avec une batte de base-ball. Mabel est sur mon poing qu'elle drape de ses grandes ailes rayées. Elle l'agrippe avec férocité et déchire la viande à grands coups de bec. Des morceaux de poussin désarticulé disparaissent à toute vitesse dans sa gorge. Je suis euphorique. Elle a franchi un grand fossé psychologique, un fossé bien plus large que les trente centimètres de vide entre sa perche et le gant sur lequel elle s'est posée. Qu'elle a massacré, plutôt. Il n'y a aucune pitié dans cette prise implacable et de plus en plus puissante. Mabel peut exercer cette pression sans le moindre effort. Ce qui lui en demande, c'est de la relâcher.

Je choisis le bon moment, quand elle relève la tête pour avaler une bouchée, pour attraper de l'autre main ce qui reste du poussin et le faire disparaître. Elle regarde le gant, puis derrière elle, puis sur le sol. *Où est-il passé ?* Je la persuade de remonter sur sa perche. Je lui présente à nouveau le poussin, d'un peu plus loin. Une seconde après, ce même coup terrible. Un coup mortel, mais il y a quelque chose dans sa violence qui me rappelle que je suis en vie.

J'étais vivante, certes, mais épuisée. J'avais l'impression d'être molle comme de la laine, un écheveau de laine grise mal filée entouré autour d'un squelette douloureux. Les promenades avec l'autour étaient usantes pour les nerfs et exigeaient une vigilance de tous les instants qui me laissait vidée. À mesure que Mabel s'apprivoisait, je devenais sauvage. La peur était contagieuse. Elle envahissait spontanément mon cœur quand les gens s'approchaient. Je ne savais plus si l'autour se débattait parce qu'elle était effrayée par ce qu'elle voyait ou parce que je lui communiquais ma propre terreur. Il se passait aussi autre chose pendant nos promenades. Nous étions devenues invisibles. Les gens que nous croisions ne s'arrêtaient pas, ils ne nous regardaient pas, ne jetaient même pas un coup d'œil en coin dans notre direction. Une partie de moi-même s'est mise à croire qu'ils ne nous voyaient tout simplement plus. Que nous marchions dans une autre dimension, comme si, les uns et les autres, nous étions des fantômes. Je repensais à ces autours que j'avais vus, enfant, regardant fixement un après-midi d'hiver depuis cet autre monde qui était désormais le mien. Et la nuit, debout derrière ma fenêtre, je pressais le front contre la vitre pour ressentir le faible tapotement de la pluie d'été se propager à travers le verre et les os de mon crâne.

Les gens nous voyaient, bien évidemment. Une femme au regard sinistre rôdant dans le parc avec un énorme rapace sur le poing ne peut guère passer inaperçue. Tout le monde nous voyait mais faisait semblant de ne rien voir. Certains, cependant, avaient assez de courage pour nous regarder. Le lendemain matin, par exemple, je remarque un homme qui observe la flottille des parapluies traverser le parc sous une pluie fine. Il est près d'une barrière, à une dizaine de mètres de moi, les mains posées calmement sur la lisse en bois, et nous regarde avec aussi peu d'expression que s'il voyait des chevaux dans un pré. Je m'approche et lui dis bonjour.

— Il vient du Kazakhstan, me répond-il, et nous nous mettons à parler de mon autour, des fauconniers kazakhs, les *berkutchi*, ces cavaliers qui « volent » des aigles dorés depuis des millénaires.

Lui n'a jamais vu d'aigles parce qu'il habite en ville, à Almaty. Il me demande si mon autour a un chaperon. Je le lui tends. Il le retourne dans ses mains, apprécie la finesse du travail, me le rend. Ce n'est qu'à ce moment que nous nous présentons comme il se doit. Il s'appelle Kanat. Il me demande où je vais aller chasser avec l'autour.

— Chez des agriculteurs, à quelques kilomètres d'ici.

Il hoche la tête, regarde Mabel attentivement et reste silencieux un long moment. Puis il écarte les doigts sur la lisse, fixe le dos de ses mains et les poignets de son blouson de cuir brun et murmure :

— J'ai le mal du pays.

Peu après son départ, un cycliste freine et s'arrête en dérapant pour demander poliment s'il peut regarder l'oiseau. Il est absurdement bel homme. Il a les cheveux d'Antonio Banderas, un maillot de cycliste dernier cri et un vélo en titane perlé de pluie. Il n'en peut plus d'admiration :

— Elle est *vraiment* superbe.

Il cherche un autre mot sans y parvenir. « Superbe » devra faire l'affaire. Il le répète. Puis il me remercie avec effusion pour l'autour.

— Je n'ai jamais vu un rapace de si près. Vraiment de si près.

Au Mexique, il n'en a vu que des sauvages, et de très loin.

— J'aime beaucoup les regarder, parce qu'ils sont si...

Il mime de la main le geste de quelque chose qui s'élève.

— Libres, dis-je.

Il hoche la tête, je lui réponds de même, en proie à un certain étonnement parce que je commence à voir que, pour certains, un autour perché sur le poing d'une inconnue pousse aux confessions et aux confidences, invite à parler de ses espoirs, de son pays, de son cœur. Je réalise que durant tous ces jours de promenade avec Mabel, les seuls qui sont venus nous aborder sont des personnes en marge : des enfants, des adolescents gothiques, des SDF, des étudiants étrangers, des voyageurs, des ivrognes, des touristes.

— Nous sommes devenues des marginales, Mabel.

L'idée n'est pas déplaisante, mais j'ai honte des réticences de mes compatriotes, de leur désir de ne pas s'arrêter, de poursuivre leur chemin, de ne pas faire de commentaires, de ne pas poser de questions, de ne pas s'intéresser à ce qui est inhabituel, étrange, ou pas complètement normal.

Je suis d'humeur festive. Aujourd'hui, Mabel a franchi plus d'un mètre pour venir sur le poing depuis le dos d'une chaise, dans mon salon.

— Tu fais beaucoup de progrès, lui dis-je. C'est l'heure de la promenade. On va aller rencontrer les enfants d'une amie. Ils vont t'adorer.

Quelques minutes plus tard, je frappe à la porte et c'est le mari de mon amie qui vient ouvrir. Mon autour se raidit. Moi aussi : cet homme s'est un jour montré extrêmement grossier envers moi. Cela n'a pas d'importance. Il était peut-être dans un mauvais jour. On pardonne et on oublie. Mon amie n'est pas là. Devant la porte, je lui parle de mon oiseau, lui dis quel âge il a, comment il s'appelle, de quelle espèce il est, que c'est une femelle. Je lui raconte que j'avais peur que le dressage ne se transforme en une sorte d'affrontement atroce, comme celui décrit dans *L'Autour*.

— C'est la surprise totale. Il n'y a pas eu de combat. Cela ne vient pas de moi, j'en suis sûre. Elle est extraordinairement calme, pour un autour.

Il incline la tête sur le côté et sourit.

— C'est sans doute une question de genre.

— De genre ?

— Oui, tu es une femme, c'est une femelle. C'est *normal* que vous vous entendiez bien.

Il parle le plus sérieusement du monde. Je fixe sa main posée sur le chambranle et le sang me monte au visage. *C'est une plaisanterie.* Pour la première fois depuis des semaines, je ne pense plus à l'autour, je sens une partie de moi-même se contracter pour exploser en une phrase silencieuse : *Quel con !*

Il est en train de me dire que, parce que c'est une femelle, il existerait une sorte de solidarité féminine entre nous ? *Foutaise.* Nous ne sommes pas de la même *espèce*, bon sang.

— Je ne pense pas que cela entre en ligne de compte dans le comportement de mon autour, lui dis-je avec un sourire mince.

Un sourire lénifiant qui dissimule une envie de meurtre. Je repars chez moi, furieuse, mon cœur se débattant violemment dans ma poitrine. De retour à la maison, Mabel sur son perchoir, je me calme. La colère a disparu, ne reste qu'une interrogation fascinée. Je prends tous les livres de fauconnerie qui sont sur mes étagères et je les empile au sol. Puis je m'assieds en tailleur près de l'autour.

— Bon, Mabel, les autours sont des oiseaux de mecs, à ce qu'on dit. Eh bien, voyons ce que les mecs ont écrit à ton sujet.

Je commence par Humphrey ap Evans et son *Falconry for You* où je lis : « Elle ronronne et pépie pour attirer l'attention de son maître et se frotte la tête contre lui, mais elle est fière, sauvage, superbe et sa colère est effrayante à voir. Elle peut se montrer lunatique et boudeuse. »

Mmm.

J'ouvre Gilbert Blaine, qui décrit « son tempérament particulier et quelque peu enclin à la bouderie » : « Elle se met en tête de se montrer aussi désagréable que possible, explique-t-il. Elle va tellement vous irriter que vous voudrez lui tordre le cou. » Je passe à *Faucons et Fauconnerie* de Frank Illingworth : « Il n'y a pas d'oiseau plus contrariant que l'autour ! Son seul but dans la vie semble être d'exaspérer son maître. »

— Tout cela me semble louche, Mabel.

Puis je m'attaque aux fauconniers de l'époque victorienne. Charles Hawkings Fischer « ne l'aime pas, ni aucun de ses congénères ». Quant à Freeman et Salvin, ils considèrent qu'il est « extrêmement dommage que le tempérament de cet oiseau soit si peu aimable, ou pour le dire clairement, si maussade ».

— Maussade. Bon sang, Mabel, tu sais ce que tu es ? Tu es une femme. Une femme en proie à ses hormones !

Tout cela était affreusement logique. Voilà pourquoi ces fauconniers ne remettaient jamais en cause leur propre comportement lorsque leur autour se réfugiait dans un arbre, piquait une crise de nerfs, s'attaquait à leur chien ou décidait de s'enfuir. Ce n'était jamais la faute des fauconniers. Les autours, comme les femmes, étaient incompréhensibles. Boudeurs. Capricieux et hystériques. Leurs sautes d'humeur étaient pathologiques. Ils étaient inaccessibles à la raison.

Cependant, en remontant dans le temps, je découvre que les autours du XVIIe siècle n'étaient pas du tout infâmes. Ils étaient « sociables et familiers » bien que de nature « timide et craintive », comme l'écrit Simon Latham en 1615. Ils « s'offusquent [...] d'un comportement violent et dur », mais si on les traite avec douceur et considération, ils deviennent « aussi affectueux et attachés à leur maître que tout autre rapace ». À cette époque aussi, on parle d'eux comme s'ils étaient des femmes. Ce sont des êtres qu'il faut conquérir, courtiser et aimer. Mais ce ne sont pas des monstres d'hystérie. Ce sont des êtres réels, contradictoires, volontaires, « majestueux et courageux » mais également « timides et craintifs ». Si leur comportement irrite l'autoursier, c'est que ce dernier ne les a pas bien traités et n'a pas fait preuve « d'une amabilité et d'une courtoisie constantes ». Car il est de son devoir, selon Edmund Bert, de subvenir à tous les besoins de son autour afin qu'elle trouve « de la joie en elle-même ». « Je suis son ami, écrit-il de son autour, et elle est ma compagne. »

Un lecteur plus cynique pourrait considérer que ces hommes des ères élisabéthaine et jacobine se vantaient de leur habileté à dresser des autours, tels des séducteurs à l'ancienne comparant leurs techniques de drague dans un bar. Mais je n'étais pas cynique. Ils m'avaient conquise, ces hommes disparus qui aimaient leurs autours. Réconciliés avec l'altérité du rapace, ils cherchaient à leur plaire et à être leurs amis. Je n'avais aucune illusion : les femmes n'avaient pas été mieux traitées dans l'Angleterre du XVIIe siècle. Je supposais également que c'était la peur suscitée par l'émancipation féminine qui avait rendu l'autour aussi effroyablement terrifiant aux yeux des fauconniers victoriens. Pour autant, je savais quel type de relation je préférais.

Je regarde Mabel, elle me regarde. Une part très importante de ce qu'elle représente est faite de l'histoire des hommes. Pendant des millénaires, l'homme a déniché, piégé et rapporté chez lui des rapaces comme elle. Mais à la différence d'autres animaux qui ont aussi vécu dans une telle proximité avec l'homme, les rapaces n'ont jamais été domestiqués. Cela fait d'eux un puissant symbole de sauvagerie dans des myriades de cultures. Un symbole également de ce que l'homme doit maîtriser et apprivoiser.

Je referme mon exemplaire du *Treatise of Hawks and Hawking* de Bert avec un petit bruit sec et la jaquette du livre tombe. Mon autour fait alors un petit mouvement curieux, ensorcelant. Elle incline convulsivement la tête sur le côté, puis la tourne à la renverse et me regarde tout en pointant le bout de son bec vers le plafond. Je suis stupéfaite. J'ai déjà vu des oiseaux tourner la tête ainsi. Les bébés faucons, quand ils jouent. Mais un autour ? *Vraiment ?* J'attrape une feuille de papier, en déchire une longue bande, la froisse en une petite boule que je lui tends. Elle l'attrape avec son bec. Ça crisse. Le bruit lui plaît. Elle recommence puis la laisse tomber et tourne la tête à la renverse au moment où la boule touche le sol. Je la ramasse et la lui rends. Elle la reprend et la mordille doucement à plusieurs reprises : *scronch scronch scronch*. Elle ressemble à une marionnette de crocodile. Ses yeux rétrécissent : c'est ainsi que les oiseaux rient. Je ris aussi. Je fais un tube avec un magazine et je la regarde comme dans un télescope. Elle penche la tête pour me regarder par l'autre extrémité du tube. Elle y glisse le bec le plus loin possible et mord dans le vide. J'approche mes lèvres du télescope de papier et dis d'une voix qui résonne :

— Coucou, Mabel !

Elle recule son bec. Toutes les plumes de son front se dressent. Elle secoue rapidement la queue de gauche à droite et frissonne de bonheur.

Un remords obscur s'empare de moi. J'avais une idée bien arrêtée de ce qu'était un autour, tout comme ces fauconniers victoriens avaient eu la leur, et cette idée n'était pas assez vaste pour contenir tout ce qu'il est. Personne ne m'avait jamais dit que l'autour était joueur. Ce n'était pas dans les livres. Je n'avais pas imaginé que cela soit possible. Était-ce parce que personne n'avait jamais joué avec eux ? Cette idée m'a profondément attristée.

Dans une lettre adressée à White, Gilbert Blaine explique qu'il « n'aime pas les autours car leur tempérament dément et soupçonneux l'a rebuté, ainsi que la plupart des fauconniers ». « C'est peut-être la raison pour laquelle, écrivit White des années plus tard, j'ai aimé Gos. J'ai toujours aimé les inéducables, les intouchables, les exclus. » Gos était un être étrange, l'opposé de ces cœurs anglais civilisés, et grâce à lui, White pouvait incarner plusieurs rôles : le parent bienveillant, l'enfant innocent, le professeur encourageant, l'élève patient. Ainsi que d'autres identités plus singulières : par l'intermédiaire de l'autour, White pouvait devenir une mère, « un homme qui, pendant deux mois, avait façonné cet oiseau, presque comme une mère nourrit son enfant en son sein, car le subconscient de l'homme et celui de l'oiseau finissent par être reliés par un cordon mental ». Il pouvait devenir « l'homme qui avait créé en donnant une partie de sa vie ». Dans ses carnets de notes, ceux où il écrit à l'encre verte, il se met à rédiger tard le soir, d'une écriture enivrée et expansive, des choses qui ne se sont jamais retrouvées dans son livre car elles étaient trop révélatrices.

> Ce qu'il déteste le plus est qu'on lui caresse la tête. Ce qu'il préfère, qu'on lui tire sur les plumes de la queue, qu'on les caresse, qu'on les lisse & qu'on les démêle. En fait, Gos attache beaucoup d'intérêt à cette partie de son corps. C'est un coprophile, voire une tapette. Il peut émeutir à trois mètres et se retourner fièrement pour admirer son œuvre. Et moi, qui peux pisser sans interruption pendant plusieurs minutes (ce qu'il

prend pour une manière de fienter), j'excite son intérêt et son envie.

Il y a de multiples manières de lire *L'Autour*, dont l'une est d'en faire un livre sur le refoulement du désir homosexuel - non pas un désir d'ordre sexuel, mais un désir de confraternité et d'affinité. On perçoit que c'est l'œuvre d'un homme solitaire, qui se sentait différent et qui se cherchait des semblables. La fauconnerie n'est pas un sport typiquement gay, même si certains des fauconniers avec qui White correspondait, tels Jack Mavrogordato ou Ronald Stevens, étaient homosexuels. Blaine peut-être aussi : il ne s'est jamais marié. Mais les fauconniers constituaient une fraternité masculine, une « élite monacale », une « petite secte obstinée », selon les mots de Lord Tweedsmuir, dont les membres ressentaient un amour que les autres ne pouvaient comprendre. Un amour qui n'était pas considéré comme normal, auquel ils ne pouvaient résister. Gilbert Blaine expliquait qu'« [il existe], profondément ancrée dans la nature de certains individus, une qualité qui leur inspire un penchant naturel vers les faucons. On naît fauconnier, on ne le devient pas ». Et au cours des années suivantes, White décrirait comment la fauconnerie lui conférait un sentiment réconfortant de fraternité tacite avec des hommes partageant la même passion :

> Ce n'est qu'après avoir dressé quelques rapaces moi-même que j'eus l'occasion de rencontrer un autre fauconnier expérimenté, d'observer ses oiseaux et de discuter avec lui. C'est alors que pour la première fois, j'eus le cœur bouleversé d'excitation au spectacle de faucons revêtus de leur plumage juvénile, et je

découvris que ni l'un ni l'autre n'avions besoin de compléter la grammaire des questions et des réponses.

Ce fut une révélation. Il voyait désormais que, depuis la préhistoire, il y avait eu des hommes comme lui. « Je pensais qu'il était juste que je sois désormais heureux de poursuivre cette longue lignée », écrivit-il en méditant sur la photographie d'un bas-relief représentant un fauconnier assyrien d'il y a trois mille ans. Il fermait les yeux et s'imaginait tendant la main par-delà des siècles pour saisir celle « de cet ancêtre dont les phalanges anguleuses étaient sculptées avec autant de précision que ses mollets musclés ».

Ces anciens élèves des *public schools* nourris de récits de chevalerie trouvaient dans la fauconnerie la sensation de voyager dans le temps, et cela se révélait irrésistible. À la fin des années 1920, quand l'écrivain régionaliste et naturaliste J. Wentworth Day participe à des chasses avec l'Association des fauconniers britanniques, il écrit : « Les marais à vos pieds, le vent dans le visage, le faucon perché sur le poing, vous êtes un bref instant l'héritier des siècles passés. Vous avez feuilleté à rebours, jusqu'à cette modeste page, le livre de l'Histoire. »

Les faucons dressés ont une aptitude particulière à faire revivre l'Histoire parce qu'ils sont en un sens immortels. Alors que les individus meurent, l'espèce elle-même demeure inchangée. Il n'y a pas de races ou de variétés de faucons car ils n'ont jamais été domestiqués. Ceux que nous « volons » aujourd'hui sont identiques à ceux d'il y a cinq mille ans. Les civilisations prospèrent et meurent, mais les faucons restent immuables, ce qui donne aux oiseaux de fauconnerie cette faculté d'apparaître comme des reliques d'un lointain passé. Prenez un faucon sur le poing. Imaginez un fauconnier du passé faisant de même. Il est difficile de ne pas imaginer qu'il s'agit du même oiseau.

Un jour, j'ai demandé à des amis s'ils avaient déjà tenu dans la main des objets qui leur avaient fait ressentir de manière quasi surnaturelle le passage de l'Histoire. *Des pots en argile ayant gardé la marque d'empreintes digitales vieilles de trois mille ans,* m'a répondu l'un d'eux. *Des pièces de monnaies antiques,* a dit un autre. *Des pipes en terre. Des chaussures de soirée datant de la Seconde Guerre mondiale. Des pièces romaines que j'ai trouvées dans un champ. De vieux ticket de bus entre les pages d'un livre d'occasion.* Ils étaient tous d'accord pour dire que ces petits objets qu'ils avaient manipulés faisaient naître un sentiment étrangement intime : ils nous rendaient perceptible la présence de quelqu'un, de cet inconnu des temps anciens qui avait tenu ce même objet dans ses mains. *On ne sait rien de lui, mais on sent qu'il est là,* m'a dit un ami. *Comme si toutes ces années qui nous séparent avaient disparu. Comme si on devenait lui, en quelque sorte.*

L'Histoire s'effondre quand vous tenez un faucon, comme elle s'effondre quand mes amis manipulent ces petits objets précieux. Vous oubliez les immenses différences qui existent entre ces êtres disparus depuis si longtemps et vous-même. Vous imaginez forcément qu'ils avaient la même vision du monde que vous. Ce qui a des implications troubles. Il n'y a qu'un pas à faire entre imaginer que vous êtes semblable aux fauconniers du passé et supposer que, depuis la nuit des temps, la terre que vous foulez a toujours été foulée par des gens comme vous. Et ces ancêtres que les fauconniers se sont plu à imaginer sont généralement au-dessus du commun des mortels. « La fauconnerie est certainement de très haute lignée, écrivait Gage Earl Freeman en 1859. Voyez la fierté, l'honnête fierté d'une noble ascendance ! » Quand l'un de ses amis rétorqua que son propre amour de la fauconnerie « n'avait rien à voir avec une quelconque nostalgie pour l'Antiquité ou le Moyen Âge, qui ne l'intéressaient absolument pas », Freeman répliqua sèchement : « Je crois qu'il se trompe. » Les faucons cependant ne vous offrent pas systématiquement de communier avec les seigneurs, les princes ou les rois. À Chapel Green, un autour avait permis à White de se sentir membre de la communauté d'un village anglais d'avant la Réforme. Il s'y était senti chez lui.

Quand j'étais petite, j'adorais le prestige historique dont la fauconnerie était auréolée. Je le chérissais, comme des enfants chérissent l'espoir d'être dotés de pouvoirs magiques et secrets ; l'espoir d'appartenir, comme les jeunes héros des livres, à un monde mystérieux et caché qui les rend en quelque sorte extraordinaires. Mais c'était il y a bien longtemps. Je ne me sentais plus du tout comme cela. Ce n'était pas pour me sentir hors du commun que je dressais un autour. Je ne cherchais pas à ce que l'autour me procure le sentiment de parcourir avec suffisance les terres de mes ancêtres. Je me fichais de l'Histoire, je me fichais du temps. C'était pour faire disparaître tout cela que je dressais cet autour.

Ce soir, j'emmène Mabel se promener encore plus loin. Vers vingt heures, nous atteignons Midsummer Common, une vaste prairie communale qui s'étend le long de la Cam, et nous la traversons. Nous passons à côté de vaches *red poll* qui broutent, enfoncées jusqu'aux jarrets dans les chardons, puis nous nous arrêtons près de la piste cyclable qui borde la rive sud de la rivière. Nous nous asseyons sur un banc en bois sous un aulne. J'ai les pieds gelés, trempés, et je me suis piquée aux chardons. Je recroqueville mes orteils dans mes sandales et regarde couler la rivière. Ce côté-ci est encombré de cyclistes et de *narrow boats*, ces étroites péniches reconverties en embarcations de tourisme, mais sur l'autre berge se succèdent les hangars à bateaux et les cales bétonnées des différents collèges. Et justement, en face de nous, un homme en survêtement nettoie la coque d'un skiff de course posé à la verticale. Les promeneurs passent, les cyclistes aussi, plus rapidement. Lui et moi semblons être les deux seuls personnages de la scène. Ni les cyclistes ni les passants ne me voient, ils ne voient pas non plus l'autour, ni l'homme qui nettoie son bateau. Je le regarde travailler avec ses chiffons, ses bouteilles de détergent et son seau jaune. Lui et moi sommes concentrés sur quelque chose d'important, nous avons tous deux notre travail à faire. Il a son bateau à nettoyer et à cirer, j'ai mon autour à dresser. Rien d'autre n'a de sens. Il essuie, cire, lustre et quand il est satisfait du résultat, il hisse son skiff sur l'épaule pour le remettre dans le hangar. Il ramasse son matériel sur la cale et s'en va. Mabel reste indifférente. Son attention est captée par quelque chose de bien plus intéressant : quatre cols-verts qui barbotent dans l'eau grise à une vingtaine de mètres de là. Ils s'éloignent sur un petit radeau et nous repartons chez nous.

À cette heure, la lumière fonce et tourne au crépuscule, et il se met à pleuvoir. La pluie et la pénombre exhalent un parfum d'automne qui me fait frissonner de bonheur. Je n'ai pas la moindre idée de la chose stupéfiante qui va arriver. Mabel et moi allons effectivement assister à un phénomène extraordinaire, un rituel vespéral dont, jusqu'à aujourd'hui, j'ignorais totalement l'existence. Les joggeurs ! Comme des chauves-souris quittant leur abri, leur nombre augmente peu à peu. D'abord, nous en voyons un ou deux, puis un autre, puis après un moment, trois qui apparaissent ensemble. Le temps que nous soyons à mi-chemin de la maison, nous avons l'impression d'être plongées en plein documentaire sur la migration des gnous au Serengeti. Il y en a partout. Des troupeaux entiers. Heureusement, ils restent sur les chemins, ce qui me permet de me placer avec mon autour dans un triangle d'herbe haute envahie de mouron blanc, juste après l'endroit où le chemin se sépare en deux. Nous restons là, immobiles dans la pénombre, à regarder les coureurs se rapprocher et se séparer en deux flots puis passer à côté de nous, sans nous voir, bien entendu. Nous sommes immobiles. Je dis à Mabel :

— Peut-être sont-ils comme les dinosaures de *Jurassic Park* : ils ne voient pas ce qui ne bouge pas.

Il pleut désormais assez fort. Le crâne aplati de l'autour est orné de minuscules perles d'eau qui brillent dans la lumière des lampadaires. Elle se balance sur ses pieds comme elle le fait quand elle est calme. Ses pupilles sont dilatées telles celles d'un chat dans l'obscurité. *Et pourquoi pas*, me dis-je. *Elle a sauté sur mon poing dans la maison. Et si elle le faisait ici, à l'extérieur ?* Tout près de nous, il y a une barrière en bois qui protège un jeune tilleul. Je la pose sur le sommet d'un poteau et elle saute, *bam*, d'un coup, de toute la longueur de la longe pour atterrir sur mon poing et prendre une beccade. Malgré le vent qui souffle du mauvais côté, la pluie dans les yeux, les joggeurs qui déboulent de partout, elle saute trois fois puis s'ébroue, envoyant tout autour d'elle une nuée de gouttelettes orange métallisé. *Génial.*

Chapitre 13

La chute d'Alice

La lumière s'étale régulièrement sur l'herbe, les vaches sont de retour dans le pré après la traite et dans le ciel au loin, vers Buckingham, des nuages d'étain bosselé s'amoncellent dans le crépuscule. Gos est perché à vingt mètres sur la grille d'un puits et White semble très satisfait de lui-même. Il a résolu le grand mystère élémentaire de la fauconnerie : il sait désormais que l'autour reviendra vers lui s'il a faim. S'il est repu, il n'obéira pas. Il a fabriqué une filière avec un morceau de cordelette goudronnée, qu'il a même doublée parce qu'elle a tendance à casser, et l'a attachée à l'émerillon de Gos. Et maintenant il se tient ici, l'autour est là-bas, et il lui siffle un hymne pour le rappeler sur le poing.

L'éternel est mon berger.

Je ne manque de rien.

Il...

Il se frotte les yeux qui commencent à le piquer. Cela fait dix minutes qu'il siffle la vieille mélodie écossaise sur laquelle le psaume 23 a été mis en musique, mais il est difficile de siffler juste lorsque vous avez les lèvres sèches et que les moustiques commencent à attaquer.

L'éternel est mon berger. Je ne manque de rien.

À White, il manque quelque chose, il manque même beaucoup.

Il agite à nouveau la patte de lapin désarticulée qu'il tient dans son gant. *Allez, Gos ! Allez !* Il jette à nouveau les notes tristes de l'hymne dans l'air du soir. *Tu dresses devant moi une table, en face de mes adversaires.* Est-ce que l'autour le regarde ? Évidemment que oui. Pourquoi ne vient-il pas ? Il faut qu'il soit patient. L'autour va venir.

Il me fait reposer dans de verts pâturages. Cela fait une heure que White est là, debout. Parfois il abandonne et va s'allonger dans le pré parmi les vaches, puis il se redresse et retourne attendre que l'autour revienne sur le gant. Mais l'autour ne revient pas. White se rapproche à six mètres du puits, tend le poing et siffle à nouveau. Gos le regarde fixement. Il ne sait pas ce qu'il est censé faire. L'homme ne sait pas comment le lui apprendre. Les minutes s'étirent. L'attente devient insupportable. White attrape la filière et donne un coup. Puis il la tire vers lui, entraînant Gos de force. L'autour tombe au sol, y reste quelques secondes, puis s'envole sur la grille. White le refait tomber. Une fois. Deux fois. Trois fois. La quatrième fois, l'autour vaincu se dirige vers lui en marchant de-ci de-là entre les chardons. White recule. L'autour, désorienté, indécis, le suit. L'homme recule de plus en plus vite en agitant la patte de lapin. Gos se met à courir. « Sautant et sautillant, tout ébouriffé, l'horrible crapaud cahote à ma poursuite et ne s'envole que pour franchir les deux derniers de ces vingt mètres. » Plus tard dans la soirée, il le récompense en lui donnant de la viande de lapin. Ce jour a été un succès, du moins White le suppose-t-il. Il commence à comprendre comment mettre son oiseau en condition.

La condition d'un faucon « requiert une évaluation extrêmement fine, à laquelle ne peut parvenir que l'autoursier qui connaît son oiseau, celui dont l'esprit subconscient est en contact étroit avec le subconscient de l'oiseau », écrit White. C'était une révélation qu'il avait payée cher, et c'était une vérité. Quand j'observe Mabel, je vois qu'elle a atteint son poids de vol : c'est aussi évident pour moi que de constater que le temps a changé. Agitation, nervosité, tendance à se débattre et à vouloir s'enfuir de sa perche quand elle s'ennuie – tout cela disparaît quand elle pèse exactement neuf cent cinquante grammes, pour être remplacé par un calme cristallin, un flux de concentration parfaite, comme si tout en elle était parfaitement aligné.

Vous ne trouverez pas l'expression « poids de vol » dans les anciens livres de fauconnerie parce que les fauconniers d'antan ne pesaient pas leurs oiseaux. Ils estimaient leur condition en tâtant leurs muscles et leur bréchet et en observant leur comportement d'un œil aiguisé par l'expérience. Cela n'est pas facile. Il est pratiquement impossible à un fauconnier novice de comprendre les subtilités permettant d'amener un faucon en parfaite condition de vol. White n'avait ni balance ni mentor pour les lui enseigner : il dut apprendre les anciennes méthodes à ses dépens. Je sais qu'en un sens, peser son oiseau est une solution de facilité, une technique grossière par rapport à la compréhension intuitive qui venait de la connaissance intime des oiseaux. Cependant, je n'affaiterais pas un faucon sans utiliser une balance. Lorsque je dressais des merlins, de minuscules rapaces aux serres effilées comme des aiguilles et à la silhouette si vorace et délicate qu'ils ressemblent à d'incandescentes porcelaines de Meissen, je les pesais trois fois par jour. Je n'arrêtais pas de me poser des questions sur la valeur calorique relative de la viande de caille, de poulet ou de souris. Je pouvais dire combien de poids ils perdaient au bout d'une heure, de deux heures, de trois heures. Une différence de plus ou moins trois grammes et demi affectait la façon dont ils volaient. Le calcul n'a pas à être aussi précis avec un autour parce que Mabel pèse beaucoup plus lourd, mais il n'est cependant pas facile de juger quelle sorte de nourriture et quelle quantité lui donner pour qu'elle atteigne son poids de vol idéal. La table de la cuisine est jonchée de bouts de papier où j'ai noté des mesures et des calculs. Je suis convaincue de ne pas m'être trompée, je vais sortir me le prouver. À seize heures, nous allons sur le terrain de cricket de mon collège pour sa première leçon de « réclame ».

— Tout va bien se passer, Mabel. Ce sont les vacances. Il n'y aura personne, pas de chiens, pas de vaches, pas de joggeurs. Personne pour nous déranger.

Nous sommes sous l'avant-toit de chaume du pavillon de cricket, indécises. Derrière nous, un bosquet irrégulier de marronniers et de tilleuls et un fossé rempli de feuilles et d'eau. L'air est encore doux et envahi de mouches minuscules, le ciel terne et plat comme du cuivre mal astiqué. Il y a une désagréable saveur dans l'air, je ne sais pas trop si j'ai vraiment envie de rester là. De l'autre côté du terrain s'élève un bâtiment qui m'est familier, un Camelot victorien de briques rouges, de murs crénelés, de fenêtres à meneaux, flanqué d'une fine tour gothique. C'est là qu'est mon bureau, au dernier étage. Des livres, des papiers, une table, une chaise, un tapis de laine gris tourterelle. L'air y sent toujours la poussière surchauffée par le soleil, même en hiver quand le gel brûle les fenêtres et trace des ombres portées sur les vitres. Je regarde la façade inexpressive et repense à la lettre que j'ai envoyée ce matin à une université allemande pour leur dire que je ne pouvais accepter le poste qu'ils me proposaient pour cet hiver. Je leur disais que j'étais désolée, leur expliquais que mon père était mort et que je devais rester ici. Mais je n'étais pas désolée, et ce n'était pas là la raison de mon refus. *Je ne peux pas aller à Berlin en décembre, j'ai un autour à dresser*. Ambition, projets de vie : c'était bon pour les autres. J'étais aussi incapable d'imaginer l'avenir qu'un autour ne le peut. Je n'avais pas besoin d'une carrière. Je n'en voulais pas.

Des colombes blanches s'envolent du toit. Je les regarde battre des ailes contre le ciel. Soudain, une sensation de vertige. Quelque chose se déplace dans mon cerveau. Quelque chose de gigantesque. Puis tout ce que je vois s'effondre et se transforme. Je cligne des yeux. Tout me semble inchangé, ce qui est faux. Ce n'est pas mon collège. Rien ne me semble familier. Cela n'a même plus l'air d'être un collège du tout. Ce ne sont plus que des hectares de bâtiments, des boîtes de collection géantes en brique et en pierre, bourrées des détritus des siècles passés. Dans la chapelle sont peints des anges aux visages tous identiques, des anges étranges portant épée et brillant plumage préraphaélite. Un coq en bronze du Bénin dans la salle à manger et un squelette dans le placard du vestiaire des *fellows*, un vrai squelette jauni qui ne tient que par des vis et des morceaux de fil de fer torsadé. Derrière le bâtiment qui abrite mon bureau, une armée d'ifs taillés en forme d'absurdes monolithes érodés par le vent. Un cheval de bronze sur une pelouse, un lièvre sur une autre, un livre de métal retenu au sol par un boulet et une chaîne sculptée. Tout ici semble construit à partir d'éléments oniriques. Il y a quelques semaines, des étudiants ont installé des douzaines de lauriers en pot un peu partout pour un bal costumé sur le thème d'*Alice au Pays des merveilles*. Je les avais regardés attacher des fleurs dans les branches : des roses de papier de soie blanc et rouge vif.

Dans deux mois, mon contrat arrive à son terme. Dans deux mois, je n'aurai plus ni bureau, ni collège, ni salaire, ni maison. Tout sera différent. *Non, tout est déjà différent*, me dis-je. Quand Alice dégringole dans le terrier du Lapin avant de se retrouver au Pays des merveilles, elle tombe si lentement qu'elle a le temps de prendre des objets dans les armoires et les bibliothèques qui tapissent les murs et de regarder avec curiosité les tableaux et les cartes qui défilent sous ses yeux. Pendant les trois ans que j'ai passés ici comme *fellow* se sont succédé les cours magistraux et les journées en bibliothèque, les réunions avec les collègues et le tutorat des étudiants, les entretiens d'admission, les longues soirées passées à écrire des articles ou à corriger des essais, et de prestigieuses festivités cambridgiennes, tel ce dîner à la table des professeurs dans la grande salle éclairée aux chandelles, où nous avons dégusté du faisan au son des traditionnels *Christmas songs* tandis que des tourbillons de neige s'écrasaient contre les vitraux, que le porto circulait et que l'argenterie scintillait sur les grandes tables de bois sombre et verni. Mais aujourd'hui, sur le terrain de cricket, mon autour au poing, je sais que je n'ai pas cessé de tomber tandis que ces choses défilaient devant mes yeux. Je pouvais tendre la main et les toucher, je pouvais les prendre sur les étagères et les y reposer, mais elles ne m'appartenaient pas. Elles n'étaient pas véritablement à moi. Pendant sa chute, Alice regarde vers le bas pour voir où elle va atterrir, mais tout reste dans le noir.

Concentre-toi sur ce que tu es venue faire ici, me dis-je. *Tu as un autour à dresser.* Depuis la mort de mon père, j'ai des accès de déréalisation, des épisodes étranges pendant lesquels le monde devient méconnaissable. *Cela passera.* Mais ce qui vient d'arriver me donne la chair de poule. Mes doigts tremblent tandis que je passe le bout de la filière dans l'émerillon fixé aux extrémités des jets et que je l'attache avec deux petits nœuds de fauconnier. Je tire dessus pour vérifier qu'ils tiennent. Des nœuds et des liens. Réconfort matériel. Je donne cinq mètres de mou à la filière et enfonce le reste tout au fond d'une poche à fermeture Éclair pour qu'elle ne se déroule pas. Puis je tire sur la longe pour la libérer de l'émerillon et je la fourre dans une autre poche. Les gilets de fauconnier, comme ceux des pêcheurs ou des photographes, ne sont pas véritablement des vêtements, mais une série de poches cousues les unes aux autres. Sur ma hanche droite, il y en a une, doublée de vinyle, qui contient trois poussins morts, écorchés et grossièrement coupés en deux.

— Reste là.

L'autour saute sur la balustrade de la véranda et se retourne pour me faire face, ramassée sur elle-même, comme un boxeur. Je recule d'environ deux mètres, prends une moitié de poussin dans le gant, tends le bras et siffle. Aucune hésitation. Les griffes crissent sur le bois, les plumes s'écartent, un profond battement d'ailes vers le bas et elle relève ses serres dans un lent et lourd mouvement de balancier avant de frapper le gant d'un coup sourd. Quand elle a fini de manger, nous recommençons, et cette fois-ci, je me mets un peu plus loin, à deux mètres cinquante. Trois battements d'ailes. Nouvelle récompense. Pour une créature d'une intelligence tactique aussi fine que l'autour, ce n'est qu'un jeu d'enfant. La troisième fois que je la remets sur la balustrade, j'ai à peine le temps de me retourner qu'elle est déjà en l'air : un coup au cœur, je brandis le poing et elle est à mon côté, dévorant le reste de sa nourriture, la nuque hérissée, les ailes pendantes, les yeux brillants, une image du triomphe absolu. Je repasse la longe dans l'émerillon et je défais la filière. Ça suffit pour aujourd'hui. Elle a parfaitement bien volé. Je suis si contente de la façon dont s'est déroulée la leçon que, sur le chemin du retour, je lui donne la sérénade en entonnant les *Joies quotidiennes* – « Gaies robes claires, coiffures en nattes/Doux flocons blancs sur mon nez écarlate ». Je réalise soudain que c'est sûrement cela, le bonheur. Que je me suis souvenue de ce que c'était, et comment y parvenir. Pourtant, le soir même, assise dans le canapé devant la télévision, je remarque soudain que des larmes coulent sur mes joues et tombent dans mon thé. *Bizarre. Ça doit être la fatigue. Peut-être ai-je attrapé un rhume. Ou alors, je suis allergique à quelque chose.* Je m'essuie les yeux et me lève pour aller refaire du thé dans la cuisine où un lapin blanc décongèle, comme une peluche dans un sachet à scellés. Le néon tremblote de façon inquiétante, sans parvenir à choisir entre éclairer la pièce ou tomber définitivement en panne.

* * *

Cette étape du dressage consiste à apprendre à l'autour qu'il doit revenir immédiatement lorsqu'on lève la main et qu'on siffle. La clef du succès, c'est qu'il réagisse immédiatement. S'il ne revient pas tout de suite, il est inutile d'attendre indéfiniment, de siffler et de l'appeler. Il vaut mieux interrompre la séance et la remettre à plus tard – ce que White ne savait pas, et qui rend le récit de sa première tentative pour dresser Gos au réclame si douloureux à lire. Ce qui me perturbait le plus dans ce lamentable épisode cependant, ce n'était pas l'attente, qui n'apprenait rien à l'autour, ni le coup sadique donné sur la filière, qui avait précipité le pauvre Gos sur le sol. Ce n'est même pas le fait que White ait tellement attendu pour récompenser son autour que ce dernier ne pouvait pas comprendre que la nourriture était précisément la récompense. Ce qui m'avait le plus choquée, c'était le fait qu'une fois que l'autour s'était décidé à marcher vers lui, White s'était éloigné en courant.

Deux jours plus tard, il y retourne et recommence. Gos est à nouveau sur la grille et White à une trentaine de mètres de là, sifflant et agitant un demi-steak acheté chez le boucher. Il le supplie. Il l'appelle sur tous les tons : impérieux, flatteur, urgent, dément, doux, désespéré, furieux. « Allons, allons. Ne sois pas stupide, viens ici. Sois gentil, Gos. Gossy-Gossy-Gos. » Au bout de dix minutes, Gos se décide à voler. Mais la joie de White tourne vite à l'horreur, car ce qui se rapproche de lui n'a plus rien d'un oiseau. C'est « un Richard III aviaire et bossu », un horrible crapaud volant dont les yeux incandescents comme deux phares de voiture ne sont pas fixés sur le poing tendu mais, *oh mon Dieu !*, sur son visage nu, sans défense. Il est pris de panique. Gos l'avait blessé quelques minutes plus tôt en sautant sur son épaule et en lui enfonçant ses griffes dans le cou. Il y avait eu du sang. Une douleur aiguë. Il se souvient de la force du coup, de la douleur, des réserves de patience qu'il lui avait fallu trouver pour ne pas jeter l'oiseau au sol et le tuer, pour attendre, se contenter d'attendre que l'autour relâche sa prise. *Gos se rapproche.* Il est à cinq pas. Presque sur lui. Ses yeux immenses fixés sur les siens. *Quand je marche dans la vallée de l'ombre de la mort, Je ne crains aucun mal.* Il ne peut plus le supporter. Il flanche. Il ferme les yeux et se baisse. Complètement désorienté, Gos vire pour se poser dans un arbre, rate son atterrissage et retombe maladroitement dans une haie.

White se redresse, récupère l'autour, retourne le poser sur la grille et reprend la leçon. Cette fois-ci, il sera brave. *Cette fois-ci.* Tandis que l'autour s'approche, il retient sa respiration et s'efforce de ne pas bouger :

> Je raidis les muscles de mon torse pour ne pas trembler. C'en est trop. Quand le rapace arrive à deux mètres, l'humain redevient le lâche qu'il est viscéralement. Il se recroqueville vers la droite, détournant le regard de ces yeux massacreurs, arrondit le dos, incapable de rester droit. Gos me bondit sur l'épaule avec détermination avant de redescendre rapidement le long de mon bras et de se jeter sur ce morceau de bœuf.

Il avait fait tant d'efforts pour ne pas être un lâche. C'est pour cela qu'il était parti à la chasse avec l'équipage de Grafton, qu'il avait appris à piloter, qu'il avait fait le tour de la jetée de Saint-Leonard à la nage quand il était enfant et qu'il avait plongé depuis le plus haut plongeoir de la piscine du pensionnat. Il ressent à nouveau cette vieille horreur nauséeuse. *Incapable de rester droit.* Il faut qu'il soit courageux. Quand il était petit, sa mère l'avait enjoint de « grandir et de devenir un homme fort, courageux et honorable », ce qui l'avait conditionné à craindre d'être tout le contraire. « Je me sentais incapable de posséder la moindre de ces nobles qualités », avait-il écrit. Aujourd'hui, c'était donc l'épreuve de la virilité. Reprenant son courage à deux mains, il appelle

Gos une nouvelle fois, de quarante mètres de distance, et cette fois-ci il reste droit, même si la terreur coule dans ses veines. Il est fier de l'autour qui a franchi quarante mètres, fier de lui-même qui n'a pas flanché. C'est une victoire qu'il faut célébrer, et le soir même, il se saoule. « Je crie à plusieurs reprises *prosit,* et écluse la boisson brûlante du triomphe. Je bois à la damnation de mes ennemis et fracasse les verres sur le sol. »

Cela fait quinze jours que mon autour est arrivé. Je me suis lavé les cheveux, un peu maquillée, j'ai enfilé une tenue présentable (c'est-à-dire des vêtements qui ne sont pas saupoudrés de fientes séchées) et je suis partie avec Mabel à un déjeuner à la résidence du doyen du Jesus College. À quatorze heures dix, je me retrouve assise à une longue table installée sur un magnifique gazon anglais bien abrité des regards, et j'improvise une conférence sur la fauconnerie pendant que Mabel décortique la cuisse de lapin que je tiens dans mon gant. Le doyen, un homme vif et avenant, dans son impeccable costume sur mesure, m'écoute avec concentration. À côté de lui se tient sa mère, qui semble véritablement amusée, ses petits-enfants tout autour d'elle. Et à côté d'eux, l'épouse du doyen, une avocate brune et élégante, un verre de vin à la main. Nos regards se croisent, elle m'adresse un grand sourire. Deux jours auparavant, sur le chemin du supermarché, je l'avais entendue m'appeler et je m'étais retournée pour la voir descendre de sa bicyclette avec l'élégance d'une cavalière confirmée. Nous avions discuté un moment dans l'ombre irrégulière d'un arbre, avant que je ne me retrouve à boire le thé dans sa cuisine.

— Nous organisons un déjeuner samedi prochain, Helen, simplement pour la famille, dans le jardin s'il fait beau. Ce qui serait merveilleux, a-t-elle ajouté en inclinant la tête de côté, c'est que vous veniez en début d'après-midi avec votre autour. Il paraît que vous l'entraînez sur les terrains du collège. Nous serions ravis de faire sa connaissance.

Elle a débouché un marqueur noir pour écrire HELEN GOSHAWK sur un tableau blanc, puis elle a hésité avant de se retourner vers moi.

— Quatorze heures ?

— Quatorze heures.

Elle l'a noté d'une écriture élégante puis m'a souri.

L'autour donc mange sa beccade, la conversation se poursuit, de larges pans de soleil pâle tombent sur les murs anciens, le pépiement des hirondelles descend comme un lointain tintement de verres, et je suis emplie d'admiration. *Que cet endroit est beau !* me dis-je, et comme il est incroyable que je me retrouve ici, moi qui ai fait toute ma scolarité dans une école publique, dont les parents ne sont pas allés à l'université et qui ont toujours considéré Cambridge comme un mystérieux repaire de gens snobs et d'espions.

— Tu es certainement une espionne, me disait souvent mon père. C'est forcé.

Il m'avait observée quand j'étais petite, rôdant aux alentours avec mes jumelles, restant cachée pendant des heures dans les fourrés et les arbres. J'étais l'enfant invisible. Taillée sur mesure pour une vie secrète.

— Non, absolument pas, lui répondais-je pour la centième fois. Non !

— C'était évident que tu allais dire cela.

Et il riait, ravi, parce que je ne pouvais pas le persuader du contraire.

— C'est un boulot, papa ! disais-je, en levant les yeux au ciel. J'enseigne l'anglais et l'histoire des sciences. Je travaille en bibliothèque, je lis des livres, je fais des recherches. Un point c'est tout. Je ne suis pas un personnage de John Le Carré.

— Non, mais tu *pourrais.*

Il ne plaisantait qu'à moitié, comme l'indiquait son insistance.

Mon père avait savouré l'idée que je puisse être un agent secret, parce que c'était une vie qu'il comprenait et qui était extrêmement proche de la sienne. Un jour, il m'avait donné un appareil photo miniature. « Il faut des pellicules spéciales », m'avait-il dit avec jubilation en ouvrant l'arrière de l'appareil pour me montrer où installer le rouleau minuscule, dans un emplacement pas plus grand qu'une boîte d'allumettes. Au fil du temps, il avait bricolé des flashes à infrarouges pour photographier la faune nocturne. Il avait planqué près de la garçonnière de certains ministres, traqué et photographié les convois ferroviaires secrets qui transportaient de nuit des déchets nucléaires, escaladé des barrières et introduit des appareils photo dans des endroits où ni lui ni ces objets n'auraient jamais dû se trouver. Patienter, enquêter, ruser et prendre des clichés. La façon dont les historiens gagnaient leur vie lui semblait bien plus mystérieuse que celle des espions.

Ma vue se brouille. Nous portons les vies que nous avons imaginées de même que celle que nous vivons, et parfois, nous faisons le compte de toutes celles que nous avons perdues. Ce déjeuner d'été s'éloigne. Je ne peux le retenir. Le brouillard progresse, venu du terrain de rugby qu'arpentait Prideaux. De lentes expirations blanches. Un silence dans ma tête, qui devient plus bruyant. « Je ne suis pas une espionne, je suis historienne », avais-je répété à mon père. Mais à bien regarder tous ceux qui m'entourent, fascinés par l'autour, il semble que je ne sois même plus cela. *Je suis le Bouffon,* me dis-je avec morosité. *J'étais un enseignant-chercheur. Une vraie universitaire. Maintenant je porte l'habit multicolore. Je ne suis plus Helen, je suis la femme à l'autour.* Mabel, quant à elle, continue à déchiqueter son morceau de viande. Des guêpes tournent autour d'elle comme des électrons. Elles se posent sur ses pieds, sur son bec, cherchent des fragments de viande à rapporter dans leur nid de papier, quelque part dans un grenier de Cambridge. L'autour disperse les insectes à coups de bec et je regarde leur abdomen rayé jaune et noir tournoyer en l'air avant qu'ils ne se rétablissent et ne reviennent tout près d'elle. Ce déjeuner d'été me semble terriblement irréel. Impression de nappes damassées et d'argenterie. Une photogravure dans un album. Un passage d'Agatha Christie, d'Evelyn Waugh, d'un autre temps. Mais les guêpes sont réelles. Elles sont d'ici et de maintenant. Ainsi que Mabel, l'astre autour duquel elles tournent. Quant à moi, je ne sais pas. Je me sens creuse, inhabitée - un nid de guêpes vide et éthéré, un objet de papier mâché où le gel a tué toute vie.

Parfois nous faisons le compte de toutes les vies que nous avons perdues, et parfois c'est nous-mêmes qui les réduisons en cendres. Le soir, enveloppé dans la douce blancheur fluorescente de sa lampe tempête, White met à mort sa propre vie. Ce meurtre est un roman qu'il a commencé à Stowe et qui est désormais presque achevé. Il s'intitule *You can't keep a good man down (« À cœur vaillant rien d'impossible »)* et c'est l'histoire du déclin et de la chute d'un directeur d'école privée, un certain docteur Prisonface, un homme terrorisé par la vie. Ce personnage est un caméléon, un miroir qui n'existe que dans le reflet qu'il projette dans le regard d'autrui. Il perd son poste de directeur. Il courtise la serveuse du pub, une silhouette androgyne aux cheveux noirs, mais elle le rejette. Il s'enfuit, paniqué par les avances que lui fait la mère de cette jeune femme. Il pilote avec des aviateurs saouls qui comptent parmi leurs ancêtres des poètes romantiques. Il essaie d'apprendre à des magnats hollywoodiens comment l'on devient un gentleman et subit l'humiliation de les voir massacrer la grouse à la mitraillette. Ce roman est une satire cinglante du système éducatif anglais et du culte du gentleman. C'est aussi un exorcisme psychologique, un récit caustique écrit pour se débarrasser de sa vie antérieure. White a créé Prisonface afin de le faire souffrir, de le punir, de se moquer de lui, de le plonger dans la misère et de le voir mourir. Directeur d'école réduit à la condition de répétiteur, puis d'ouvrier agricole et enfin de mendiant, il échoue dans tout ce qu'il entreprend. Tous ceux qu'il rencontre en chemin lui claironnent qu'il n'est qu'un bon à rien sans substance, sans oublier le narrateur qui ne perd jamais une occasion de l'accabler.

À la fin du livre, malade et sans abri, Prisonface rencontre un homme mystérieux sur une route de campagne. Ce dernier a un visage saturnin aux traits étrangement sculptés. Il marche dans l'obscurité, un chien noir à ses côtés. C'est une figure d'une douceur surnaturelle : Prisonface se sent attiré par lui, par son pouvoir où il reconnaît « la sagesse de la certitude, le bonheur de la réalité, la maîtrise de la droiture ». Lui aussi a été directeur d'école dans le passé, à un endroit appelé Golden Gates, mais il l'a quitté car il ne supportait plus les autres professeurs. Il est désormais marié et vit dans un cottage au fond des bois. Il est heureux. Cet homme représente la vision que White se fait de son futur Moi - un White libéré, un White triomphant, un homme qui assène à Prisonface des sermons de plusieurs pages sur les tares du système scolaire : « Quiconque aura passé deux mois à apprivoiser un autour en sachant que le moindre regard de colère risque d'être fatal à l'entreprise trouvera très extraordinaire qu'on puisse éduquer la psychologie complexe d'un humain à coups de fouet. »

Assis près de sa lampe, White finit de rédiger les pages qui sont peut-être les moins cruelles, les plus humaines de tout le livre. Il s'adresse à son Moi passé avec pitié et compassion.

— Vous êtes retourné à l'école volontairement après l'université parce que vous aviez encore besoin d'aller à l'école, parce qu'il vous restait quelque chose à trouver. Vous vous êtes réfugié sous les ailes de la poule parce que vous étiez encore un poussin trop petit, et parce que vous cherchiez encore quelque chose : vous avez besoin du talisman qui vous permettrait de partir.

— Que suis-je donc en train de chercher ?

— Vous ne le saurez que lorsque vous l'aurez trouvé.

— Est-ce la sagesse ou la virilité ?

— Peut-être est-ce l'amour.

Peut-être est-ce l'amour. Peut-être. Je l'imagine écrivant ces lignes dans sa petite cuisine, la lumière répandue comme de l'eau sur la toile cirée, la nuit pressant contre la fenêtre. Dans quelques instants, il ravivera le feu. Mais d'abord, il va encore écrire un peu. Son autour dort. Les feuilles des arbres qui bordent les *ridings* sont immobiles ce soir, rien ne bouge dans le bois de Three Parks, dans le bois de Stowe, dans le bois de Sawpits, ni au-delà sur les étangs de Black Pits, où la carpe dort dans les eaux profondes. Ici, tout est paisible. Il est un homme mauvais. Un homme libre. Un homme rejeté, un homme déchu. *Féral. Féroce. Féerique.* Un homme satisfait de son sort. Il pose son stylo pour se verser un autre verre puis le reprend et se remet à écrire : le docteur Prisonface demande à l'homme mystérieux comment il s'appelle. Lucifer, répond-il. Lucifer, le porteur de la lumière, l'ange déchu, le diable incarné.

Chapitre 14

La ligne

Le visage de Christina arbore une expression inhabituelle. Elle ne paraît ni heureuse ni malheureuse. Tendue, certainement. Déterminée, ambivalente, courageuse. Aujourd'hui, elle m'a accompagnée pour voir l'autour voler et, sous l'inspiration du moment, j'ai décidé de la recruter comme apprenti fauconnier. Au cours des derniers mois, elle a supporté avec beaucoup de bonne grâce les comportements bizarres que la douleur m'impose, mais rien ne pouvait l'avoir préparée à cela.

— Le problème, c'est que je ne peux pas m'éloigner suffisamment vite, lui ai-je expliqué. Elle s'envole pour me rejoindre dès que je commence à partir. Il faut pourtant qu'elle revienne de beaucoup plus loin avant que je puisse la lâcher. Est-ce que tu pourrais me la tenir un peu plus loin sur le terrain pour que je puisse la réclamer à distance ?

— Va falloir que tu me montres, me répond-elle en pâlissant.

— C'est vraiment facile.

Je lui donne mon gant de rechange, pose l'autour sur son poing et lui fais plier les doigts de la bonne manière afin qu'elle puisse tenir les jets.

— Tourne-moi le dos - oui, comme ça, parfait. Comme ça, elle ne peut pas me voir. Je vais marcher jusque là-bas. Quand je crie OK, tourne-toi vers la droite, tends le bras et ouvre la main pour qu'elle puisse s'envoler.

Elle se mord les lèvres et acquiesce.

— Ne te trompe pas de côté. Il ne faut pas que la filière se prenne dans tes jambes.

Elle tient l'autour avec autant de concentration et de précaution que s'il s'agissait d'une carafe pleine d'acide. Le dos droit, immobile, calme, petite silhouette à quinze mètres de moi, en jean noir serré, tee-shirt et baskets rouge vif.

— OK.

Christina se tourne. Mabel bondit vers moi, entraînant la filière derrière elle. Elle vole si bas que le bout de ses ailes frôle presque le gazon. À chaque profond battement d'ailes, son corps s'arque et ondule mais ses yeux et sa tête restent parfaitement immobiles, comme stabilisés par un gyroscope, fixés sur mon gant. Le dessous de ses ailes lance un éclair argenté quand elle les ouvre largement, elle étale la queue en éventail et relève ses pieds pour arriver, serres en premier, et frapper le gant comme un kickboxeur.

— C'était bien ? lance Christina.

Je lève le pouce, elle me répond de même. Pendant un instant, on dirait deux officiers d'appontage sur un porte-avions. Nous recommençons. Plusieurs fois. Le lendemain, comme il pleut des cordes, nous faisons voler Mabel librement dans mon salon. Elle fait des allers-retours entre nous deux au-dessus du tapis, en passant devant le miroir et sous la lampe. Le courant d'air créé par ses ailes fait osciller la suspension. Au bout de quatre jours, elle revient sur le poing de plus de vingt mètres. Elle s'envole sans la moindre hésitation, qu'elle soit au sol, sur le poing de Christina, sur une branche d'arbre ou sur le toit du pavillon.

— Merci beaucoup, vraiment, de m'avoir aidée, lui dis-je un soir alors que nous repartons du terrain de cricket. Tu sais, je crois que nous y sommes presque. Le jour où elle reviendra d'une distance de cinquante mètres, je la lâcherai.

Cette perspective me remplit d'une joie trépidante et aiguë. *Je ne dois pas me précipiter. Je ne peux plus attendre.*

J'avais dressé de très nombreux rapaces à revenir au rappel, mais réclamer Mabel avait quelque chose de différent. J'étais là, je levais le gant et poussais un sifflement qui signifiait : *Viens, s'il te plaît. C'est ici que je veux que tu sois. Vole vers moi. Ne regarde pas les nuages majestueux, le vent qui incline les arbres derrière toi. Fixe-toi sur moi et vole, de l'endroit où tu es à l'endroit où je me tiens.* Et j'entendais les battements de mon cœur. Je voyais l'autour se ramasser sur lui-même et s'envoler. Je le voyais sauter de sa perche et filer vers moi, et j'en avais le cœur au bord des lèvres. Même si Mabel avait toujours sa filière, je craignais la défaillance, je craignais le virage, la peur soudaine, l'autour qui s'enfuit. Mais les ailes qui battaient la ramenaient tout droit vers moi et le choc de ses serres s'agrippant sur le gant était un miracle. Un miracle renouvelé qui signifiait : *J'ai choisi d'être ici. Je renonce à l'air, aux forêts et aux champs.* Il n'y avait rien qui puisse autant soulager mon cœur en deuil que l'autour revenant sur mon poing, mais il m'était désormais difficile de distinguer entre mon cœur et l'autour. Quand Mabel était perchée à vingt mètres de moi sur le terrain de cricket, une partie de moi-même restait là-bas avec elle, comme si quelqu'un s'était emparé de mon cœur pour l'emporter à cette distance. Cela me rappelait les enfants de *À la croisée des mondes*, la série de romans fantastiques de Philipp Pulman, dans laquelle chaque personne a son propre *daemon*, un animal qui est la manifestation visible de son âme et qui l'accompagne partout. Quand les personnages sont séparés de leur *daemon*, ils souffrent. C'était un univers très proche du mien. Je me sentais incomplète si l'autour n'était pas sur mon poing : nous étions une partie l'une de l'autre. Le deuil et l'oiseau avaient conspiré pour établir cette étrange situation. Je savais qu'elle reviendrait comme je savais, de manière aussi élémentaire et absolue, que la gravité fait tomber les objets. Le sentiment que le retour de l'oiseau faisait partie de l'ordre du monde était si profond que lorsque les choses se sont mises à ne plus fonctionner ainsi, c'est l'ensemble de l'univers qui s'est détraqué.

Elle s'est envolée du poing de Christina avec toute la joie et la certitude du monde. Je la regarde s'approcher et anticipe avec bonheur le solide *tchac* avec lequel elle va atterrir sur mon gant. Mais cela ne se produit pas. Tendant un pied griffu vers le bas, elle essaye d'attraper la beccade que je tiens et continue à voler, vite, et à s'éloigner de moi. Je ressens son échec, le sentiment de ne pas avoir obtenu ce qu'elle voulait, et je sens aussi que ce qui vient de se passer l'a déroutée, qu'elle s'éloigne de cet incident, et de moi-même, à tire-d'aile. J'attrape la filière et je cours avec elle, tirant progressivement dessus jusqu'à ce qu'elle soit forcée de se poser au sol, la nuque hérissée, les serres plantées dans le gazon, le bec ouvert, haletant de fureur. Je tends le poing, elle s'y pose instantanément comme si rien de tout cela n'était arrivé.

— Elle a dû avoir peur de quelque chose. On va réessayer.

À nouveau l'autour s'approche, volant vite et bas, à nouveau elle frôle le gant sans s'arrêter. À nouveau, je dois la forcer à se poser.

— Pourquoi fait-elle cela ?

— Je n'en sais rien. Je n'en ai pas la moindre idée.

Cela ne m'est jamais arrivé. Au fil des années, j'ai eu des faucons qui m'ignoraient. Des faucons qui me tournaient le dos. Des faucons qui volaient à contrecœur, qui volaient mal, qui ne volaient pas du tout. Cela ne m'avait jamais inquiétée. Ils n'étaient pas à leur poids de vol, tout simplement, et c'était un problème facile à régler. Mais cela n'a rien à voir. Voici un autour qui a une envie folle de voler vers moi mais qui, au dernier moment, semble terrifié à l'idée de se poser sur mon poing. C'est incompréhensible. Je téléphone à Stuart.

— Je ne sais pas ce qui ne va pas. Est-ce qu'elle a besoin d'être affaitée davantage ? Est-ce qu'il faut que je l'abaisse ?

Je suis perdue, comme une enfant.

Un long silence ; un soupir encore plus long.

— Tu la nourris avec des poussins ?

— Oui.

— Il faut que tu arrêtes. C'est trop riche, comme nourriture, à ce stade. Elle va bientôt être en condition, elle y est presque. Donne-lui simplement du lapin. Cela ne lui fera pas de mal, et cela réglera le problème.

Le peu de confiance qui me restait en ce monde reposait sur le fait que l'autour acceptait de voler vers moi. Or, à présent, elle avait peur d'atterrir sur mon poing. *Elle ne me faisait plus confiance*. Et je ne pouvais expliquer à Stuart l'horreur que je ressentais. Je l'ai remercié. Je lui avais demandé un conseil et il m'en avait donné un, simple et précis - *tel problème, telle solution*. Mais je ne le croyais pas. *Ça ne peut pas être qu'une question de régime. J'ai fait quelque chose de mal,* ai-je pensé, démoralisée. *Quelque chose de terrible.*

Le lendemain, une bande de gallinules poules d'eau sort du petit bois touffu qui s'étend derrière le pavillon. Elles courent dans tous les sens sur le terrain de cricket comme un groupe de souris noires emplumées. Des gallinules ! Des oiseaux ne sachant ni bien voler ni courir vite, des proies si faciles pour un autour que les fauconniers qui se respectent évitent de les chasser. Mabel, qui n'en a jamais vu, les regarde comme si elles avaient été placées là pour sa délectation personnelle par la volonté d'une divinité bienveillante. Cela ne me surprend pas. J'ai déjà découvert que toutes sortes de taxonomies prédatrices sont enfouies dans le cerveau d'un poussin autour. Quelques jours plus tôt, je l'ai vue regarder un petit dessin représentant des perdrix sur la page d'un livre que j'avais laissé ouvert sur le sol. Intriguée, je l'ai ramassé et le lui ai présenté. Elle a gardé les yeux fixés sur l'image, même lorsque j'ai déplacé le livre devant elle. *Pas possible ! Impossible !* C'était un dessin à la plume, stylisé et simplifié, représentant la silhouette et les traits caractéristiques de la perdrix, mais sans couleur ni détails. J'ai feuilleté le livre pour lui montrer d'autres illustrations : pinsons, mouettes, grives. Elle les a toutes ignorées. Puis je lui ai montré un faisan. Ses pupilles noires se sont dilatées. Elle s'est penchée en avant et a fixé l'illustration, aussi fascinée qu'elle l'avait été par les perdrix. J'étais abasourdie qu'elle puisse comprendre des images en deux dimensions, et encore plus abasourdie que quelque chose de profondément enfoui dans son cerveau ait classé ces quelques traits incurvés tracés à la plume dans la catégorie « gibier » et donc digne d'intérêt.

Pile à ce moment, j'entends un gloussement doux et de petits pépiements. Mabel tourne la tête, moi aussi, et nous voyons juste là, à trois mètres de nous, une poule faisane et une file de petits au plumage à moitié développé se faufiler sous une barrière pour pénétrer sur le terrain. La faisane aperçoit Mabel et s'arrête net. C'est la première fois qu'elle voit un autour, mais elle perçoit instantanément le danger. Elle se tapit pour prendre son envol, réalise que cela lui fera abandonner ses poussins, puis envisage de se plaquer sur le sol et de faire semblant d'être une pierre. Mais le temps qu'elle réalise la futilité de cette ruse – son plumage beige ne la camouflera absolument pas dans l'herbe ensoleillée, et de toute façon, l'autour l'a déjà repérée –, l'enfer se déchaîne. La faisane étend son cou, fait bouffer les plumes de ses joues et, le bec ouvert par la panique, elle s'élance vers le terrain de cricket. Ses petits la suivent désespérément, tels six dinosaures mécaniques et pataudes. Je n'en reviens pas : il n'y a aucun refuge dans cette direction, nul endroit où se cacher, à moins qu'elle ne pense que disperser ses poussins parmi les gallinules augmentera mathématiquement leurs probabilités de s'en tirer.

Mabel. Oh, mon Dieu ! Mabel. Elle cherche à s'envoler et bat si fort des ailes qu'elle se maintient à l'horizontale dans l'air. Je sens le froid du vent sur mon visage, mon poing entraîné vers les faisans en fuite. Elle revient sur ma main, le bec ouvert, le souffle court, et me fixe d'un regard chauffé à blanc par la colère, puis tente à nouveau de s'envoler vers eux. *Pas ici, pas maintenant ! Mabel ! Je ne peux pas. Je ne peux pas te laisser en attraper un. C'est interdit par les lois de Dieu, des Hommes... et du Collège.*

J'essaie de la garder sur mon poing, ce qui revient à tenter de maintenir en équilibre une pile de précieuses assiettes en porcelaine. J'exécute une habile volte-face pour lui cacher les faisans et, d'une voix excessivement polie, celle que je réserve aux moments de stress extrême, je demande à Christina d'avoir la gentillesse de « bien vouloir repousser les faisans vers le bois. Ainsi que les gallinules, s'il te plaît ». Elle sourit, rabat la faisane et ses petits vers le jardin au-delà de la barrière, puis elle s'élance en courant vers les gallinules. Pendant ce temps, Mabel reste sur la pointe des pieds, elle se dresse et se contorsionne pour regarder par-dessus mon épaule dans la direction des oiseaux, tandis que j'essaie de les lui cacher sans y parvenir. Je tourne la tête et vois Christina traverser le terrain en courant et en battant des bras, pourchassant des douzaines de gallinules qui s'élancent vers le bois, les ailes tendues comme des petits garçons qui jouent à l'avion. Je pique un fou rire incontrôlable. C'est absurde. Je me cramponne à l'oiseau de proie le plus féroce de toutes les îles britanniques pendant que quelqu'un fait s'enfuir son gibier. *Mon Dieu, si l'un de mes amis fauconniers apprend cela un jour, il ne m'adressera plus jamais la parole.*

Une fois le terrain débarrassé de toutes les tentations, j'entraîne Mabel comme d'habitude. La première fois, elle revient parfaitement sur le poing d'une distance de trente mètres. Mais à la deuxième et à la troisième tentative, elle donne un violent coup de ses deux pieds sur le gant, se guinde, essaie de virer à mi-hauteur, perd l'équilibre, décroche puis se pose au sol à quelques mètres, haletante, les ailes tombantes, comme si elle allait exploser. Je ne ris plus du tout. Je sais désormais pourquoi la grossièreté des autoursiers est légendaire. Je me mets à jurer. C'est ma faute si cela se passe ainsi. Je le sais. Je me déteste moi-même. J'essaie de garder mon calme. Sans succès. *Merde. Merde. MERDE.* J'ai horriblement chaud, je suis horriblement contrariée, je repousse les cheveux qui me tombent dans les yeux d'une main tachée de sang de lapin, je jure comme un charretier et, pour couronner le tout, j'aperçois un homme en chemise blanche et gilet noir qui se dirige à grands pas vers Christina, précédé de son ombre noire. C'est l'un des portiers du collège et il n'a pas l'air content, comme le montre son attitude. Je suis trop loin pour entendre ce qu'ils se disent, mais Christina me désigne de la main. Je suppose qu'elle explique que je ne suis pas un vulgaire intrus, mais un authentique membre de ce collège, et que je ne fais rien de répréhensible.

À son comportement, je n'ai pas l'impression qu'il la croie.

Je m'approche. Ils se taisent. Il me reconnaît. Moi aussi. Je lance un *Bonjour* enjoué. Je lui explique ce que je fais avec un autour sur ce sacro-saint terrain de cricket.

— Hmm, dit-il, tout en examinant Mabel d'un œil soupçonneux. C'est avec ça que vous voulez attraper des étudiants ?

— Seulement s'ils font des bêtises.

Et je chuchote sur le ton de la confidence :

— Donnez-moi des noms.

C'était ce qu'il fallait dire. Il éclate de rire. L'autour le fascine, il voudrait en savoir davantage, mais il est de service et le devoir l'appelle. « Excusez-moi », dit-il, et, carrant les épaules, plissant les yeux pour éviter d'être ébloui, il fonce vers un groupe de touristes qui ont malencontreusement décidé de pique-niquer au coin du terrain de rugby.

Je l'ai fait voler plus tard dans la journée. Je l'ai fait voler plus tôt. Je lui ai donné du lapin écorché, du lapin avec sa fourrure. Je lui ai donné des poussins vidés, plumés et rincés à l'eau. J'ai abaissé son poids. Je l'ai remonté. Puis abaissé à nouveau. J'ai essayé de m'habiller différemment. J'ai tout essayé pour résoudre le problème, tout en étant certaine qu'il était insoluble, car le problème, c'était moi. Parfois elle venait directement sur le poing, parfois elle le survolait tout droit. Il n'y avait aucun moyen de le savoir à l'avance. Chaque vol était un jeu de hasard monstrueux, un pile ou face dont l'enjeu ressemblait fort à mon âme même. J'ai commencé à me dire que ce qui poussait l'autour à m'éviter était la même chose qui avait mis en fuite l'homme dont j'étais tombée amoureuse après la mort de mon père. Je me suis mise à penser que quelque chose en moi ne tournait pas rond, quelque chose de mauvais que seul cet homme et l'autour avaient perçu. Et tous les soirs, j'écrivais dans le journal que j'avais commencé depuis l'arrivée de Mabel. Des notes laconiques, impersonnelles, concernant la météo, le comportement de l'autour, des mesures de poids, la vitesse du vent, son régime alimentaire. On aurait dit des bulletins aéronautiques, des textes à diffuser d'un ton précis depuis le toit du ministère de l'Air.

> 950 g. Vent léger, temps ensoleillé. 16 heures. 4 vols de 30 mètres, réagit rapidement, même si refus de se poser les deux dernières fois. Poussins rincés.

Mais le ton changeait :

> 950 g. Temps clair, petite brise. 16 h 30. 3 vols de 35 mètres : refuse à chaque fois. Horrible. Lapin ???!!

Et je ne parlais plus seulement que de l'autour :

> Maussade. Migraine. Difficile de sortir aujourd'hui. Malade ? 940 g. Lapin. 3 vols 25 m. Refus au dernier vol : pourquoi ? Dois trouver solution. Qu'est-ce qui est foireux ?

> Soleil et vent fort. 16 heures. Lapin, mais comme hier : 20 mètres OK, puis 2 refus à 25 m 940 g. Fin de journée horrible, des gens à voir donc faire semblant que tout va bien et ainsi de suite. CASSEZ-VOUS ET LAISSEZ-MOI TRANQUILLE.

Ma colère était immense et ne provenait de nulle part. C'était la rage que suscite quelque chose qui ne s'emboîte pas bien, un objet qui n'entre pas dans une boîte un tout petit peu trop étroite. Vous essayez de le faire pivoter en espérant que, sous un certain angle, il finira par entrer. Mais peu à peu grandit la crainte que cela soit impossible. Puis vient la certitude que l'objet n'entrera pas, qu'il n'y a aucun moyen de le faire tenir dans cette boîte, mais cela ne vous empêche pas d'essayer de passer en force, quitte à écraser ce fichu truc qui ne veut pas entrer. Voilà ce à quoi mon sentiment pouvait se comparer, sauf que j'étais tout à la fois la boîte, l'objet qui ne pouvait pas y entrer, et celle qui s'acharnait sans y parvenir, les mains meurtries et ensanglantées.

La rage était tapie en moi, un rien pouvait la provoquer. Un matin de semaine, je me traîne en ville sous un ciel couleur de ciment frais pour rencontrer un étudiant ouzbek avec qui j'ai travaillé l'hiver précédent lors d'un voyage d'études en Asie centrale. Un homme calme et précis, un type sympathique. J'avais campé avec lui dans des déserts glaciaux, mangé des coings farcis de viande d'agneau dans des petites baraques le long de la route de la soie, j'avais atteint avec lui la rive du Syr-Daria. Il était récemment arrivé à Cambridge et voulait me voir. Nous nous asseyons dans un café. C'est quelqu'un que j'apprécie. Je sais que je devrais discuter avec lui, mais je ne me rappelle plus comment faire. J'essaie de dire quelques mots, qui sonnent complètement faux. Je me force à sourire et je détourne la tête vers la vitre en essayant désespérément de me rappeler comment on mène une conversation. Et c'est alors que, de l'autre côté de la rue, dans la vitrine d'une banque, je vois une femme en uniforme gris, debout pieds nus sur une chaise, le bras levé pour décoller un grand poster autocollant représentant une alouette qui chante - une affiche publicitaire pour une offre de crédit. La promotion étant terminée, exit l'alouette. La femme gratte avec ses ongles pour décoller un coin du bec, puis elle arrache le poster en commençant par la tête. Centimètre par centimètre, l'oiseau disparaît. Tout d'abord il est décapité, ses ailes imprimées encore largement étendues sur la vitrine, puis l'une après l'autre, elles aussi sont arrachées, charcutées à l'aide d'une raclette en plastique jusqu'à la dernière plume de la queue. Pour finir, la femme froisse l'alouette entre ses mains et jette la boule de papier par terre.

Fureur aveugle, froide, frémissante. Je la sens monter en moi. Cette femme, je la déteste. Je voudrais me précipiter dans la banque, l'injurier, ramasser la boule de papier froissé qui a été une alouette et la rapporter chez moi. La défroisser, la mettre à l'abri. En face de moi, mon ami ouzbek me regarde avec la même expression de sollicitude et d'incompréhension que le serveur du restaurant, le soir où mon père est mort. Ce qui ajoute encore à ma colère. Je suis en colère contre cette femme qui a déchiré l'alouette et en colère contre cet homme sympathique qui n'a rien fait pour me mettre dans cet état. Je marmonne une piètre excuse :

— Les choses n'ont pas été faciles depuis la mort de mon père... Ce n'est absolument pas ta faute... Je suis désolée parce que c'est moche, mais qu'il faut absolument que j'y aille.

Je passe devant la vitrine en traversant la rue. La femme est à nouveau debout sur sa chaise et colle avec soin un nouveau poster sur la vitrine : une flèche géante qui ne pointe vers rien en particulier. Je ne peux pas croiser son regard.

C'est à partir de ce moment que je me suis mise à cabosser la voiture de mon père. Je ne le faisais pas exprès, cela arrivait comme ça. Je reculais et heurtais une borne de parking, je raclais l'aile contre un mur. Je n'arrêtais pas d'entendre de douloureux crissements métalliques, de sortir de la voiture et de frotter machinalement une nouvelle encoche avec mes doigts, comme si cela pouvait arranger les choses, alors qu'il n'y avait plus de peinture et que je sentais le métal mis à nu.

— Penses-tu qu'il s'agisse de punir la voiture de ton père parce qu'il t'a quittée ? me demande sans grande délicatesse un ami très féru de psychanalyse.

Je réfléchis un instant.

— Non, lui dis-je, embarrassée, parce que ma réponse est bien plus prosaïque que cela. Tout simplement, je ne sais plus quelle est la forme de ma voiture.

Ce qui était la pure vérité. Je n'arrivais pas à garder en tête les dimensions de la voiture. Ni celles de mon propre corps, car je n'arrêtais pas d'avoir des accidents. Je brisais des tasses, laissais tomber des assiettes, trébuchais. Je me suis cassé un orteil contre un chambranle de porte. J'étais aussi maladroite que je l'avais été enfant, mais jamais lorsque je m'occupais de Mabel. Le monde dans lequel évoluait l'autour était protégé du danger, et dans ce monde j'avais une conscience exacte des limites de mon enveloppe corporelle. Chaque nuit, je rêvais de longes, de filières et de nœuds, d'écheveaux de laine et de files d'oies sauvages se dirigeant vers le sud. Et chaque après-midi, je partais avec soulagement sur le terrain de cricket, parce que, lorsque l'autour était sur mon poing, je savais qui j'étais. Je n'éprouvais jamais de colère envers elle, même si chaque fois qu'elle cherchait à s'enfuir, j'avais envie de me jeter à genoux et de pleurer.

Chapitre 15

Pour qui sonne le glas

— Bon sang, Helen ! Elle est parfaitement calme, me lance Stuart. Je sens les battements de son cœur. Elle n'est pas inquiète du tout.

Il se penche très bas au-dessus de la table, les doigts largement écartés pour maintenir bien fermées les ailes de l'autour chaperonné. Il la tient sur un des coussins de la cuisine aussi fermement et précautionneusement que si elle était un objet en verre.

— Parfait, lui dis-je, en écartant avec précaution ses tectrices jusqu'à voir la base de sa queue.

Là où les calamus sont creux et translucides, juste avant que les longues plumes ne rejoignent son corps, je vais coller une sonnette de la taille et de la forme d'une noisette sur la paire centrale. Cela ne prend pas longtemps. Je tire doucement dessus pour vérifier qu'elle est bien fixée et reprends l'autour sur mon poing. Elle s'ébroue et la sonnette résonne dans la pièce ensoleillée. Ce qui semble la laisser totalement indifférente.

Les sonnettes comptent parmi les plus anciennes techniques associées à la fauconnerie. Pendant des années, j'en ai acheté qui provenaient du Pakistan, des sonnettes de cuivre martelées à la main selon un modèle extrêmement ancien, mais celle que porte Mabel est américaine, un très léger grelot de maillechort également façonné à la main. Lorsqu'elle volera librement, il m'indiquera où elle est. Traditionnellement, la sonnette est fixée au tarse du faucon par une minuscule jarretière de cuir, mais il est plus approprié de la fixer aux rectrices des autours car ils ont l'habitude immuable de remuer la queue lorsqu'ils se posent. Lorsqu'un autour se pose dans un arbre, on peut suivre tous ses déplacements de branche en branche sans même le voir, rien qu'en écoutant tinter sa sonnette.

Cependant, les sonnettes ne sont pas infaillibles. Le son peut être couvert par le vent et la distance, et si l'oiseau ne bouge pas, elles resteront silencieuses. C'est pourquoi, lorsque Mabel volera librement, elle portera aussi un minuscule radio-émetteur, et que j'aurai dans un sac à dos noir un récepteur pour capter le signal. Même en prenant cette double précaution, l'idée de lui ôter sa filière me remplit d'angoisse. Je n'ai jamais perdu un seul oiseau. Je n'ai même jamais eu peur que cela n'arrive. Mais une fois qu'elle sera libre, je suis convaincue que Mabel s'éloignera de moi comme une fusée et disparaîtra à tout jamais. J'en suis encore plus certaine après l'avoir fait voler quelques heures plus tard : cette fois-ci, elle ne cherche même pas à attraper la nourriture que je tiens dans le gant, elle vole tout droit et me dépasse jusqu'à ce qu'elle soit obligée de se poser.

Abattue, je la ramène sur le bord du terrain de sport communal. Stuart, qui me regarde m'approcher, observe l'autour d'un œil exercé. Il se frotte la nuque, et son visage, buriné par des années de soleil et de vent, semble pensif et grave.

— C'est peut-être la sonnette. Qu'est-ce que tu crois ? Ça lui fiche la trouille ?

Il grimace.

— C'est aussi un nouvel endroit. Mais elle n'est pas encore affaitée, Helen. Pas encore tout à fait. (Il tâte son bréchet pour confirmer son impression.) Il faut l'abaisser davantage. Elle est encore trop grosse. Tu lui donnes bien du lapin, n'est-ce pas ? Rien que du lapin ?

Je hoche la tête, désemparée. Il me regarde et réfléchit.

— Tu sais quoi, Helen, viens avec moi demain, sur la colline. Je vais aller faire voler mon tiercel. On la sortira dans les champs, loin des rues et des maisons. Elle a besoin d'espace.

— Ce serait génial, Stuart.

— Je passe te prendre à cinq heures.

— Merci. Merci beaucoup.

Il proposait de m'aider mais je ne savais pas comment prendre la chose. J'avais fait voler des dizaines de faucons, enseigné la fauconnerie à des débutants, écrit des articles et donné des conférences sur l'histoire de cet art ancestral. Mais aujourd'hui, je m'inclinais devant Stuart. Lui savait ce qu'il fallait faire. Lui connaissait les autours, et pas moi. Ne pas avoir à être une spécialiste était un soulagement qui me faisait presque chanceler. Stuart était là et se roulait une cigarette, présence calme et rassurante, un ami véritable et généreux. À cet instant, au bord de ce terrain de sport, je suis redevenue novice avec gratitude, comme si, de toute ma vie, je n'avais jamais vu un faucon.

« Nécessité d'être le meilleur pour être aimé », avait écrit White dans son journal onirique. Mais il y a une coda silencieuse à cette phrase : que se passe-t-il si vous êtes le meilleur et que vous découvrez que vous n'êtes toujours pas aimé ? Gos était revenu sur le poing en parcourant plus de quatre-vingts mètres avec sa filière, il était prêt à être lâché. White pouvait désormais affirmer en toute vérité qu'il avait affaité un autour. Cependant, quelque chose de terrible se mêlait à ce triomphe. Pour la première fois depuis l'arrivée de l'oiseau, il se sentait en danger. Le novice est en sécurité. Pendant que vous apprenez quelque chose, vous n'avez nul besoin de vous inquiéter de vos capacités, bonnes ou mauvaises. Mais lorsque vous avez accompli quelque chose, lorsque vous avez appris comment faire, vous n'êtes plus en sécurité. Être expert vous expose à être jugé. Dans son journal de fauconnerie, White se met à parler des critiques et de la façon dont il pourrait « éviter les coups qui [le] terrifient ». Il ressent la nécessité d'expliquer que la satisfaction qu'il éprouve n'est pas de l'égotisme mais en réalité « la surprise horrible de se découvrir doué dans un domaine particulier après avoir été si inapte à vivre depuis trente ans ». Toutes les figures d'autorité qui l'avaient terrorisé depuis son enfance s'amalgamèrent dans son imagination en la figure d'un fauconnier âgé à la moustache bien cirée qui allait lire son livre et le considérer comme un idiot. White devait expliquer à cet homme que ce qu'il avait écrit n'était que le livre d'un débutant. Les mots de son journal résonnent comme une prière :

> Puis-je espérer que ce livre recevra l'absolution de ceux qui, parmi les autoursiers comme parmi les critiques, comprennent que l'indifférence et la présomption de non-existence sont parfois les armes les plus mortelles. Puis-je espérer que certains prendront conscience que je ne suis qu'un homme.

Il n'est qu'un homme. Le succès, bouillant et bouillonnant comme un chaudron de sorcière, est une source de pression qu'il n'arrive pas à supporter. Et sans en avoir conscience, calmement, cruellement, il se met à saboter son propre accomplissement car réussir lui est insoutenable. Il est si facile de détruire.

Stuart quitte la route et s'engage dans un chemin agricole à l'ouest de la ville. Le soir est doux mais le ciel, d'une blancheur de papier déchiré, annonce qu'il va bientôt geler. J'ôte son chaperon à Mabel. Son regard se pose sur un champ de chaume caillouteux, sur des coteaux découpés par des haies dont les contours s'effilochent comme de la soie changeante. Elle voit des cardères squelettiques et des clôtures en fil de fer. Des alouettes tirelirent au-dessus de nos têtes. À mes pieds, une cartouche de fusil de chasse abandonnée. Rouge. Mabel l'examine un moment puis relève la tête pour fixer quelque chose trois champs plus loin, ravie de cet élargissement du monde. Lorsque Stuart la prend sur le poing, elle a un mouvement de recul et, la tête rentrée dans les épaules, lui lance un regard si effrayé que c'en est presque comique. Mais elle se détend rapidement car, bien qu'il lui soit inconnu, il émane de lui une douceur, un calme et une compétence qui la rassurent. Nous déroulons la filière et l'appelons du bout du champ. Comme je m'y attends, elle vole mal. Je la vois hésiter au moment où elle approche, je sens l'instant où toute sa conviction et sa confiance s'effacent et où je lui apparais comme un monstre. Une fois de plus, je saisis la filière pour la forcer à se poser. Ses pieds s'enfoncent dans le sol friable. Elle regarde avec stupeur ses doigts à moitié enfouis.

Stuart se montre ferme avec moi. Il me dit qu'elle a encore besoin d'être abaissée. Je lui fais promettre que mon autour ne mourra pas pendant la nuit.

— Bien sûr que non, me répond-il, ses yeux bleus mi-amusés, mi-agacés.

— Tu en es vraiment sûr ?

Je le supplie piteusement. J'ai une peur bleue de la faire mourir de faim.

Il tend la main, tâte son bréchet, sa cage thoracique, les muscles de ses ailes.

— Elle va parfaitement bien, Helen.

— Tu en es certain ?

— Oui.

Je repars vers la voiture, les yeux rivés au sol. Stuart s'arrête net.

— Qu'est-ce qu'il y a ?

— Regarde-moi ça !

— Quoi ? (Je me retourne, la main en visière.) Je ne vois rien.

— Regarde vers le soleil.

— C'est ce que je fais.

— Par terre.

D'un seul coup, je vois. Le champ nu où nous avons fait voler l'autour est recouvert de fils de la vierge, des millions de filaments brillants lissés par le vent, recouvrant le moindre centimètre carré. Sous la lumière du soleil couchant, cette soie frémissante coule comme une eau lumineuse jusqu'à mes pieds. C'est d'une beauté irréelle, fruit du travail de millions d'araignées minuscules qui se cherchent un nouvel abri. Chacune s'est tissé un fil de soie qui se charge d'électricité statique et s'élève dans l'air pour l'entraîner loin de l'endroit où elle a éclos, la faire dériver et s'éloigner au fil du vent comme un intrépide aéronaute puis revenir sur terre. Je contemple le champ pendant un long moment. Je me rappelle un soir de ce voyage en Ouzbékistan, à l'automne dernier. J'étais assise près de ma tente, me demandant si l'horrible puanteur environnante provenait d'une carcasse de vache ou pire encore. Devant moi, des kilomètres de marais et de désert, et au loin, les monts Ferghana qui s'évanouissaient dans la brume. Soudain, j'ai vu d'étranges choses suspendues dans l'air. Je ne comprenais pas ce que c'était. Cela ressemblait à des points d'interrogation blancs désobéissant de façon alarmante aux lois de la physique. Il n'y avait pas un souffle d'air et pourtant ils flottaient, s'élevaient et redescendaient avec une lenteur surnaturelle. Qu'est-ce que cela pouvait bien être ? J'ai couru pour coller mon nez à vingt centimètres du phénomène. Je ne comprenais toujours pas : c'était de la longueur de ma main, du poignet au bout des doigts, quelque chose de blanc, entortillé comme le gribouillis qu'on trace avec un stylo-bille qui a séché, une matière que je n'arrivais pas à identifier. De la manne ? Du bicarbonate de sodium ? De la cendre ? Du serpentin collant de farces et attrapes ? En regardant très attentivement la chose s'élever avec une lenteur infinie, j'ai découvert, à la base de ce petit embrouillamini blanchâtre, un fil presque invisible. Et pile au pied du fil, une araignée pas plus grande que cette exclamation : *Ah !*

Le lendemain, je laisse Mabel à la maison et prends le train pour Londres. Je n'ai aucune envie de la quitter, aucune envie d'y aller. Telle que Londres m'est apparue juste après la mort de mon père, j'en ai le souvenir d'un lieu horrible, corrosif et blafard sous des amas de nuages instables. Mais aujourd'hui, en tournant le coin de Fleet Street, je découvre que la ville n'est plus désertée. C'est une garenne de verre sombre et sans fond, envahie d'immondices, dont les chemins creux grouillent de banquiers et de traders. Rebords de fenêtres, barrières, ruelles. Caniveaux en pente, pics antipigeons, trottoirs constellés de chewing-gums piétinés. Soudain s'élève l'église Saint-Bride, encagée derrière ses grilles et juchée sur un soubassement de pierre vert-de-gris. Le rédacteur photo du journal où travaillait mon père attend à l'entrée avec mon frère et ma mère. Je ne l'ai jamais rencontré. Un homme en costume rayé, les yeux bleus, visage de pugiliste triste et déterminé à la fois, une franche poignée de main. C'est lui qui nous a donné rendez-vous : le journal organise un service commémoratif pour mon père et nous sommes venus en discuter avec le chanoine de l'église. Dans la sacristie, nous parlons du choix des hymnes, des invitations, des lectures, des intervenants et des chants. Je dis que je prendrai la parole. Nous poursuivons la discussion. Ma mère, en sweater gris et cardigan rose, les cheveux soigneusement brossés, se tient assise très droite. Elle a le visage tiré et pâle. *Oh, maman.* James est encore plus pâle qu'elle. Il m'adresse un sourire tendu. Mes yeux picotent, brûlent. Il se tourne vers le chanoine :

— Je suis graphiste. Je pourrai faire le livret de la cérémonie.

Ce dernier acquiesce et lui tend plusieurs livrets imprimés.

— Voici des exemples d'anciennes cérémonies, lui dit-il en inclinant la tête dans un geste d'affection et de sollicitude inconsciente. Cela pourrait vous aider à concevoir le vôtre.

Je prends celui qui est le plus proche de moi. Sur la page de garde, la photo d'un inconnu, un homme souriant d'âge moyen, arborant une cravate dont l'imprimé représente le clavier d'un piano. Je regarde ce visage un moment, en pressant très fort la pulpe de mon doigt sur le coin rigide de la couverture pour susciter une minuscule douleur qui couvrira la souffrance de mon cœur.

Lorsque nous nous levons pour prendre congé, le chanoine nous tend sa carte de visite. Une carte de visite. *C'est absurde.* La cravate. Quelle incongruité. *Et tout cela.* Je me retourne pour jeter un coup d'œil à ce bureau. Néons et panneaux d'affichage en liège, fax et portemanteau, agenda et calendrier. Le bureau de la mort. Je sens le fou rire me gagner. J'essaie de le contenir, le maquille en quinte de toux. La même scène s'est déjà produite une fois, le matin où ma mère et moi nous avons dû choisir un cercueil pour mon père. Assises dans de profonds fauteuils dans le bureau de l'entrepreneur des pompes funèbres, face à un petit vase de roses couleur saumon. Une lumière tamisée. Une pièce minuscule. Un silence étouffant. L'employé nous avait tendu un classeur plastifié qui s'était ouvert de lui-même sur une page montrant des cercueils peints aux couleurs de clubs de football ou ornés de *spitfires*, de terrains de golf, de saxophones ou de trains, tous plus vrais que nature. Nous avons ri comme je le fais aujourd'hui. Ces cercueils, cette cravate ridiculisaient les petites amours de la vie devant la mort, la carte de visite rendait le service commémoratif bien prosaïque. On en riait parce qu'il était impossible d'incorporer ces manifestations de la vie à la réalité de la mort. Je riais parce qu'il n'y avait rien d'autre à faire.

Sur le chemin du retour, je ne ressens plus qu'une profonde tristesse, tout simplement. Mon père me manque. Il me manque tellement. Le train s'engage dans une courbe et le soleil frappant désormais la vitre me cache les champs qui défilent derrière un treillis de lumière argentée. Je ferme les yeux pour ne pas être éblouie et me souviens des fils de la vierge. Je les avais piétinés sans les voir. Je ne savais pas qu'ils étaient là. Il me semble soudain que le monde n'est ni stérile ni détraqué, que les choses sont peut-être toujours réelles, bonnes et belles, même si je ne peux pas les voir. Et si je me trouve au bon endroit, si j'ai de la chance, je pourrai peut-être en avoir la révélation. Le soleil contre la vitre, le souvenir de ce champ étincelant, cet affreux éclat de rire, la gentillesse exprimée lors du rendez-vous de ce matin – tout cela a certainement affaibli la cuirasse de silence que je porte depuis des mois, parce que la colère m'a quittée. Le soir même, alors que nous retournons en voiture sur la colline, j'avoue à Stuart, d'une petite voix :

— Je ne m'en sors pas très bien depuis quelque temps, Stuart. Je crois que je suis un peu déprimée.

— Tu as perdu ton père, Helen, me répond-il.

— Je suis en train d'affaiter un autour. C'est ça qui doit me stresser un peu.

— Non, tu as perdu ton père. Tu t'en sors très bien avec ton autour. Peut-être que tu ne t'en rends pas compte, mais c'est la vérité. Elle va bientôt pouvoir voler librement. Elle y est presque. Ne sois pas si exigeante avec toi-même.

Je ne lui avais pas tout dit. J'avais passé sous silence les factures impayées, les lettres de la banque, les nuits impossibles, les matins en larmes. Mais je lui avais dit quelque chose. J'ai regardé Mabel, qui avait la tête penchée sur la poitrine. Elle avait l'air incroyablement triste sous son chaperon. J'ai caressé les écailles serpentines de ses serres anguleuses. Elle dormait. J'ai effleuré le chaperon tout doucement et ressenti tout le poids de sa tête endormie contre mon doigt. *Peut-être devrais-je demander à Stuart de nous ramener à la maison.* J'étais incroyablement épuisée. Faire voler Mabel, c'était absurde. Mais lorsque, au sommet de la colline, je lui ai ôté son chaperon, Stuart a remarqué sa posture singulièrement droite, les plumes pâles bouffant au-dessus de ses pieds, sa nuque dressée, la force possessive avec laquelle elle agrippait le gant ; il a écarquillé les yeux et m'a demandé combien elle pesait.

— Huit cent soixante-quinze grammes.

— Regarde-la. Ça n'est plus le même oiseau, aujourd'hui.

Il avait raison. J'ai appelé Mabel. J'avais perdu tout espoir qu'elle revienne sur le poing, mais je l'ai quand même fait. Elle s'est envolée vers moi. Elle a volé comme on tient une promesse, enfin. Elle s'est approchée à toute allure, franchissant à grands battements d'ailes cinquante mètres de terre parsemée de silex pour se poser sur le gant et y rester. Je l'ai rendue à Stuart pour la rappeler à nouveau. Trois fois de suite, la filière entièrement déployée, elle est revenue sur mon poing avec une totale conviction, sans hésiter, sans fléchir. L'autour me revenait comme on revient chez soi.

— Tu as trouvé son poids de vol, me félicite Stuart. Encore quelques jours d'entraînement comme ça et tu pourras la lâcher.

Il avait raison, bien sûr. Cela faisait des semaines que je me trompais dans le calcul de son poids de vol. Mais on est si narcissique lorsqu'on est en deuil. Je pensais que si l'autour me revenait, c'est parce que j'avais reconnu combien j'allais mal. Cet aveu m'avait fait me sentir mieux, il m'avait rendue moins rebutante aux yeux de mon oiseau. *Je dois essayer d'être plus heureuse. Il le faut, pour l'autour.*

Chapitre 16

Pluie

White fabrique un piège. Ce n'est pas facile. L'entreprise met à l'épreuve son sens pratique, ce qui n'est pas pour lui déplaire. Il a écorcé une branche de frêne puis l'a recourbée en forme de U. Il la maintient ainsi avec des lanières de cuir, y fixe deux mètres de filet horticole pour fabriquer une nasse du genre de celles qu'utilisaient autrefois les fauconniers pour capturer des rapaces. Il a l'intention de garnir le piège en y entravant un merle pour attraper l'un des faucons du bois de Three Parks. Ou du moins, tenter de le faire. Depuis qu'il les a vus pour la première fois il y a un mois, il y pense sans relâche. Ils n'ont rien de commun avec Gos. Ce sont de petits rapaces très vifs, aux longues ailes pointues. Des voltigeurs acrobatiques volant aile contre aile en formation serrée, parfaitement à l'horizontale, autour de la cime d'un arbre, comme les avions virant autour des pylônes de la King's Cup Race à Hatfield. Un vrai rêve d'aviateur : un rêve d'avenir. White se penche pour ramasser la cordelette sur laquelle il tirera pour plaquer le filet au sol et emprisonner le faucon qui se sera posé, et se souvient d'un ancien cauchemar. Terrorisé, pourchassé par un groupe de voyous, il saute dans un avion et décolle pour se mettre à l'abri. Mais le danger surgit sous la forme de fils télégraphiques entremêlés qui l'empêchent de s'élever vers la liberté. Il ne sait pas exactement de quelle race sont ces rapaces. Il est certain que ce ne sont pas des crécerelles. Des faucons pèlerins ? Il n'ose l'espérer. Peut-être des éperviers.

Les rapaces que White avait vus dans les bois n'étaient pas des éperviers mais des hobereaux : de petits faucons migrateurs à calotte noire, culottes rouille et fins sourcils blancs. Extraordinairement rares dans les années 1930, ils sont bien plus communs aujourd'hui. Ils se nourrissent de petits oiseaux et d'insectes qu'ils attrapent au vol : il aurait donc été impossible de les appâter avec un merle entravé au sol. Mais croyant avoir affaire à des éperviers, White avait érigé un affût de piquets et de branches en plein bois, avait fixé le piège à cinq mètres de là et l'avait recouvert de terre et de feuilles pour le dissimuler. Il négligeait Gos et le savait. Il s'était entiché de ces éperviers, « son eldorado insensé ». Il s'imaginait qu'il allait en attraper un pour Peter Low, un jeune garçon dont il avait été le professeur et dont le faucon apprivoisé s'était enfui. Il se disait qu'il voulait en capturer parce que dresser Gos avait été un exploit trop facile, et qu'il devait se soumettre à une épreuve plus difficile.

Je pense aujourd'hui que cette quête des éperviers était l'épreuve ultime que White voulait imposer à Gos : il se comportait comme un homme timoré qui, ayant fini par conquérir l'amour de quelqu'un et ne sachant s'il peut s'y fier, décide qu'il est moins risqué de s'enflammer pour quelqu'un d'autre. Mais quand j'étais petite, ce qu'il faisait m'était incompréhensible. Je trépignais : « Mais pourquoi ? *Pourquoi* a-t-il abandonné son autour ? Moi je n'aurais *jamais* fait ça. » Ma mère était en train d'essuyer le miroir de la salle de bains. Je voyais son visage reflété dans la glace et, derrière lui, mon propre visage, pâle d'indignation. C'était la première fois que je lisais ce livre. J'en étais au passage consacré aux éperviers et, bien trop révoltée pour continuer, j'avais sauté au bas de mon lit pour chercher du réconfort.

— C'est le livre dont tu m'as parlé ? Qui parle d'un autour ?

— Oui, et juste au moment où il a réussi à entraîner son autour et qu'il est prêt à voler, il se met à faire des pièges pour attraper des éperviers et il s'en va et il le laisse tout seul. C'est *vraiment* bête.

Un long silence.

— Peut-être qu'il en avait assez de son autour, a suggéré ma mère, posant la main qui tenait le chiffon sur le lavabo.

Cela n'avait aucun sens.

— Mais un autour, on ne peut pas en avoir assez !

Elle a alors réalisé combien j'étais malheureuse et m'a serrée dans ses bras.

— Je ne sais pas, Helen. Peut-être qu'il était stupide.

La petite tête férale de Gos, rayée et tigrée comme celle d'un chat, s'incline et regarde tout autour d'elle, déconcertée. *Les choses ne se passent habituellement pas comme cela.* Son bec noir et dur s'ouvre et se referme. Il a faim. Il sautille sur la grille tout autour du puits, s'y agrippe convulsivement, faisant tomber des écailles de rouille. *Faim.* Il sautille plus loin, suit du regard la filière sans trouver, à l'autre extrémité, l'homme qui d'habitude se tient là. Où est-il donc ? Il lui faut un meilleur point de vue. Il s'envole donc et va se percher dans l'arbre le plus proche. Une branche passe juste au-dessus de sa tête. Il y saute. Les autours détestent rester sur une branche basse quand ils ont la possibilité de se percher plus haut. Il grimpe donc de branche en branche, toujours plus haut, entraînant la filière derrière lui jusqu'à la cime de ce chêne impossible à escalader. Le monde s'offre à lui. Le ciel moucheté de pigeons, les champs qui s'incurvent vers Stowe, le toit du château, ses plans d'eau étincelants, ses obélisques, ses temples et ses avenues classiques, toutes ses perspectives gravées dans le paysage depuis deux siècles. Son petit visage de rapace se tourne vers le bas pour contempler ce paysage, un paysage aussi parfait que s'il avait été créé pour lui.

White ne l'avait laissé seul sur la grille que pour une minute. En entendant passer la voiture des fermiers, il avait couru au bout du champ pour raconter à Mme Wheeler qu'il avait un nouvel appareil radiophonique. Lorsqu'il revient, Gos n'est plus sur le puits mais au sommet de l'arbre, une ombre qui se découpe sur le ciel au-dessus de branches et de brindilles tout entortillées de cordelette. White siffle, agite une beccade, mais l'autour reste immobile. Pris de panique, il tire sur la filière. Gos se débat et la cordelette s'emmêle encore plus. White a peur qu'elle ne se rompe : « La filière n'était pas résistante du tout et avait déjà cassé deux fois. » L'autour se retrouve ligoté. Impuissant, White appelle à l'aide. Mais à la vue du fils du fermier qui arrive en chemise blanche avec une échelle, Gos s'affole encore plus. Il se retrouve pendu la tête en bas, prisonnier d'un cocon de cordelette effilochée, des plumes se brisant à chaque tentative de se libérer, jusqu'à ce qu'il s'immobilise, épuisé, comme une mouche engluée dans une toile d'araignée. Il faut une heure et demie à White pour parvenir à dénouer ses jets, à l'aide d'un crochet à vis fixé au bout d'une canne à pêche, puis à le traîner jusqu'au sol et à le reprendre sur le poing. *Espèce de sale petit con*, lui lance-t-il. L'autour, écrirait-il, le regarde avec fureur, « comme si tout cela avait été ma faute ».

Encore un jour ou deux, et je la lâcherai. Encore un jour ou deux. Mais une succession d'orages d'été déversent des rideaux de pluie froide sur l'asphalte ridé et bombardent le toit de brindilles et de feuilles. C'est un très mauvais temps pour voler. Au lieu d'aller sur la colline, j'entraîne Mabel dans le parc. J'attache l'émerillon au bout de la longe et je baisse le bras. Elle saute en crabe dans l'herbe et me regarde, les épaules voûtées, l'air maléfique. Je place un lambeau de viande dans mon gant et je lève haut le bras. Elle s'envole à la verticale pour venir se nourrir. Nous recommençons. Les sauts verticaux sont un ancien exercice de fauconnerie qui permet de « manier » et de muscler un autour dans un lieu relativement confiné. C'est un très bon exercice pour l'oiseau, et c'est amusant. Mais ce n'est pas un enchaînement facile à effectuer car Mabel est d'une rapidité effrayante. Il est loin le temps où je la promenais dans des ruelles sombres au crépuscule. L'exercice d'aujourd'hui ressemble un peu à un spectacle de rue et attire du monde. Ce soir, plusieurs personnes sont en demi-cercle autour de nous, à environ cinq ou six mètres. Une mère s'accroupit près de son enfant et lui murmure à l'oreille : « Que c'est majestueux ! » La façon dont Mabel dévore ses morceaux de poussins et les avale avec d'étranges glapissements étouffés n'a pourtant rien de majestueux. À côté de la mère et de son enfant se tiennent un chauffeur de bus qui part travailler, deux adolescents en sweat à capuche et une fille qui nous photographie avec son téléphone. Le public ne me dérange pas car je me concentre sur l'exercice. *Dans l'herbe, sur le poing.*

Dans l'herbe, sur le poing. Herbe. Poing. Herbe. Ce rythme devient une pulsation. La foule disparaît.

Puis je tombe malade. La fièvre annihile toute entreprise, annule toute mon influence sur l'oiseau. Je la nourris sur le canapé, je la remets sur sa perche et la regarde glisser là où vont les autours lorsqu'ils sont rassasiés. Au loin, très loin. J'agite la main devant sa figure. Elle n'a pas l'air de me voir du tout. Ses yeux semblent aussi vides de pensée ou d'émotion qu'un disque de métal ou qu'un morceau de ciel. À quoi pense-t-elle ? Que voit-elle ? Je me pose la question et je ferme les yeux. Du sang, j'en suis sûr. De la fumée, des branches, des plumes mouillées. De la neige. Des aiguilles de pin. Du sang, à nouveau. Je tremble. Les jours passent, la fièvre persiste. La pluie persiste, rend la maison humide, traverse les murs de l'entrée et du salon comme une hémorragie qui forme de grandes auréoles. La cave à charbon sent l'eau stagnante, la fiente et la poussière. Rien ne bouge, rien ne progresse, rien ne va nulle part. Je fais mes cartons pour déménager sans savoir encore où je vais aller vivre une fois que je n'aurai plus cette maison. Dans un accès de détresse amère, je me fabrique un fortin avec une vieille penderie en carton dans la chambre d'amis, à l'étage. Je m'y faufile. Il fait noir. Personne ne peut me voir. *Personne ne sait où je suis. Je suis en sécurité.* Recroquevillée dans ce carton, bien cachée. Même malade, je sais bien que ce comportement est plus qu'étrange. *Je ne suis pas en train de devenir folle,* me dis-je. *Je suis malade, c'est tout.*

Chapitre 17

Canicule

Aux jours de pluie succèdent des nuits de canicule et d'insomnie qui semblent sans fin. Dehors, à trois heures du matin, une femme répète d'une voix rauque et théâtrale : « William ! William ! » Pourquoi murmure-t-elle ainsi ? Les coups qu'elle frappe sur la porte de ce William réveillent toute la rue. Je renonce à dormir, descends l'escalier, passe sur la pointe des pieds devant l'autour endormi et m'assieds dehors sur un pot de fleurs retourné pour fumer une cigarette. Un ciel noir et épais, des étoiles claires, un ciel de fin d'été. Mabel a parfaitement volé ces deux derniers jours. Elle franchit cinquante mètres dès que je lève le bras. Tout s'accélère désormais vers ce point crucial. Un point du temps. Un point que l'on vise. Un point si pointu qu'il en est douloureux. Lâcher l'autour, le faire voler sans sa filière, sans rien qui l'empêche de s'élancer à corps perdu et de partir, rien sinon les liens qui nous relient. Des liens tangibles mais immatériels : les liens de l'habitude, de la faim, du partenariat, de la familiarité. De ce que les anciens fauconniers auraient appelé l'amour. Faire voler un faucon librement a toujours quelque chose d'effrayant. C'est le moment où vous mettez ces liens à l'épreuve. Et cela n'a rien de facile, quand la confiance que vous aviez dans le monde a été détruite et que votre cœur est tombé en poussière.

À une heure plus raisonnable, je me traîne en ville à la recherche d'une tasse de café. Le parc a été vandalisé pendant la nuit. Les plates-bandes ont été arrachées à pleines poignées par un groupe de gamins complètement ivres qui ont tout détruit sur leur passage : les petits tilleuls plantés le long de la promenade ont été déterrés et cassés en deux. Je regarde un tas d'œillets d'Inde écrasés et je me demande si je pourrais les replanter. Mais les racines ont l'air toutes sèches et les feuilles sont déjà recroquevillées. Je poursuis donc mon chemin vers le café où je m'assieds près de la fenêtre avec un journal. Un article sur le changement climatique. Fonte des glaces sans précédent dans l'Arctique. Le passage du Nord-Ouest reste ouvert. Le permafrost dégèle. Les écosystèmes s'effondrent. Des nouvelles inquiétantes et d'une importance extrême, mais je n'arrive pas à me concentrer sur le journal : je lève le nez sans arrêt parce que le long de la vitre stationne une file de personnes très différente de celle qui se formerait à la caisse d'un cinéma ou à un comptoir d'aéroport. Il y a une femme au carré gris impeccablement lissé et à la bouche dure qui serre contre elle un classeur rempli de papiers. L'homme debout derrière elle en a un, lui aussi, à la main. Ils gardent les yeux fixés au loin et restent silencieux. Au début, je ne perçois pas la panique que recouvre ce silence. Au bout d'un moment, je ne vois plus qu'elle. Lorsque Dagmara, la serveuse, revient, je lui demande si elle sait ce qui se passe. Elle hausse les épaules :

— J'ai demandé à l'un d'eux. C'est une banque, la Northern Rock. Ils viennent retirer leur argent parce qu'elle va faire faillite.

Je regarde à nouveau la file immobile. Quelque chose me rappelle la façon dont Mabel étend ses ailes pour couvrir sa nourriture. *C'est à moi, à moi, à moi toute seule.* C'est la première fois que j'assiste à une panique bancaire. Le mot évoquait le Far West, ou la ruine grisâtre de la république de Weimar. Quand j'étais étudiante, on nous avait enseigné que l'Histoire avait pris fin, et nous y avions tous cru. Lorsque le mur de Berlin s'écroula, l'étoffe dont l'Histoire était faite disparut. Plus de guerre froide. Plus de guerres. Or voici que l'Histoire revient, qu'elle est toujours présente, et qu'elle sème le chaos. Fins. Dénouements. Mondes qui se délitent. Systèmes météorologiques, systèmes bancaires, plans soigneusement élaborés des jardiniers municipaux. Familles, cœurs, vies. Guerres lointaines et petits arbres cassés en deux. Je regarde la file des personnes, leur possessivité farouche, leur terreur secrète à l'idée que les remparts qu'ils ont érigés contre la mort se soient évaporés. L'argent. La sécurité. Les nœuds et les liens. La fin de toute chose. Et c'est là, devant mon café qui refroidit, que je réfléchis pour la première fois sérieusement à ce que je suis en train de faire. À ce que je vais faire avec l'autour. Tuer. Faire la mort.

J'avais chassé avec des faucons bien avant que la mort ne signifie quoi que ce soit pour moi. Peut-être étais-je alors, à tous égards, une enfant. Je n'avais jamais considéré ce que je faisais comme quelque chose de cruel. J'étais une spectatrice, pas une tueuse. Les faucons sauvages chassaient, le mien aussi. Il ne semblait pas y avoir de différence morale pertinente entre les deux situations. Et le plaisir que me procurait la fauconnerie consistait à contempler le vol du faucon, jamais la mise à mort qui s'ensuivait. Mais lorsque mon faucon attrapait un animal, j'étais contente – en partie pour lui, et en partie parce que, pendant mon enfance, j'avais pleinement adhéré à ce monde fantasmé des fauconniers victoriens où la mort était omniprésente, viscérale, et s'accompagnait de tout un cérémonial. Lorsque je regardais ces autoursiers en tweed placer un faisan mort dans leur gibecière, je percevais une sorte de naturel qui découlait de siècles de privilèges et de sentiment de supériorité.

Quant au vocabulaire que j'avais appris dans les livres, il établissait une distance entre la mort et moi. Les faucons dressés n'attrapaient pas des animaux, mais des *proies*. Du *gibier*. Ce qui se dit *game* en anglais, un mot extraordinaire qui signifie également le jeu. Assise dans ce café à regarder cette file de personnes, je réfléchissais. J'allais chasser avec mon autour. C'était plus qu'évident. Dresser un autour et ne pas le laisser chasser, ce serait comme élever un enfant et ne pas le laisser jouer. Mais ce n'était pas pour cela que j'avais besoin d'elle. À mes yeux, elle était lumineuse, vitale, sûre de sa place dans l'univers. Toutes les cellules de son être bouillonnaient de vie, comme si, de loin, on la voyait auréolée d'un petit panache de vapeur s'élevant en spirales et rendant toute chose autour d'elle légèrement floue, de sorte que le moindre détail de son être se détachait fièrement. L'autour était un feu qui dévorait ma douleur. Il ne pouvait y avoir en elle ni regrets ni deuils. Ni passé ni avenir. Elle ne vivait que dans l'instant présent et c'était là mon refuge. Sur ses ailes barrées et battantes, je pouvais m'enfuir loin de la mort. Mais j'avais oublié que l'énigme de la mort était inextricablement liée à l'autour, et que, moi aussi, j'y étais reliée.

* * *

« Pour lui, je suis encore l'ennemi, rarement toléré, et pour moi, il demeure la présence de la mort. » Ainsi White parle-t-il de Gos dans son carnet. « La mort sera mon dernier échec. » White avait négligé Gos, ce qui l'avait rendu sauvage à nouveau, et l'autour incarnait désormais la mort aux yeux de White car il était ce qui ne peut être vaincu. Pendant six semaines, White l'avait combattu, un combat semblable à celui de Jacob contre l'ange. « J'ai vécu pour cet autour, écrit-il, désespéré, je suis devenu mi-oiseau moi-même, j'ai transformé mon amour, mon intérêt et mon gagne-pain en son avenir. Ce sont des otages que j'ai livrés à la fortune aussi follement qu'on peut le faire dans le mariage et dans la vie de famille. Si l'autour meurt, toute ma vie présente ou presque mourra avec lui. Il m'a traité aujourd'hui comme si j'étais un inconnu, un ennemi brutal et dangereux qu'il n'aurait jamais vu. »

Peut-être que le coup de grâce, quand il survint, fut engendré par l'épuisement pur et simple. Son faucon l'avait emporté sur lui et il ne supportait plus de devoir l'affronter à nouveau. Mais je pense que les choses étaient encore plus profondes. Quand je repense à la tragédie de White et de Gos, je pense à un petit garçon, à l'époque, en Inde, debout devant le château fort en bois que son père lui a construit pour son anniversaire. C'est un grand château, suffisamment grand pour qu'il puisse y tenir debout. Son père a fixé un véritable pistolet sur les créneaux afin de tirer une salve en son honneur, mais le petit garçon le regarde avec terreur. Son père l'a obligé à rester devant le château, il sait qu'il va être exécuté. Il ne peut rien faire. Il est impuissant. Il pleure en silence, inconsolable, car il sait que son père va le tuer, il sait qu'il va mourir.

À quoi peut-il ressembler de vivre dans un monde où vous pleurez parce que vous croyez que votre père va vous tuer pour votre anniversaire, un monde dans lequel on vous bat, chaque jour, sans aucune raison ? Un monde dans lequel vous écrivez à votre mère restée en Inde pour lui envoyer votre photo de classe et qui vous répond que vos lèvres sont en train de devenir « sensuelles » et que vous devriez les pincer, si nécessaire avec les dents ? Il m'est impossible d'imaginer cette enfance de terreur et de honte, mais je comprends comment elle a donné à White la vision d'un monde contrôlé par la cruauté, les dictateurs et les fous. Je vois comment cet enfant impuissant devant le château de bois ne s'est jamais entièrement départi de la certitude qu'il allait être exécuté.

Ce n'est donc pas seulement la peur de réussir qui pousse White à saboter le dressage de son autour. Ce qui sous-tend cette longue affaire, c'est une profonde compulsion de répétition, l'expression par laquelle Freud a décrit le besoin de rejouer des expériences douloureuses afin de les maîtriser. Mais avec l'autour, la répétition tourne à la tragédie. « Gos a été poussé à la folie par la terreur car il est, comme tous les prédateurs, fondamentalement terrifié par nature », écrit-il. Qu'avait-il fait ? White avait pris quelque chose de sauvage, de libre, quelque chose d'innocent et plein de vie, et l'avait combattu. Le prix à payer pour le dominer était de le réduire à l'ombre de lui-même, d'en faire un oiseau malléable, à l'œil éteint et aux plumes brisées. Gos était fait pour planer et dériver au-dessus des sombres vallées de sapins allemandes, pour tuer et rapiner, être son propre être - le plus sauvage possible. White avait pensé pouvoir apprivoiser l'autour sans briser son esprit naturel. Mais il n'avait fait que tenter de le briser, encore et encore. Il repense à Gos emmêlé dans l'arbre, pendu aux branches, piégé, impuissant, incapable du moindre mouvement.

Ce n'était pas conscient. Rien de tout cela ne l'était. Mais le désastre était inévitable. White voyait bien que l'autour était son double, un oiseau qui était « un jeune garçon rendu fou par toutes sortes de maladresses, de privations et de persécutions ». Il finit par comprendre, dans une révélation terrible, qu'il n'avait fait que devenir le persécuteur, en dépit de ses multiples dénégations. L'autour était cet enfant debout devant le château fort. Lui, White, était son propre père. *Il était son père.* C'était lui, le dictateur. C'est ainsi que la grande tragédie dévala vers sa conclusion et que, lorsque le coup de grâce tomba, il fut donné, bien évidemment, par pur bon sentiment.

Des nuages bas déferlent au-dessus des *ridings*. Il pleut très fort. Les vaches s'abritent des bourrasques sous les arbres, leurs flancs trempés et sombres, leur haleine vaporeuse dans l'air. White sort pour se rendre dans la grange où Gos est attaché à sa perche dans la pénombre. Le remords a envahi son cœur. L'autour n'a d'autre choix que de se percher là où on le lui dit. Il n'a aucune liberté. C'est pourquoi White sort un arceau sur le seuil et y attache six mètres de cordelette (de cette cordelette goudronnée qui n'a aucune résistance et qui a déjà cassé deux fois, cette filière de mauvaise qualité, dangereuse) à l'émerillon de Gos. Puis il attache l'autre extrémité de la filière à la perche de la grange. Comme cela, se dit-il, son autour pourra entrer et sortir comme il le voudra. Satisfait de lui avoir donné un peu plus de liberté, il retourne à la maison.

Il pleut sans discontinuer. Ce n'est pas un jour où aller piéger des faucons. C'est un jour où se reposer. Il décide de se réconcilier avec Gos. Il le promènera sur le poing dans la cuisine, le nourrira et gagnera à nouveau son amour. Gos aime la musique : il lui fera écouter des chansons à la radio. Mais elle ne fonctionne plus. Il part à bicyclette chez Tom, lui emprunte son téléphone pour commander une nouvelle batterie, puis il revient. Pluie et corneilles. Un homme à vélo par un jour de grand vent qui décide de se concentrer sur de petites choses, car aujourd'hui, les grandes choses sont trop difficiles. Pour commencer, il va repeindre les boiseries du couloir, et peut-être la porte de la cuisine. Une fois le couloir fini, il examine son travail d'un œil critique. Cela rend bien. La porte de la cuisine, maintenant. *En bleu brillant.* Son père aussi aimait peindre les choses en couleurs vives et trop contrastées. Il sait qu'il a hérité de ce vice et va donc dans la grange chercher le pot de peinture. Gos se débat et cherche à l'éviter. Il s'envole vers la charpente puis droit vers la porte. White s'apprête à sortir, le pot à la main. Il cherche des yeux Gos sur le perchoir. Mais l'arceau est vide. Son autour a disparu. Gos est parti, l'extrémité effilochée de la filière gît, rompue, sur le sol.

DEUXIÈME PARTIE

Chapitre 18

Voler librement

Ce sera ce soir. Le temps est idéal, le poids de l'autour également. Je m'agite dans la maison, surexcitée par l'anticipation, remplissant cette matinée d'occupations ordinaires : je nettoie les fientes tombées sur le carré de vinyle posé sur le parquet en sifflotant gaiement, je me lave les cheveux, les sèche. Mais une aiguille invisible me taraude de l'intérieur et, à mesure que l'après-midi s'écoule, les choses commencent à se déliter. Tout d'abord, je me dispute au téléphone avec ma mère pour une broutille, puis, lorsque Christina arrive pour venir voir voler l'autour, je l'envoie promener, cette fois sans la moindre raison. Au moment où j'attrape ma veste de fauconnerie dans la cuisine, je l'entends prononcer le mot « bouchon » mais sans réaliser ce que cela signifie. J'aurais dû l'écouter. Il y a eu un horrible carambolage sur l'A14 à la sortie de Cambridge. Au volant de sa Land Rover, Stuart s'était retrouvé coincé sous un pont autoroutier dans l'embouteillage tandis que les hélicoptères de secours tournoyaient en rugissant dans de grands nuages de fumée. Lui aussi m'avait appelée pour me dire qu'il allait être retardé à cause de l'accident, mais sans me donner davantage de détails.

— Je vais sur la colline. Tu viens ?

— Oui. On se retrouve dans vingt minutes.

L'accident est si grave que non seulement les routes principales, mais également les routes secondaires sont coupées. Toute la circulation de fin de journée doit passer par le centre-ville pour traverser le Cambridgeshire. Quarante minutes plus tard, nous ne sommes qu'à cinq cents mètres de la maison, et je tremble d'une frustration monstrueuse. La pauvre Christina, assise à l'arrière, ne dit rien. Mabel se débat. C'est insupportable. Elle se débat à nouveau. Je lui crie dessus. Elle ne sait pas que mes cris lui sont destinés, mais je me déteste de hurler ainsi, et ce remords s'ajoute aux autres remords qui eux-mêmes se combinent avec la conscience que l'accident qui a causé une telle situation a dû être épouvantable. L'atmosphère dans la voiture devient aussi solide que du verre. Je prends de profondes inspirations et regarde par la fenêtre. C'est une fin de journée magnifique, ce qui ne fait qu'aggraver les choses. Je regarde les étourneaux frôler le toit du supermarché. Je regarde le soleil baisser, baisser encore, et l'air tiède l'entourer d'un halo duveteux couleur gorge-de-pigeon.

J'allume la radio pour écouter les informations routières. Je la coupe. Mabel se débat à nouveau, perturbée par les arrêts et les redémarrages inhabituels et par le silence du moteur. Chaque fois, la tension que je ressens monte d'un cran. J'appelle Stuart. Il nous attend. Je fulmine. La voiture avance centimètre par centimètre. Un coup d'œil vers le tableau de bord et je réalise que je n'ai presque plus d'essence, ce qui ajoute un délice supplémentaire aux minutes qui s'étirent.

Le temps d'arriver à la colline et je suis dans un état de quasi-catatonie. Là-bas, au sommet, se trouve la Range Rover de Stuart. Nous montons le sentier. Il fait de plus en plus sombre. Pendant ces trois minutes que dure notre marche, Mabel a l'air furieusement prête à voler et je commence à me détendre. Mais elle aperçoit le cerf-volant de nylon que Stuart a utilisé pour entraîner son faucon à s'élever haut dans le ciel - un seul regard jeté sur ce triangle de couleurs primaires qui claque au vent, puis vers moi, et elle se débat violemment. Une fois. Deux fois. Trois fois.

Stuart me convainc de ne pas repartir chez moi.

— On va trouver quelque chose pour l'attirer, me dit-il, elle va se calmer.

Et en effet, elle se calme un peu. Moi aussi. J'essaie de me détendre et de dénouer mes épaules en prenant de grandes bouffées d'air frais. Je suis stressée. En temps normal, je l'aurais rappelée sur le poing avec la filière, puis je l'aurais fait voler une ou deux fois librement, et plus tard seulement, j'aurais essayé de la lancer sur une proie, mais je me soumets à l'expérience de Stuart. Il connaît les autours. Il a souvent fait cela.

Les minutes s'écoulent. La pénombre devient plus profonde, de la fumée s'élève partout sur l'horizon. Au-dessus de nous, un croissant de lune jaune s'incline, flou, dans une substance qui ressemble à une assiette de gelée. Le crépuscule ondule. Les chauves-souris filent. Les arbres rassemblent l'obscurité autour d'eux. L'émerillon et la longe de Mabel sont dans ma poche et j'ai remplacé ses jets habituels par des jets plus fins, qui ne s'accrocheront pas aux branches ou aux brindilles. Je les tiens bien serrés dans mon poing ganté. Sur les indications de Stuart, je me dirige vers un triangle de terrain bosselé, tout à côté d'un bosquet. C'est un endroit envahi de chardons et de plantes montées en graines que nous traversons difficilement. Le stress me rend muette, l'enchaînement des événements me met en fureur, je suis impuissante à y mettre un terme. Il fait sombre. *Bon sang, mais qu'est-ce que je fais ici ?* Les pupilles de l'autour sont dilatées, ses yeux paraissent presque entièrement noirs. J'ai peine à croire à l'absurdité de cette situation. *Je veux rentrer chez moi.* Stuart se met à progresser vers moi en frappant les chardons et les hautes herbes avec un bâton afin de rabattre vers nous une proie éventuelle, lapin ou faisan caché là, de manière à ce que Mabel la voie. *C'est ridicule. Je n'ai aucune envie d'être ici, je ne sais pas pourquoi je laisse tout cela se dérouler. Je ne devrais pas lâcher cet autour. Je devrais* – un mouvement derrière moi, à ma droite. L'autour regarde fixement, voit quelque chose s'enfuir et se débat. *Oh !* Je la lance, et le regrette instantanément. Soudain mon autour est libre, elle vole avec puissance pendant quelques secondes, fond sur ce qui s'est enfui et a disparu, puis se met à voler en rond, tournoyant comme un insecte, un gigantesque autour insecte. Elle gagne de la hauteur. Le silence crépusculaire est terrible. Je vois sa tête allongée se tourner pour me regarder et sa queue s'étaler et s'arquer lorsqu'elle vire. Je suis dans un état d'absence. L'espace qui me sépare de l'autour est douloureux comme une blessure. Elle tournoie au-dessus de moi et me regarde, incertaine, sans savoir si elle va revenir ou non. Stuart est près de moi. Christina, un peu plus loin. Je suis ici, je crie et je siffle pour rappeler le faucon. L'obscurité, le vol en cercle, le fait que tout soit indistinct : toutes ces choses sont des découvertes pour elle. Elle cherche quoi faire. Ce nouveau terrain. L'angle d'incidence entre le point où elle se trouve, en l'air, et là-bas, le point où se trouvent la main et le cœur d'Helen.

Elle finit par se poser, le dos tourné vers moi, au sommet d'un jeune hêtre dont la cime ploie presque sous son poids. Je ne distingue que sa silhouette tout en angles, ses épaules, et je ressens la confusion qui s'est emparée de tout son être. Je l'appelle. Elle saute de ce perchoir malcommode et traverse le crépuscule vers ma main dressée. Tout cela est trop étrange. Elle a rebondi sur le gant, n'a fait que l'effleurer et recommence à tournoyer. Puis elle se pose encore plus loin dans le bois mais, heureusement, face à moi. Dans la pénombre et à travers les feuilles floquées, je vois son bec jaune, je devine sa silhouette si reconnaissable. Je sais qu'elle a les yeux fixés sur moi. Je lève donc le poing et y empile un poussin, un deuxième puis un troisième. Je siffle, l'appelle : « Viens, Mabel », tout en frappant ma main gantée avec énergie et volonté.

À cet instant précis, l'espace-temps se replie, se froisse, se réduit à un réseau de relations directes. Calculs trigonométriques. Ligne droite de l'autour vers mon poing. Et intentionnalité de l'autour, qu'on peut certainement aussi transcrire en termes mathématiques. Mon cœur battant, horrifié, et mon âme telle une masse d'eau à zéro degré, plus dense que la glace, tombant au fond de l'océan.

Et soudain, l'autour est de retour sur le poing. J'ai l'impression d'avoir été plongée dans une eau glaciale, je n'arrive pas à croire qu'elle ne soit pas perdue. Je me sens exactement comme White : un tyran, un bouffon, un débutant. Un idiot.

— Ne t'en fais pas, me dit Stuart, qui sait que je suis effondrée.

J'aperçois son large sourire dans l'obscurité.

— Elle est au-dessus de son poids et il fait de plus en plus sombre. Mais tu l'as récupérée, n'est-ce pas ? Ça, au moins, c'est une bonne chose.

Je peux à peine parler. La voix rauque, j'articule une réponse. L'adrénaline bouillonne dans mes veines pendant que je retourne à la voiture. Aujourd'hui encore, je ne sais toujours pas très bien comment j'ai réussi à rentrer chez moi.

L'atmosphère est sombre et saturée d'humidité. White est trempé jusqu'aux os. Gos reste introuvable. Il accroche des morceaux de lapin à tous les endroits où l'autour est allé. Ce sont comme des prières, comme les rubans déchirés que les païens attachent aux rameaux d'hiver. Ses mains sont blafardes contre l'écorce verte des chênes dénudés et battus par les vents. Il n'a plus de viande de lapin, plus d'appâts. Il ne lui reste que du foie. Il demandera à Mme Wheeler d'aller lui acheter du steak à Buckingham. Debout près de sa porte, il tend l'oreille. « Des corbeaux que l'on voit se rassembler, ou une corneille solitaire perchée sur la branche morte d'un arbre, croassant et sautillant avec inquiétude, sont le signe presque certain que le faucon perdu n'est pas loin », avait-il lu dans Blaine. Rien. Puis un croassement, répété avec force. *Là.* À quelque deux cents mètres, une corneille tourne autour de la cime d'un arbre en injuriant l'oiseau qu'elle survole. Sur la plus haute branche, Gos est perché, silhouette familière minuscule à cette distance, les épaules arrondies pour résister à la tempête. White court vers l'arbre, agite un morceau de foie et un mouchoir en guise de leurre tandis que des trombes d'eau s'abattent sur les champs alentour. La pluie tombe sur les clairières, les avenues, les temples et les obélisques de Stowe, mais Gos reste perché, impérieux, indécis et horriblement trempé, car à force d'être caressées et manipulées par White, ses plumes ont perdu leur couche d'huile imperméable. Les bourrasques agitent sa perche. Ce n'est pas confortable. Il ouvre les ailes dans l'intention de voler vers l'homme qui brandit de la nourriture. Il quitte l'arbre, vire en l'air et commence à descendre. White a le cœur battant. L'autour s'approche mais le vent emplit ses ailes et le repousse, et l'oiseau, inexpérimenté, ne sachant pas comment voler dans la tempête, est aspiré et disparaît.

Il est un temps dans la vie où vous vous attendez à ce que le monde soit toujours rempli de nouveautés. Puis vient le jour où vous comprenez qu'il n'en va pas du tout ainsi. Vous voyez que la vie va devenir une chose faite de trous. D'absences. De pertes. Des choses qui ont été là, mais qui ne le sont plus. Et vous réalisez également que vous devez vous développer autour de ces manques, entre ces creux, même si vous pouvez tendre la main à l'endroit où ces choses ont existé et sentir le terne éclat et la tension des lieux où les souvenirs se logent.

Enfant, j'étais chanceuse. Jusqu'au jour où j'ai vu ce faisan mourir dans une haie d'hiver, ce que je savais de la mort ne provenait que de livres, et de livres d'un genre bien particulier. J'étais aujourd'hui en train d'en contempler toute une étagère. Car le matin même, j'avais chargé des cartons dans ma voiture, installé Mabel sur sa perche côté passager et j'étais revenue chez mes parents pour le week-end. *La maison de mes parents.* J'imagine que c'était désormais la maison de ma mère. J'étais revenue parce que je me préparais à déménager. Un très cher ami qui allait passer quelques mois en Chine avec sa famille m'avait proposé sa maison pendant leur absence, et je lui en étais infiniment reconnaissante. Mais la perspective de devoir quitter la belle maison que le collège m'avait octroyée m'était odieuse. J'avais déchargé mes cartons dans le garage puis avais rejoint ma mère dans la cuisine tandis que Mabel se prélassait au soleil sur la pelouse, se baignait et se lissait les plumes. Nous avons bu du thé en échangeant des souvenirs, en parlant de mon père et du temps passé. Nous avons beaucoup ri. Cela me faisait du bien de la voir, mais il n'était pas facile de me retrouver là, assise sur une des chaises où mon père aurait dû s'asseoir lui aussi, devant des tasses dans lesquelles il avait bu. Lorsque j'ai aperçu son écriture soignée sur une petite note punaisée à côté de la porte, cela a été trop pour moi. Beaucoup trop. Je suis montée en courant dans mon ancienne chambre, me suis assise sur mon petit lit, les genoux serrés contre la poitrine, la douleur fouaillant dans ma poitrine comme une chose dotée de millions de dents et de griffes minuscules.

J'ai regardé la plus haute étagère de mon ancienne bibliothèque. Là-haut, recouverts de poussière pour n'avoir pas été ouverts depuis des années, il y avait tous les livres d'histoires d'animaux de mon enfance. Des ouvrages que j'avais adorés, riches de nature sauvage, d'échappées et d'aventures. Mais je les avais également détestés car ils ne se terminaient jamais bien. Tarka, la loutre, était tuée par les chiens. Les faucons mouraient, empoisonnés par les pesticides. Dans *Mes amies les loutres,* un homme tuait la loutre à coups de bêche. Les vautours crevaient les yeux du Poney rouge. Le cerf de *Jody et le faon* était abattu, le chien de *Fidèle vagabond* mourait. Ainsi que l'araignée de *La Toile de Charlotte* et que mon lapin préféré dans *Les Garennes de Watership Down.* Je me rappelais, à chaque nouvelle lecture, la peur horrible qui montait au fur et à mesure que le nombre de pages diminuait. Je savais ce qui allait arriver, ce qui arrivait inéluctablement. J'imagine que ce ne fut donc pas une surprise pour la petite fille de huit ans que j'étais alors de lire que Gos avait cassé sa filière et s'était perdu dans le vent et la pluie. J'avais accueilli l'épisode avec tristesse et résignation. Ce qui ne le rendait pas moins terrible.

Cependant, je n'avais pas encore dressé de faucon moi-même et je n'avais aucune expérience du deuil. Je ne savais pas alors ce que ressentait White. Désormais, j'en avais l'expérience. Assise sur le lit, je sentais la perte peser sur ma poitrine comme une montagne. Je la ressentais véritablement ainsi. Pour la première fois, je comprenais ce vide immense qui avait enfermé son cœur dans l'horreur. « Je ne me souviens pas que mon cœur ait cessé de battre à un moment particulier, écrit-il dans son journal. Le coup a été si stupéfiant et si définitif, après six semaines d'une foi de tous les instants, qu'il a été atténué par le fait même d'être au-delà de toute appréhension. La mort ressemblera sans doute à cela, quelque chose de trop vaste pour me faire beaucoup souffrir, ou peut-être même me perturber. »

Son cœur est déchiré en deux. Dans sa main, un pigeon figé de terreur, oiseau métamorphosé en une chose de fer et de plumes. Son œil rouge est vide, son petit bec halète. White se raidit et le lance très haut en direction de l'autour perché dans l'arbre. Ce pigeon qu'il avait acheté pour piéger les faucons dans le bois - quelle ironie ! - s'élève, entraînant derrière lui la créance. Gos pique sur lui comme un immense papillon prédateur puis s'écarte et va se poser dans un arbre à côté. White ramène le pigeon au sol, le ramasse, se rapproche de cet arbre et lance le pigeon à nouveau. Il pêche Gos avec le pigeon comme on pêche le brochet au lancer. Cela dure depuis un certain temps déjà, et à chaque tentative, le piqué de l'autour l'amène plus près du pigeon et des mains anxieuses de White. Il se penche pour ramasser le pigeon épuisé, les ailes étalées, les rémiges si trempées qu'on dirait des crayons mal taillés. Il sait que l'oiseau terrifié peut à peine voler. Il sait que la prochaine fois qu'il le jettera en l'air, l'autour l'attrapera. Encore une fois. Mais il ne peut pas le lancer. Il le *connaît,* ce pigeon. Il l'a apprivoisé. Il l'a porté familièrement perché sur son doigt. C'était son ami. Son monde est brisé. Il a trahi sa parole. C'est de la cruauté pure. Il ne peut plus continuer. Il se souvient d'un passage de Blaine sur la façon de capturer un faucon endormi. Tenant le pigeon serré contre sa poitrine, il abandonne Gos dans le crépuscule. Il revient avec une échelle, une corde, une torche et la canne à pêche déjà utilisée pour décrocher Gos l'autre jour. Il attend sous ce nouvel arbre, tremblant d'espoir, lorsque Graham Wheeler, le fils du fermier appelé en renfort, arrive en courant. Gos prend peur, se laisse glisser de l'arbre et disparaît dans les ténèbres.

Des jours durant, il parcourt les *ridings,* et de temps à autre, il aperçoit Gos s'élevant au-dessus de la cime des arbres en cercles de plus en plus grands et lointains. Son âme est encore liée à celle de l'autour. Il voit que Gos est heureux. *Il mérite d'être libre,* pense-t-il, et lui souhaite bonne chance pour sa vie dans la nature. Mais il sait que c'est la mort qui attend Gos : ses jets et son émerillon, équipements maudits de son ancien esclavage, s'accrocheront dans une branche et il se débattra, restera pendu, affamé, et finira par mourir. Si, par un caprice du sort, l'autour lui est rendu, il fait vœux de le traiter comme un partenaire et non comme un esclave. Il est empli de remords, profonds et amers. Sans Gos, il se sent abandonné, et sa mémoire réécrit les vers de Blake :

L'Amour ne demande qu'à Se plaire à Lui-même,
Qu'à lier l'autre à Son plaisir,
Il jouit de voir autrui privé de son bien-être
Et construit un Enfer pour le dépit du Ciel.

Plus tard dans l'après-midi, je suis allée marcher avec Mabel le long d'un étroit chemin jusqu'à une ferme voisine où j'avais eu la permission de faire voler mes faucons des années auparavant. Était-ce encore le cas ? Sans doute pas. Mais cela m'était égal. Il y avait un certain panache à l'idée de se mettre en douce dans une situation légèrement illégale. J'ai levé mes jumelles pour examiner les champs. Pas de tracteurs, pas d'ouvriers agricoles, pas de promeneurs avec leurs chiens profitant de la fin de la journée. Nous avons donc progressé discrètement, Mabel et moi, jusqu'au petit bois le plus élevé, là où autrefois je trouvais des lapins. Nous avons furtivement contourné un bosquet de prunelliers et, à quelque trente mètres, un peu à l'écart de la lisière du bois, j'ai aperçu trois lapins à contre-jour, les oreilles rougies par le soleil, accroupis pour brouter. À côté d'eux, un faisan qui passait lentement.

La douleur qui m'avait poussée à faire voler un autour a désormais disparu. Tout a disparu sauf cette paisible scène sylvestre dans laquelle j'ai l'intention de déchaîner chaos et meurtre. Je fais le tour du bois, courbée, retenant ma respiration, mon attention fixée sur le plus microscopique détail. Je suis devenue un être de vision et de volonté pures. Mabel garde les ailes écartées ; sa tête reptilienne serpente et ses yeux brillent. J'ai l'impression de brandir un animal bâtard issu du croisement entre une torche enflammée et un fusil d'assaut. L'herbe est douce sous mes pas. Un bras tendu pour garder l'équilibre, je progresse jusqu'au dernier tournant et je tends lentement mon poing ganté de derrière l'écran des buissons.

L'autour s'élance avec le recul d'une carabine Lee-Enfield. Je sors de derrière les buissons pour regarder et vois une succession d'événements si rapides qu'ils se décomposent comme dans une bande dessinée. Case n° 1 : l'autour s'élance, image saccadée de rayures, rémiges et serres. Case n° 2 : l'autour au ras du sol, l'herbe qui se couche sous lui. Ailes chocolat battant à toute force, dos bossu. Case n° 3 : lapins en fuite. Case n° 4 : le faisan aussi, ramassé sur lui-même, courant se mettre à l'abri à la lisière du bois.

Mais il n'y aura pas d'abri. L'ordinateur tactique de l'autour gère les priorités et prend des décisions quasi instantanées. Mabel tourne comme une fronde, talons incurvés, absorbant l'accélération comme une éponge. Replie ses ailes et disparaît, engloutie par le trou noir du bois sous la basse branche d'un mélèze. Tout a disparu. Il n'y a plus ni lapins, ni faisan, ni autour. Ne reste qu'un trou noir en bordure du bois. Et tout est devenu très silencieux. On n'entend plus que le *coc coc coc* du faisan affolé.

Je pénètre en courant dans le bois et frissonne. Nous étions parties dans la brume douce et laineuse d'un soir d'été ensoleillé. Herbe tendre, papillons bruns des champs, lumière confortable et caressante. Dans le bois, la température chute de cinq degrés, la lumière faiblit. Il fait sombre et froid. Dehors, soir d'été finissant en Angleterre. Ici, la Norvège. Je m'attendrais presque à ressentir le grésil crépiter entre les épines de ronce. Je m'immobilise, un peu déconcertée, regarde autour de moi. Rien. Pas d'autour. Que faire ? Que faire maintenant ?

Je reste parfaitement immobile et j'écoute. Je tends l'oreille pour entendre dans l'obscurité. J'écoute si fort que l'air devient une matière particulaire et que le son n'est plus du son, mais une onde de pression qui se propage à travers ces milliards de molécules. Mais il n'y a pas le moindre son. Un silence mort, ouaté, entre les troncs des mélèzes. Puis, à une certaine distance sur ma gauche, assez loin, j'entends un bruit de lutte et de branchages qui cassent, et le tintement caractéristique des sonnettes. Je traverse les buissons à l'aveuglette. J'ai cru entendre couiner : peut-être a-t-elle attrapé un lapin ? Le silence à nouveau, seulement rompu par ma respiration hachée et le craquement des branches d'un arbre mort, que je casse avec une force brute et aveugle pour arriver sur les lieux.

Là, je la vois avant de l'entendre : elle ressort à vive allure d'un fourré d'épineux qui surplombe une immense garenne. Volant à vive allure, la poitrine massive, elle se jette sur mon poing. À part ses cires et ses pieds couleur jaune, tout est en noir et blanc. Prunellier noir, épines noires, poitrine blanche de l'autour, plumes ornées de larmes noires, griffes noires, bec noir. Traînées de craie blanche là où les lapins ont creusé leurs terriers. Lorsqu'elle se pose sur mon gant, elle a les pieds couverts d'une boue crayeuse qui le macule et laisse de petites marques blanches, lettres de mots à demi oubliés qu'elle brouille, efface et réécrit tandis qu'elle se nourrit.

Je n'avais pas chassé au vol depuis longtemps, et je ne me souvenais pas que cela se déroulait ainsi. En fait, j'étais certaine que rien n'avait jamais ressemblé à cette expérience. J'étais abasourdie par le changement radical de subjectivité que l'épisode avait instillé : la façon dont le monde s'était dissous dans le néant tout en demeurant si réel et tangible qu'il en était quasi douloureux. La façon dont chaque seconde qui passait avait ralenti et s'était étirée, me faisant perdre la mesure du temps. Lorsque j'ai retrouvé le chemin pour rentrer à la maison, j'ai été surprise de voir combien le soleil avait décliné. Nous étions parties depuis moins d'une heure. On aurait dit des années.

Tom Cade, fauconnier et professeur d'ornithologie, a écrit que la fauconnerie consiste à « observer un oiseau avec le plus haut degré d'intensité possible ». J'ai longtemps pensé que c'était une jolie formule, et une formule exacte. Mais je savais désormais qu'il n'en était rien. Ce que je venais de vivre n'avait rien à voir avec l'observation des oiseaux, cela ressemblait davantage à l'activité du joueur - même si les enjeux étaient plus sanglants. Fondamentalement, il s'agit de perdre volontairement le contrôle. Vous consacrez votre cœur, toutes vos capacités, jusqu'à votre âme même, à maîtriser quelque chose - affaiter un faucon, interpréter le *Daily Racing Form* ou les combinaisons des cartes - puis vous renoncez à contrôler quoi que ce soit. Et c'est cela qui vous rend accro. Une fois que les dés sont jetés, que le cheval s'est élancé ou que le faucon s'envole, vous êtes disponible à la chance et vous ne pouvez plus contrôler le résultat. Cependant, tout ce que vous avez fait jusqu'à ce moment précis vous persuade que vous aurez peut-être de la chance : il se pourrait que le faucon attrape sa proie, que les cartes gagnantes soient tirées, que le cheval coiffe ses concurrents au poteau. Ce petit intervalle d'irrésolution est un étrange endroit où se tenir. Vous vous y sentez en sécurité car vous êtes entièrement à la merci du monde. C'est un flot dans lequel vous vous laissez aller, et vous courez ainsi vers ces instants de hasard sur lesquels tourne l'axe du monde. Tel est le mirage, la raison pour laquelle, quand nous sommes rendus impuissants par la douleur et le chagrin, nous nous perdons dans la drogue, le jeu ou l'alcool, dans des addictions qui emprisonnent l'âme brisée et la secouent comme un chien. Ce jour-là, avec Mabel, j'avais découvert mon addiction, et dans une certaine mesure, elle était aussi destructrice que si j'avais saisi une seringue pour m'injecter de l'héroïne. Je m'étais envolée vers un lieu dont je ne voulais plus jamais revenir.

Chapitre 19

Extinction

Les fauconniers ont un terme particulier pour désigner le faucon lorsqu'il est d'humeur à tuer : on dit qu'il est *yarak*. Les livres nous apprennent que le terme vient du persan *yaraki*, qui signifie pouvoir, force et hardiesse. Beaucoup plus tard, j'ai découvert avec amusement qu'en turc, le mot désigne une arme ancienne et qu'en argot, il désigne le pénis - au cas où vous auriez douté que la fauconnerie soit une affaire d'hommes... Je suis de retour à Cambridge et, tous les matins, lorsque j'emprunte le sentier rocailleux qui mène au sommet de la colline, je regarde Mabel devenir *yarak*. De façon extrêmement déroutante, on croirait voir un démon prendre progressivement possession d'elle. Sa nuque se hérisse, elle se penche en arrière, les plumes de son ventre se gonflent, ses épaules s'abaissent, ses doigts agrippent le gant de plus en plus fort. Son comportement passe de *Tout me fait peur* à *Je vois tout ce qui m'entoure, tout m'appartient et plus encore.*

Dans cet état, elle est hypertendue, un rapace à haute tension, toute d'anticipation et de désir de meurtre, si nerveuse qu'elle se débat dès qu'elle voit quelque chose bouger. Y compris ce qu'elle n'a pas le moindre espoir d'attraper :

une nuée d'alouettes, des pigeons volant à tire-d'aile au loin, voire un gros chat de ferme. Je tiens ses jets bien serrés pour ne pas la laisser partir. En revanche, je la lance quand une poule faisane s'enfuit devant mes pas. Mabel se jette violemment à sa poursuite, mais la faisane a trop d'avance. Cinquante mètres plus loin, l'autour ralentit et vire, puis revient vers moi en franchissant la cime d'un frêne en vol plané pour se poser doucement sur mon poing. Un autre jour, elle s'élance dans la pente derrière un lapin qu'elle est sur le point d'attraper lorsqu'il s'arrête net. Elle le dépasse et s'écrase au sol. Le lapin fait demi-tour et remonte en courant pour se mettre en sécurité dans un trou. Elle a redécollé pour reprendre la poursuite, mais le lapin a disparu. Elle se pose sur l'herbe, déconcertée et abattue.

Moi aussi, je suis abattue. Non pas que je sois assoiffée de sang, mais je ne veux pas que Mabel se décourage. Dans la nature, en effet, les jeunes autours restent perchés dans un arbre pendant des heures en attendant qu'une proie facile se présente : une petite corneille ou un lapereau. Or, nous sommes déjà en septembre, et la nature n'offre plus de fruits faciles à cueillir. Et tandis que la plupart des autoursiers ont un chien pour les aider à lever le gibier ou un furet pour débusquer les lapins, ce n'est pas mon cas. Tout ce que je peux faire, c'est marcher avec mon autour et espérer que nous trouverons quelque chose à attraper. Mais je ne lui suis pas d'une grande aide : ses sens sont bien plus affûtés que les miens. Nous passons près d'un fossé, en contrebas d'une haie, où pullulent sans doute lapins, rats et Dieu sait quoi d'autre, entièrement cachés par des ronces et des églantiers sauvages couverts de « barbes de Saint-Pierre », de petites galles duveteuses vertes, roses et écarlates tels des fruits exotiques. Mabel veut plonger vers le fossé. Comme je n'ai pas conscience qu'elle a vu quelque chose, je ne la lâche pas, avant de maudire mes piètres sens d'humain. Car il y avait bien là quelque chose. Une souris ? Un faisan ? Un lapin ? Je donne des coups de bâton dans le fossé, mais rien ne sort. C'est trop tard. S'il y avait quelque chose, ça a disparu. Nous reprenons notre marche. Mabel troque son agressivité meurtrière pour un air de sévérité cocasse : *Comment donc suis-je censée attraper quoi que ce soit avec cette idiote collée à mes basques* ?

Je rentre épuisée de notre dernière tentative, un après-midi infernal, traumatisant, agité par un vent aigre et hargneux. J'avais rejoint Stuart et Mandy sur la colline.

— Je vais faire rabattre les chiens pour voir si on peut lui trouver quelque chose, me dit-il.

Mais Mabel refuse tout net de collaborer. Elle se débat, piaille et lance des regards furieux. Elle déteste les chiens. Elle déteste toute cette scène. Moi aussi. Je la nourris et nous rentrons chez nous. Là, j'attrape des vêtements dans une armoire, dans l'espoir de me transformer en une personne civilisée et joviale, du genre de celles qui vont à des vernissages. Je me débarrasse des graines de bardane qui sont restées accrochées dans mes cheveux, je me lave la figure, j'enfile une jupe et un pull en cachemire dont je remonte les manches jusqu'aux coudes. Je me maquille : un trait noir sur chaque paupière. Fond de teint. Mascara. Un peu de baume pour camoufler le fait que mes lèvres sont toutes gercées par le vent, et une paire de boots à talons, ce qui m'inquiète, car je ne pourrai pas courir (à ce stade, pouvoir courir me semble indispensable). Un coup d'œil à la glace pour vérifier que le résultat est convaincant. Je suis ravie d'être si bien déguisée. Mais il se fait tard et je me précipite, car je n'ai que vingt minutes pour rejoindre cette galerie d'art où a lieu le vernissage d'une exposition au sujet de laquelle je suis censée tenir une conférence dans quelques semaines. Il faut donc que j'aille voir de quoi il retourne. Au volant, je lutte contre le sommeil, et le temps d'arriver, j'ai les jambes qui flageolent.

Je pensais voir une salle emplie de tableaux et de sculptures, mais lorsque je pousse la porte, je découvre quelque chose de tellement inattendu que mon cerveau s'emballe. Une cabane grandeur nature, en planches brutes, qui est selon la description la réplique exacte d'un affût installé en Californie. Trouver une telle construction dans une galerie est aussi déconcertant que d'ouvrir la porte d'un réfrigérateur et y découvrir une maison. Il y fait sombre. Les gens se pressent pour regarder vers l'extérieur par une fenêtre. Je regarde à mon tour et oh ! je comprends le truc. Excellent. L'artiste a filmé ce que l'on voit depuis la vraie cabane et projette le film sur un écran derrière la fenêtre. On voit donc un condor de Californie en plein vol, cet immense vautour couleur de cendre noire, un oiseau en voie d'extinction, décimé par les persécutions et la disparition de son habitat, empoisonné par le plomb qui contamine les charognes dont il se nourrit. À la fin des années 1980, il n'en restait que vingt-sept spécimens, et dans une tentative désespérée de sauver l'espèce, on les captura afin de pouvoir les élever en captivité et, plus tard, relâcher leurs petits pour repeupler leur habitat. Certaines personnes tentèrent de s'opposer à ce plan, sincèrement convaincues que la capture des derniers survivants signerait la fin des condors. C'étaient des oiseaux qui ne pouvaient qu'être sauvages, affirmaient-elles. Un condor captif n'était plus un condor.

Je regarde le condor pendant un certain temps et cela me remplit d'impatience. J'ai l'esprit plein de vrais ciels et de vrais faucons. Je me souviens des condors vivants que j'ai vus dans un centre d'élevage, des années auparavant. D'immenses oiseaux aux plumes lâches, au long cou de dindon, des oiseaux déterminés et curieux. Des oiseaux à l'allure porcine en boas de plumes noires. Rares, mais également complexes, réels, très particuliers et étonnants. Le condor de la galerie n'avait rien de commun avec eux. *Tu es stupide, Helen. C'est précisément cela, le message de cette installation. Le sens est là, sous tes yeux.*

Je réfléchis à ce que sont les animaux sauvages dans notre imagination et à la façon dont ils disparaissent, non seulement de la nature mais de la vie quotidienne, pour être remplacés par des images d'eux-mêmes imprimées ou projetées sur un écran. Plus ils deviennent rares, moins les animaux ont de signification. Et en fin de compte, leur rareté, c'est tout ce qu'il en reste. Le condor devient un symbole d'extinction. Il ne représente guère plus que le fait d'être le dernier de son espèce. Et c'est en cela que notre monde rétrécit. Comment pouvez-vous aimer quelque chose, comment pouvez-vous lutter pour le protéger, s'il ne signifie plus rien d'autre que la perte ? Il y a un abîme entre la vie viscérale et sanglante que je partage avec Mabel et la vision distanciée, réservée, qui caractérise la façon dont nos contemporains apprécient la nature. Je sais que certains de mes amis considèrent le fait de vivre avec un faucon comme quelque chose de moralement suspect, mais je ne pourrais pas aimer les oiseaux ou les comprendre aussi profondément si je ne les avais vus que sur des écrans. J'ai fait d'un faucon un fragment de vie humaine et d'une vie humaine un fragment de la vie d'un faucon, ce qui l'a rendu un million de fois plus complexe et source d'émerveillement à mes yeux. Je repense à la surprise contrite que j'ai éprouvée lorsque Mabel s'est mise à jouer avec le télescope de papier. Mabel est bien réelle ; elle est capable de résister aux significations que les humains projettent sur elle. Mais le condor ? Il n'offre aucune résistance. Je regarde l'image atténuée qui dérive sur l'écran de la galerie. C'est une ombre, un symbole de perte et d'espoir. Ce n'est plus un oiseau.

L'autre installation est d'une simplicité extrême. Un oiseau allongé sur le dos, dans une boîte en verre dans une pièce vide. À sa vue, tous les grands discours imaginaires que je viens de tenir s'effacent. Il s'agit d'un perroquet, un ara de Spix. Il n'en existe plus en liberté et les derniers individus vivant en captivité sont l'objet de tous les soins : on tente de sauver l'espèce. Celui-là est mort depuis longtemps, empaillé, une petite étiquette attachée à l'une de ses pattes desséchées et recroquevillées, les plumes d'un bleu profond comme la mer du soir. C'est peut-être la chose la plus poignante que j'aie jamais vue. Cependant, penchée sur cette dépouille brillamment éclairée dans son cercueil de verre, je ne pense pas du tout à l'extinction des espèces mais à Blanche-Neige. À Lénine dans son mausolée mal éclairé. Et je pense au lendemain du jour où mon père est mort et où l'on m'a fait entrer dans la chambre d'hôpital où il reposait.

Ce n'est pas lui, avais-je pensé, affolée, après que la femme avait refermé la porte. *Il n'est pas là.* Quelqu'un avait enfilé un pyjama d'hôpital à cette statue de cire à l'effigie de mon père, allongée sous une couette à motifs. Pourquoi faire une chose pareille ? Cela n'avait aucun sens. C'était absurde. J'avais reculé d'un pas. Puis j'avais aperçu sur son bras la coupure qui ne guérirait pas et je m'étais arrêtée. Je savais que je devais dire quelque chose. Pendant des siècles, je suis restée physiquement incapable de prononcer quoi que ce soit, la gorge bloquée par une boule de la grosseur d'un poing qui s'emparait des mots et refusait de les laisser sortir. Je me suis mise à paniquer. Pourquoi ne pouvais-je pas parler ? *Il faut que je lui parle.* Puis les larmes sont venues. Des larmes différentes de d'habitude, de l'eau qui a ruisselé sur mes joues et est tombée sur le sol. Et avec l'eau, les mots sont venus. Je me suis penchée au-dessus du lit et j'ai parlé à mon père qui n'était pas là. Je me suis adressée à lui avec sérieux et grand soin. Je lui ai dit que je l'aimais, qu'il me manquait, qu'il me manquerait toujours. Et j'ai poursuivi, je lui ai expliqué des choses, des choses dont je ne me souviens plus aujourd'hui mais qui, ce jour-là, étaient d'une clarté et d'une importance brûlantes. Puis le silence s'est fait. J'ai attendu, sans savoir pourquoi, avant de réaliser que j'espérais recevoir une réponse. C'est alors que j'ai su que c'était fini. J'ai pris la main de mon père dans la mienne pour la dernière fois, l'ai serrée brièvement, et j'ai quitté la chambre en silence.

Au cours de la promenade suivante sur la colline, je suppose que Mabel apprend ce pour quoi elle existe. Elle poursuit un faisan. Il s'écrase dans les ronces sous une haute haie. Elle se pose au sommet, regarde vers le bas, son plumage clair se détachant contre le sol noir de la pente derrière elle. Je me mets à courir. Je pense me souvenir de l'endroit où le faisan a disparu. Je me persuade qu'il n'a jamais été là du tout. Je sais qu'il est là. Le sol argileux alourdit mes bottes et me ralentit. Je progresse dans un monde de boue en train de geler lentement, et l'air même semble plus difficile à traverser. Mabel attend que je débusque le faisan.

Si seulement je savais où il est ! Je suis désormais contre la haie, je le cherche tout en échafaudant des scénarios pour la suite. En ce moment, les alternatives sont en train de disparaître les unes après les autres jusqu'à l'inéluctable issue : le faisan va s'envoler. Je ne vois plus ni Mandy ni Stuart, même si je sais qu'ils ne doivent pas être loin. Je progresse à grand bruit dans les ronces et les branchages, vaguement consciente des épines qui me griffent et me déchirent la peau. Je ne vois plus Mabel parce que je cherche le faisan, et je dois donc deviner ce qu'elle fait en me mettant à sa place, en devenant à la fois le faucon perché au-dessus et l'humain au ras du sol. L'étrangeté de cette dissociation me donne l'impression de marcher en dessous de moi-même, et parfois de m'éloigner de moi-même. Puis, l'espace d'un instant, tout se réduit à des lignes en pointillé, l'autour, le faisan et moi-même devenons les éléments d'un exercice de trigonométrie, chacun d'entre nous indiqué par une gracieuse lettre en italique. Je suis désormais tellement concentrée sur les positions relatives de l'autour et du faisan que ma conscience se libère complètement et se partage entre l'un et l'autre, d'abord l'autour qui scrute le sol, puis le faisan caché dans le roncier qui regarde en l'air, et je progresse comme si je ne pouvais absolument plus avoir le moindre impact sur le monde. Il semble impossible de lever ce faisan. Je ne suis pas ici ; le temps s'étire et ralentit. Survient alors un sentiment de panique, une petite bouffée de peur suscitée par des pensées d'annihilation au sujet de ma place dans le monde. À ce moment précis, le faisan, un gros oiseau pâle tout en muscles, aux ailes bruissantes, est débusqué. L'autour fond sur lui, et toutes ces droites qui relient le cœur, le cerveau et les scénarios à venir, ces lignes qui me relient également à l'autour et au faisan, deviennent instantanément solides, elles convergent toutes vers un petit nœud de plumes et de serres agrippées dans la boue, au beau milieu d'un petit champ, au centre du petit comté d'un petit pays au bord de l'hiver.

Je regarde fixement l'autour qui agrippe le faisan mort. Ses yeux fous me fixent aussi. Je suis abasourdie ; je ne sais pas ce que je m'attendais à ressentir. Le goût du sang ? La brutalité ? Non. Rien de tout cela. Je suis couverte d'égratignures de ronces d'avoir plongé dans la haie. Dans mon cœur, une douleur sourde que je n'identifie pas. L'air s'emplit d'un brouillard chatoyant, poudreux comme du talc. Je regarde l'autour, le faisan, l'autour. Puis tout change. Mabel cesse d'être un instrument de mort violente. Elle devient une enfant. J'en suis secouée jusqu'au plus profond de mon être. C'est une enfant. Un bébé autour qui vient de comprendre quelle est sa véritable nature. Ce pour quoi il existe. Je me baisse et inconsciemment, comme une mère qui aide son enfant à manger, je me mets à dépecer le faisan avec elle, pour elle. Et lorsqu'elle commence à manger, je m'accroupis pour la regarder. Je la regarde se nourrir, les plumes s'envolent et sont poussées le long de la haie où elles se prennent dans des toiles d'araignées et des branches cassées. Le sang brillant sur ses griffes coagule et sèche. Le temps passe. Bénédiction du soleil. Un souffle de vent fait osciller les tiges des chardons puis meurt. Et je me mets à pleurer, sans bruit. Les larmes coulent sur mon visage. Pour le faisan, pour l'autour, pour mon père et sa patience, pour la petite fille debout derrière le grillage qui attendait la venue des faucons.

Chapitre 20

Dans sa cachette

White se précipite hors de chez lui. Le postier vient de lui dire qu'il y a des corbeaux qui s'agitent dans les bois aux alentours. Le souffle court, il s'élance vers les arbres. Gos n'y est pas, bien évidemment. Il n'arrive pas non plus à trouver les éperviers. Il croit parfois les entendre, mais peut-être sont-ce des cris de chouettes. Il vit désormais dans un paysage d'ouï-dire où les rumeurs de faucons courent telles des rumeurs de guerre. Il fixe le ciel. Il couvre les environs de pièges. Il reste à l'affût des journées entières, de l'aube au crépuscule, dans les bois, perclus de crampes et de frissons. Rien. Il achète un piège à mâchoires comme en utilisent les gardes-chasses. Il en lime les dents destinées à casser les pattes des rapaces et recouvre les mâchoires de feutre. Puis il fabrique un autre piège, un piège de fauconnier, d'après la description qu'il a trouvée dans un livre : un nœud coulant de fil à pêche dissimulé sous un cercle de plumes fichées dans le sol et, au centre du cercle, un merle entravé. Il se cachera, le bout du fil à la main, et quand l'autour attrapera le merle, il tirera, le nœud coulant glissera au-dessus des plumes et prendra le faucon par les pattes. Cela pourrait fonctionner, s'il pouvait tout d'abord capturer un merle qui lui serve d'appât. Mais il n'y parvient pas. Il désespère. Il écrit une lettre. *Dear Herr Waller,* commence-t-il en anglais, car son allemand est rudimentaire. Il demande un autre autour à cet homme qui lui a déjà envoyé Gos. Il sait qu'il est peut-être trop tard dans l'année pour récupérer un juvénile et que les « passagers », les faucons capturés alors qu'ils savent déjà voler, sont très rares. Mais il finit la lettre sur une note d'espoir et va la poster à Buckingham. Il attend en vain une réponse de Berlin, il attend son autour, il attend en pénitence et expie ses péchés. Rien ne vient. Pas de réponse.

Mon contrat d'enseignement touchait à sa fin. Il était temps de déménager. J'étais déjà perturbée émotionnellement mais, sous l'effet du stress de ce déménagement, les symptômes de dysfonctionnements sont devenus spectaculaires. Ma nouvelle maison dans la banlieue de Cambridge était tout le contraire de la maison ancienne que j'avais habitée au cœur de la ville. Elle était immense, moderne, dotée d'un vaste salon où l'autour pouvait dormir, et entourée de pelouses où elle pouvait se prélasser au soleil. J'ai rempli le congélateur de viande pour oiseaux et d'un stock de pizzas. J'ai traîné des sacs en plastique noir emplis de vêtements à l'étage et les ai entassés à l'entrée de la chambre à coucher. La pluie est revenue, fine et aigre, et j'ai passé ma première journée avachie dans le canapé, un bloc de papier sur les genoux, sans parvenir à écrire le discours que je devais prononcer pendant la cérémonie à la mémoire de mon père. *J'ai cinq minutes,* me suis-je répété, *cinq minutes pour parler de la vie de mon père.*

La maison était pleine de jouets : cubes ornés des lettres de l'alphabet, puzzles, coffres emplis d'animaux en peluche, dessins au feutre à paillettes accrochés aux murs de la cuisine. C'était une maison familiale qui n'abritait plus de famille. Le vide que je ressentais était le mien mais, dans ma folie, j'ai commencé à croire que la maison ne voulait pas de moi, que sa famille lui manquait et qu'elle pleurait son départ. Je restais dehors avec Mabel de plus en plus longtemps. J'avais de plus en plus de mal à revenir parce que, lorsque j'étais dehors avec l'autour, je ne ressentais pas le besoin d'avoir un chez-moi. Dehors, j'oubliais que j'étais un être humain. Tout ce que voyait l'autour était cru, réel, dessiné avec une extrême précision, tout le reste s'évaporait dans le néant. Le paysage érigeait dans mon esprit des significations que je ressentais comme des pressions, comme de la lumière, comme des dons - des sensations impossibles à traduire en mots, comme le sont l'appréhension du danger ou le sentiment que quelqu'un est en train de lire par-dessus votre épaule. Tout devenait plus complexe mais aussi étrangement simple. Les haies, autrefois plantées d'aubépines, de prunelliers, d'érables et de frênes, étaient désormais tout d'une pièce, anonymes, faites de la même étoffe que moi. On aurait dit des personnes inanimées, ni plus ni moins importantes que l'autour, que moi-même ou que n'importe quel autre élément de la colline. Parfois, mon portable sonnait et je répondais. Je devais faire un effort terrible pour me traîner hors du nimbe brillant de l'espace quadrillé par les lignes de la stratégie et du désir de l'autour. Le plus souvent, c'était ma mère. Il lui fallait commencer par tout répéter, comme si elle m'apprenait à revenir de cette étrange ontologie de la haie vers une humanité plus ordinaire.

— Allô ! disait-elle.

Silence.

— Allô ?

Je portais Mabel sur le poing. La queue largement étalée, les épaules basses, elle transperçait tout du regard, le téléphone, moi-même, son attention se portant successivement sur une série d'objets. *Champs - clôture - champs - grive - coup d'aile - faisan - plume sur le sentier - soleil sur un fil - douze ramiers - à cinq cents mètres - tic - tic - tic* et ma mère qui me disait :

— Comment ça va ?

— Très bien, maman. Et toi ?

— Ça va. Tu as des nouvelles de James ?

Sa voix était lente et profonde comparée à la rafale de mots qui indexaient constamment les choses autour de moi, et je n'entendais pas ce qu'elle disait parce qu'il y avait douze ramiers à cinq cents mètres de là, que l'autour les regardait et moi aussi. J'étais incapable d'entendre la douleur de ma mère. Incapable de ressentir la mienne.

Nous sommes allées aujourd'hui dans un endroit différent, de l'autre côté de la ville, dans un champ envahi par les lapins. Il a fallu moins d'une minute à Mabel pour en attraper un au milieu d'une bande d'orties. Les faucons ne rapportent pas leur proie : il faut les rejoindre en courant, les laisser se nourrir pendant un moment puis les reprendre sur le poing et les récompenser. Je cours donc, me penche et, écartant les tiges urticantes, je ramasse le lapin avec l'autour pour les poser tous deux dans l'herbe. Bien que le lapin soit mort, désormais, sa fourrure froissée entre les griffes puissantes de l'autour, le sang jaillit lorsqu'elle lui déchire la poitrine. Je ne peux m'empêcher de le regarder, ce liquide bordeaux qui emplit la plaie, horrible et hypnotique, et se métamorphose en gelée au contact de l'air, comme une chose vivante. Ce sang qui *a été* quelque chose de vivant.

Il faut que je m'assoie et que je réfléchisse. C'est un grand mystère. Je sens quelque chose qui pèse contre ma poitrine, la creuse, une question qui exige une réponse. Mais ce n'est pas le moment de la contemplation : il faut que je reprenne Mabel sur le poing ou bien elle va se goinfrer et ne volera pas demain. C'est le moment de lui jouer le vieux tour du fauconnier qui veut éviter que son oiseau croie qu'on lui a volé sa proie. Tout d'abord, je découpe une cuisse du lapin et je la cache derrière mon dos, puis j'arrache quelques poignées d'herbe que j'entasse à mes pieds. Je brandis la cuisse tout en jetant l'herbe sur le lapin pour le dissimuler. Le faucon regarde vers le bas, ne voit que de l'herbe à ses pieds, puis regarde vers le haut, aperçoit la nourriture et saute directement sur le poing pour se nourrir.

Au moment où je glisse le lapin dans la poche arrière de ma veste, un bruit se fait entendre. Au début, ce n'est qu'un grondement sourd, qui change de hauteur, meurt puis revient. Des moteurs, de gros moteurs, de plus en plus bruyants. La note augmente jusqu'à devenir un grand mugissement marin et un bombardier de la Seconde Guerre mondiale, un Flying Fortress, émerge de derrière les arbres. Terrorisés, les pigeons ramiers posés sur les chênes s'éparpillent. Les faisans caquettent, les ombres oscillent, les quelques lapins encore là se précipitent vers leur terrier. Je suis prise d'un désir urgent de me cacher. Mabel, quant à elle, se contente de jeter un coup d'œil indifférent au monstre et se remet à manger. Je suis surprise. Comment est-il possible qu'elle ne considère pas cette énorme et lourde baleine volante comme une menace ? Cette dernière passe juste au-dessus de nos têtes, à une altitude incroyablement faible, peinte de ce vert profond adopté par l'US Air Force pendant la guerre. Lorsqu'elle vire dans le ciel ensoleillé, j'aperçois sur son ventre la trappe de largage et la petite tourelle du canonnier. Ses dimensions gigantesques, le ronronnement profond de ses quatre moteurs Pratt & Whitney, la sensation qu'elle est vivante, animale, tout cela me subjugue. Je m'accroupis et je la regarde en oubliant ma peur. Deux vers surgissent dans ma mémoire.

Contemple ceci, en notre temps,
Comme le voit le faucon ou l'aviateur casqué

Le poète W. H. Auden les avait écrits en 1930. Cela faisait des années que je n'y avais plus pensé. Avoir la vue surplombante du faucon et de l'aviateur : se libérer des réalités chaotiques de la vie humaine, acquérir de l'altitude et de la puissance, et de là, observer le monde. Se retrouver dans une position avantageuse d'où la mort puisse fondre. *En sécurité.* Je pense aux aviateurs américains en poste ici il y a soixante-dix ans, qui pilotaient les mêmes engins que celui-ci, grimpaient dans ces cockpits glaciaux, portaient des combinaisons de vol chauffantes qui ne fonctionnaient pas, respiraient de l'oxygène par des tuyaux de caoutchouc qui se remplissaient de cristaux de glace - à tel point qu'à haute altitude, ils devaient se pencher, saisir ces tuyaux et les écraser entre leurs mains afin de les déboucher et de pouvoir respirer. Ils dormaient dans des lits de camp sur une terre étrangère de pluie et de brouillard, s'habillaient en silence à l'aube, recevaient leurs instructions de vol puis couraient vers leur avion et poussaient les gaz, la poitrine serrée, tandis que les moteurs tournaient de plus en plus vite. Ils grimpaient vers les nuages, les yeux fixés sur les multiples manomètres et compte-tours, le navigateur énonçant le cap. Des heures de vol pour rejoindre l'Allemagne et en revenir, l'Allemagne où ils larguaient leur effroyable cargaison en traversant un ciel parcouru d'explosions. Un quart d'entre eux n'allèrent jamais au bout de leur période de service. Ce qui leur est arrivé est terrible. Ce qu'ils ont fait aussi, au-delà de toute imagination. Aucune guerre ne peut jamais se dérouler uniquement dans le ciel.

L'autour est sur mon poing. Huit cent cinquante grammes de mort dans un blouson de plumes. Un être dont l'univers se dessine à coups de scénarios et de vecteurs qui l'attirent vers la fin d'existences. Elle termine de manger les derniers lambeaux de cette cuisse de lapin, se frotte le bec contre mon gant et y laisse des fragments de fourrure claire. Puis elle remet ses plumes en place et regarde le ciel vide d'où le bombardier a disparu.

Comment le poème se poursuivait-il, après ces deux vers ?

Les nuages se déchirent soudain - Regarde

Je regarde. C'est cela. Je la sens. Cette attirance que l'autour exerce sur mon cœur, ce très ancien désir que j'ai de posséder la vision du faucon. De vivre en sécurité, en solitaire. De regarder le monde depuis un point haut. D'être l'observateur - invulnérable, détaché, autonome. Mes yeux se remplissent de larmes. *Je suis ici, et je ne pense pas être en sécurité.*

Mon père avait grandi pendant la guerre. Pendant les quatre premières années de sa vie, sa famille et lui-même avaient vécu sous les vagues de bombardiers volant en formation, découpés par les projecteurs la nuit ou pris dans leurs traînées de condensation rougeoyantes le jour. Quelle impression cela faisait-il de voir ces croix minuscules passer au-dessus de vos têtes ? De savoir que certaines cherchaient à vous tuer, que d'autres vous défendaient ? Pouvoir les distinguer procurait certainement, pour reprendre le vocabulaire de l'époque, une plus grande capacité de survie. Votre vie était liée à ces petits engins mobiles. Comme tous vos amis, vous fabriquiez des maquettes, vous dépensiez votre argent de poche pour acheter des numéros de *Aeroplane Spotter*, vous mémorisiez la position des moteurs et leur bruit, vous appreniez à reconnaître la forme des empennages et celle des fuselages. Et c'est ainsi que l'observation des avions est devenue l'obsession de mon père quand il était enfant. Numéroter, identifier, classer, noter, entrer dans les détails avec le désir impérieux de l'enfant qui veut tout connaître et tout maîtriser. Plus tard, il est allé à bicyclette jusqu'à des aérodromes lointains, emportant une bouteille de soda, un appareil photo Box Brownie, un carnet et un crayon. Farnborough, Northolt, Blackbushe. Des heures d'attente depuis la clôture pour un jeune garçon qui regardait à travers le grillage.

C'est de mon père que je tiens certainement mes talents d'observatrice, ai-je alors pensé. Peut-être était-il inévitable que je l'imite dès mon plus jeune âge, étant donné sa propension à lever les yeux au moindre bruit de moteur et à regarder à la jumelle le moindre sillage, et que j'apprenne que regarder ce qui vole est la façon de voir le monde. Sauf que, dans mon cas, il ne s'agissait pas d'avions, mais d'oiseaux.

Je réalise désormais que nous observions la même chose, ou du moins des choses que l'histoire a rendues similaires. Depuis les premiers jours de l'aviation militaire, les rapaces ont été considérés comme des avions de chasse incarnés. Des prédateurs aux qualités aérodynamiques parfaites. Les faucons volent, chassent et tuent. Les avions font de même.

La propagande militariste s'est emparée de ces similitudes pour faire de la guerre aérienne, comme des faucons, un élément de l'ordre naturel des choses. L'aura médiévale de la fauconnerie a également joué son rôle, et très rapidement, les faucons et les avions ont été étroitement associés dans les visions de guerre et de défense de la nation. On en trouve un exemple extraordinaire dans *Un conte de Cantorbéry,* film de 1944 réalisé par Powell et Pressburger. Dans les premières scènes, on voit un groupe de pèlerins chaucériens marchant vers Cantorbéry à travers un paysage vallonné. Un chevalier ôte son chaperon à un faucon et le lance. La caméra s'attarde sur les ailes qui battent - coupe - et la silhouette du faucon devient un Spitfire en piqué. Gros plan sur le chevalier. C'est le même visage, mais il porte désormais le casque d'un soldat moderne qui regarde l'avion. Cette séquence, sous-tendue par le mythe d'une Grande-Bretagne éternelle, montre avec quelle puissance l'image du faucon pouvait combiner le médiévalisme romantique et l'implacable technologie de la guerre moderne.

Assise dans l'herbe, à écouter au loin des moteurs d'avions sous un brumeux ciel d'octobre, je repense à mon père, debout près de la maison bombardée de mon rêve. Enfant, il était resté debout et avait attendu, avait été patient, et les avions étaient venus ; je me rappelle alors une histoire qu'il nous avait racontée un samedi matin au petit déjeuner. Une belle histoire. De manière modeste, elle faisait de lui un héros. J'ai été envahie de gratitude. J'avais vécu des semaines d'angoisse sans savoir ce que je dirais au cours du service à sa mémoire. Je savais désormais que cette histoire constituerait le cœur de mon discours. « Merci, papa », ai-je murmuré.

Dans le petit carnet gris de White, à la couverture ornée d'un serpent, il y a aussi des cauchemars d'avions. « D'or et d'argent à travers la brume bleue », ils foncent vers lui. White plonge sous l'eau, cherche des caves où se cacher, mais ils le retrouvent toujours, ils savent toujours où il est. Ils ont largué des explosifs puissants et des gaz empoisonnés pour le faire mourir. Ce sont les rêves de terreur d'un jeune garçon qui a grandi à la merci de figures d'autorité violentes : son père, ses professeurs, les préfets du pensionnat et désormais les dictateurs qui entraînent le monde dans la guerre. Dans *J'ai l'Angleterre dans la peau,* White explique qu'il avait appris à piloter parce qu'il avait peur des avions. Peut-être n'avait-il pas seulement peur de tomber. Peut-être les leçons étaient-elles une tentative de vaincre sa peur de la persécution en adoptant le regard de l'aviateur. Et de même qu'il avait combattu sa peur des avions, de même il s'était battu contre Gos. Car Gos était l'immoral et ténébreux rejeton des antiques forêts germaniques. C'était un meurtrier. Il possédait le prestige du dictateur. Ses lois étaient celles de Hitler et de Mussolini. Il était la violence et l'irrationalité du fascisme faites chair. « C'était un hittite, White écrirait-il plus tard, un adorateur de Moloch qui immolait ses victimes, pillait les villes, passait vierges et enfants au fil de l'épée. » Je commençais à voir désormais comment lire *L'Autour* différemment, comme quelque chose de semblable à un récit de guerre. C'est d'ailleurs ainsi que Siegfried Sassoon l'avait lu : il avait reconnu la bataille qui faisait rage dans ses pages. Lorsque le livre avait été publié, White lui en avait envoyé un exemplaire, mais Sassoon avait confessé ne pas avoir pu le lire en entier. Il avait commencé, avant de flancher. « Je ne supporte plus quoi que ce soit d'effrayant, expliquait-il, et ce que je lisais dans ce livre était insoutenable. »

Les opinions politiques de White apparurent malheureuses. Il abhorrait le capitalisme et, même s'il flirta un temps avec le communisme lorsqu'il était à Stowe, attiré par sa ferveur révolutionnaire, il se mit progressivement à le craindre car si la révolution survenait, elle le priverait de son individualité, la seule chose qu'il était certain de posséder. Désormais, il se demandait s'il n'était pas fasciste. Il n'en était pas sûr. Il détestait le nationalisme mais ne croyait absolument pas que les hommes soient égaux. Il n'aimait pas Hitler, mais pas non plus le gouvernement britannique. Il avait une vision puérile de la rédemption apocalyptique, pensant que lorsque la guerre éclaterait, elle engendrerait la destruction, le meurtre et la fin de la civilisation, mais que cela en vaudrait la peine si nous pouvions émerger des ruines en ayant acquis la sagesse.

Il fallait choisir son camp. La démocratie ou le fascisme. Le rationnel ou l'irrationnel. Le sang ou la paix. Les hommes ou les lapins. White avait choisi de tuer des lapins plutôt que des hommes et il choisit de faire la guerre lui-même avec un autour. Par l'intermédiaire de Gos, White combattait le dictateur en lui. À ses yeux, l'autour était salutaire, car il croyait que la guerre naissait de la répression des instincts innés de l'homme par la société. Parce que l'autour ne pouvait simuler, « il renforçait comme un alcool la sauvagerie non avouée du cœur humain ».

La guerre se déroulait donc là, dans une cuisine et une grange, un jardin et un bois. Le conflit ravageait un territoire disputé. Lorsque White comprit que c'était lui, le dictateur, il eut un avant-goût de la défaite, organisa la perte de l'autour puis s'en débarrassa. Alors survint une nouvelle étape de cette guerre : sa retraite dans des bunkers de la forêt. Depuis ces cachettes miniatures, il espérait capturer les faucons du ciel qui volaient comme les avions de ses rêves.

Des années auparavant, aux temps heureux où il avait vécu en sécurité à Saint-Leonard, son plus merveilleux souvenir était le jour où ses grands-parents l'avaient emmené dans les grottes de Hastings, où un guide leur avait fait visiter les curieuses salles creusées dans le grès par les contrebandiers. « À un moment de ce voyage sous la terre, alors que nous, les enfants, les nurses et les vacanciers, nous trouvions tous en silence dans le sable qui absorbe tous les sons, le guide avait éteint sa chandelle, comme il le faisait à chaque visite, nous plongeant dans l'obscurité la plus profonde. » White adorait ce souvenir. Pour un petit garçon qui se sentait toujours en danger, cette caverne obscure était un refuge où il retourna sans cesse en imagination. Il rêvait de tunnels et de grottes comme de sanctuaires. Il appelait d'ailleurs son cottage dans les bois son « terrier de blaireau ». Dans *Gone to Ground,* un bunker souterrain permet à un groupe de chasseurs d'échapper à la fin du monde et d'avoir la vie sauve. Et dans *La Sorcière de la forêt,* le deuxième livre de *L'Épée dans la pierre,* il décrit l'emprisonnement de Merlin dans une grotte sur la colline. L'emprisonnement de Merlin est dans les récits de Malory, mais pas le fait que Merlin sache ce qui l'attend. « En réalité, ce sera charmant d'avoir un peu de repos pendant quelques centaines d'années », annonce Merlin au roi abasourdi.

Retourner dans le ventre maternel, ce serait une manière de considérer cette obsession des endroits sombres et cachés. Cependant, White ne les voyait pas comme la matrice de la mère qu'il méprisait, mais comme des refuges souterrains, des endroits sûrs, car ils étaient dissimulés, invisibles pour ses persécuteurs.

Il s'est fabriqué une tombe, semblable à un coracle : une armature de fines branches de frêne recouverte d'une couverture sur laquelle il a semé des grains de moutarde et de gazon. Il en a parsemé la laine et attendu qu'elles germent. Ce matin, progressant comme une tortue portant sa carapace sur les épaules, il a transporté l'armature dans le bois, puis il a disposé la couverture au-dessus et s'est couché à l'intérieur, sur le sol. Pas de tabac, il ne peut pas fumer. Il peut à peine remuer. Il y reste des heures, tremblant de froid, à l'affût des faucons qui ne veulent pas venir. C'est une veillée d'armes, une épreuve, à l'instar des longues nuits de veille auprès de l'autour. Un nouvel orage traverse les *ridings*. Le ciel est plein d'une eau couleur de rouille, les arbres se délavent comme de l'encre. De grosses gouttes de pluie martèlent la couverture et transpercent ses vêtements fumants. Le vent qui se lève fait entrer dans l'abri l'odeur électrique de l'orage qui se mêle à celles de la laine mouillée et de la sueur. Il est tout proche d'eux désormais, de ces hommes, morts depuis longtemps, qui l'ont compris. Allongé dans une tombe, comme eux. Il retient son souffle lorsque des braconniers passent à proximité, des hommes qui connaissent tous les recoins parfaits de la forêt, des hommes qui ont la capacité instinctive de déchiffrer le paysage. Ils ne le voient pas. Il est devenu invisible. C'est une sorte de miracle. Les souffrances de son corps ne sont rien à côté de la joie qu'il ressent à s'être libéré de la douleur d'être vu.

Chapitre 21

La peur

C'était toujours lorsque j'étais agenouillée près de Mabel tapie sur sa proie que ces pensées me venaient, que je me demandais comment je pouvais faire cela, comment je pouvais chasser. Je déteste tuer. Je répugne à écraser des araignées, et l'on se moque de moi parce que je sauve les mouches. Mais désormais, je comprenais pour la première fois ce qu'était la soif du sang. Cette soif ne prenait sens que lorsque je m'alignais sur la vision de l'autour, mais alors elle l'emportait sur tout ce qui existait dans l'univers. Lorsque je voyais des oiseaux voler, je tournais la tête et je les suivais du regard avec une forme d'envie.

Chasser avec l'autour m'a entraînée à l'extrême limite de l'humanité. Puis cela m'a emportée au-delà de ce point, en un lieu où je n'avais plus rien d'humain. L'autour en vol, moi courant derrière elle, la terre et l'air devenant un motif de détails profonds et incurvés qui suffisait à tout oblitérer, le passé comme l'avenir, de telle sorte que seules les trente secondes à venir comptaient encore. Je sentais la brise d'automne coupante remonter jusqu'au sommet de la colline, et le besoin de virer vers la gauche pour redescendre la pente sous le vent, là où se tenaient les lapins. Je rampais, je marchais, je courais. Je me baissais pour regarder. Je voyais davantage de choses que jamais. Le monde se rassemblait autour de moi. Il prenait un sens absolu. Mais les seuls éléments que j'y percevais étaient ceux que voient les rapaces, et les lignes qui me guidaient dans le paysage étaient celles qui attiraient l'autour : la faim, le désir, la fascination, le besoin de débusquer, de voler et de tuer.

Cependant, chaque fois que l'autour capturait une proie, j'étais ramenée en deçà, je quittais le domaine de l'animal pour redevenir un être humain. Tel était le grand mystère qui se reproduisait chaque fois. Comment les cœurs cessent de battre. Un lapin prostré sur un tas de feuilles, prisonnier de huit serres implacables. L'autour qui le couvre de ses ailes, la queue largement étalée, les yeux brûlants, la nuque hérissée, la silhouette ramassée, contractée, férale. Alors je me baissais, je posais la main sur les muscles recroquevillés du lapin puis, calant la paume d'une main contre l'arrière de sa tête, là où la fourrure est douce et fauve, je tirais de l'autre, un, deux coups brusques sur les pattes arrière, pour lui rompre le cou. Un dernier soubresaut et ses yeux se voilaient. Je devais vérifier s'il était bien mort en lui touchant très doucement l'œil. C'était fini. Fini. Fini. Il fallait que je le fasse. Si je ne tuais pas le lapin, l'autour resterait posé sur lui et se mettrait à le dévorer, et au bout d'un moment, le lapin mourrait. C'est ainsi que les autours tuent leurs proies. La frontière entre la vie et la mort passe quelque part au milieu de leur repas. Je ne pouvais laisser une telle souffrance survenir. La chasse vous rend animal, mais la mort d'un animal vous rend humain. Quand je m'agenouillais près de l'autour et de sa proie, ma responsabilité était si grande que je la sentais cogner dans ma poitrine et enfler jusqu'aux dimensions d'une cathédrale.

Pendant des années, j'ai expliqué aux uns et aux autres que je préférais manger de la viande chassée par un autour plutôt que des choses qui avaient vécu aveugles et entassées dans une étable ou une batterie d'élevage. L'instant d'avant, le lapin est là, il remue le nez dans un champ qui sent bon l'ortie et les racines herbeuses, puis il court, se fait attraper et meurt. J'expliquais que la chasse au vol ne faisait pas de blessés : soit l'animal se fait prendre, soit il s'échappe. Je disais aussi que rien n'est gaspillé : tout ce que le faucon attrape est consommé, par lui-même ou par moi. Si vous choisissez de manger de la viande, répétais-je, je ne connais pas de meilleure manière de s'en procurer.

Tous ces arguments me semblent désormais mesquins et dénués de sens. Ils n'avaient rien à voir avec la réalité. Être là, avec un autour et un lapin qui tremble, se débat puis meurt. Et le monde qui me dévore. Le mystère, sérieux, absolu, que représentent la mort et le départ. « Mais comment peux-tu faire cela ? » me demandent les gens. Quelqu'un dit que c'est une façon de détruire le monde, morceau par morceau, après la mort de mon père. « Est-ce que les lapins, c'est toi ? » me demande quelqu'un d'autre. Non. « Est-ce une manière de te tuer ? » Non. « Est-ce que tu éprouves des regrets ? » Oui. Mais je n'ai pas de regrets d'avoir tué un animal. J'ai des regrets *pour* lui. Je suis désolée pour lui. Non parce que je me sentirais supérieure à lui. Il n'y a pas de condescendance dans ce sentiment de chagrin. C'est le chagrin que cause toute mort. Je me réjouis du succès de Mabel et je pleure ce lapin précis. Agenouillée près du corps, j'ai une conscience aiguë des contours de mon propre corps. La pluie qui me picote le cou. Une douleur dans le genou. Les égratignures sur les bras et les jambes que je me suis faites en traversant une haie et que je n'avais pas ressenties jusqu'à ce moment. Et j'ai une compréhension aiguë mais ineffable de ma propre mortalité. *Oui, je vais mourir.*

J'avais appris ce moment où il faut prendre ses responsabilités, qui me rendait capable de me baisser pour administrer le coup de grâce à ce lapin que Mabel tenait dans ses serres. Une part de moi-même passait à l'action, une autre part devait être tenue à l'écart. Il n'y a pas de meilleure expression que l'ancienne formule pour décrire cela : *Il faut vous endurcir.* J'ai appris qu'endurcir son cœur ne signifiait pas ne pas compatir. La vie de la proie n'est jamais ôtée à la légère. Je devais pouvoir répondre de ces morts. Pour la première fois de ma vie, je n'étais plus une observatrice. Je devais rendre des comptes, à moi-même, au monde et à tous ceux qui le peuplent. Mais seulement lorsque j'avais tué. Ces jours-là étaient très sombres.

Ils sont devenus plus sombres encore. De retour de la colline, un après-midi, je dépasse un groupe de marcheurs qui regardent un lapin recroquevillé sur le bord de la route, de l'autre côté. Ils sont bouleversés, les épaules voûtées par la sollicitude. J'arrête la voiture un peu plus loin et j'attends. Je ne veux pas leur parler, mais leur inquiétude me retient. Ils savent que le lapin est malade. Ils veulent agir, mais personne ne sait quoi faire et aucun n'a le courage d'imaginer ce qui est nécessaire. Ils regardent le lapin pendant plusieurs minutes, incapables d'intervenir, réticents à s'en aller. Puis ils poursuivent leur marche. Quand ils sont partis, je sors de la voiture pour approcher de la petite boule de poils. C'est un jeune lapin. Ses muscles sont atrophiés, sa tête couverte de tumeurs, ses yeux boursouflés. Sa fourrure est collante de boue. Il est aveugle.

— Pauvre petit lapin, je suis désolée.

Je me penche, endurcissant mon cœur, pour abréger ses souffrances.

Ce lapin avait la myxomatose. Cette maladie, un virus originaire d'Amérique du Sud mais déjà introduit en Australie et en Europe par les hommes, est arrivée en Grande-Bretagne en 1952 et a tué en deux ans quatre-vingt-quinze pour cent des lapins de Grande-Bretagne. Des dizaines de millions de cadavres, trempés par la pluie, jonchaient les routes et les champs. La disparition du lapin a eu des conséquences majeures sur l'environnement : les prés, qui n'étaient plus broutés, ont été envahis de broussailles, et les populations de prédateurs se sont effondrées. Depuis cette date, les lapins sont réapparus, mais leur nombre n'est plus jamais revenu au niveau de ce que l'on considérait auparavant comme normal. Et bien que le virus soit désormais moins virulent, des épidémies se déclenchent encore de temps à autre.

Ce petit lapin restait prostré dans ma mémoire. Il refusait de partir. Comme un fantôme, un être revenu du passé, du temps où j'étais petite et où les campagnes étaient en crise. Car il n'y avait pas que les lapins qui mouraient. Les populations de faucons étaient en chute libre à cause des pesticides agricoles. On abattait et on brûlait les ormes réduits à l'état de squelettes. Les loutres avaient disparu, les rivières étaient empoisonnées, les guillemots se noyaient dans les nappes de pétrole flottant à la surface de la mer. Tout était malade, et bientôt viendrait notre tour, je le savais, notre tour à tous. Je savais qu'un matin, une sirène retentirait et qu'il y aurait un double éclair de lumière à l'horizon. Je lèverais les yeux et verrais un gros champignon de nuages, puis, portées par le vent, arriveraient les retombées radioactives. Une poussière invisible. Et tout mourrait. Ou bien nous reviendrions à l'âge de pierre et vivrions en haillons, serrés autour de feux fumants, dans les ruines. Mais même ce maigre rêve de survie fut détruit. « Est-ce qu'on va construire un abri antiatomique dans le jardin ? » avais-je demandé à mes parents un après-midi après l'école. Ils s'étaient regardés. Peut-être n'avaient-ils pas compris. J'avais donc poursuivi : « J'ai trouvé un tract qui dit qu'on devrait construire un abri sous l'escalier, mais chez nous, il n'y aurait pas assez de place pour vous, moi et James. » Il y eut un long silence, puis ils m'expliquèrent avec douceur que notre maison était située tout près de plusieurs objectifs militaires d'importance stratégique. « Ça ne sert à rien de s'inquiéter. Il n'y aura pas de retombées. Si la guerre éclate, nous ne le saurons même pas. Nous serons pulvérisés en une seconde. » Ce qui, inutile de le dire, ne m'avait pas rassurée. Je gravais mon nom sur des morceaux d'ardoise que j'enterrais le plus profondément possible dans le jardin. Peut-être survivraient-t-ils à l'apocalypse.

L'archéologie de la douleur ne se fait pas avec ordre et méthode. Cela ressemble davantage à la terre que vous retournez à la bêche et où vous découvrez parfois des choses oubliées. Des éléments surprenants refont surface : non seulement des souvenirs, mais aussi des états d'âme, des émotions, des visions du monde plus anciennes. Le lapin était un fantôme revenu de l'apocalypse de mon enfance, et plus tard durant cette même semaine, un autre spectre est apparu. Un livre, cette fois-ci, que j'ai trouvé dans la bibliothèque d'un ami : une nouvelle édition du *Pèlerin*, de James A. Baker, l'histoire d'un homme obsédé par les faucons pèlerins sauvages qui hivernaient dans la campagne de l'Essex à la fin des années 1960. Cela faisait des années que je ne l'avais pas lu. Je gardais le souvenir d'une célébration poétique de la nature, mais quand j'ai commencé à le relire, j'ai découvert qu'il ne s'agissait pas du tout de cela. *Ce livre vient du même endroit que le lapin myxomateux*, me suis-je dit en frissonnant. C'était visible dans l'horrible désir de mort et d'annihilation qui habitait l'auteur, un désir déguisé en célébration élégiaque de ces oiseaux qui volaient dans des cieux empoisonnés, des faucons incandescents, reflets de soleil sur de l'étain, objets de mémoire avant même d'avoir disparu.

Je craignais Baker, et ce qu'il disait. Je ne craignais pas autant White. Malgré le désastre qu'avaient constitué ses relations avec Gos, malgré son désir de cruauté et ses opinions politiques calamiteuses, White menait un combat acharné contre la mort. Il aimait les petites choses de la vie et, sachant que la guerre allait venir, il vivait dans l'espoir de miracles. Dans le livre de Baker, je ne voyais aucun espoir. À ses yeux, le monde était en train de mourir et ses faucons symbolisaient une triple extinction : la nôtre, la leur, et la sienne. Il n'y avait pas de révolte en lui : il partageait le destin des faucons, il n'avait d'autre choix que de les suivre. Il était attiré par eux comme les mouettes et les pluviers de son livre qui s'élèvent, impuissants, vers le rapace qui va les frapper à mort, comme le bec de tous les petits oiseaux terrorisés, tapis dans les haies, se tourne telle l'aiguille d'une boussole vers le faucon magnétique qui les survole. Il n'y a pas de noms de lieux ni de personnages dans son livre. Ils avaient disparu, et je comprenais mieux pourquoi depuis que j'avais fait l'expérience de la fascination qu'exerce le faucon : je savais comment le monde pouvait disparaître dans la lumière qu'il projette. Mais les faucons de Baker étaient des êtres de mort. Troublée, j'espérais que mon autour soit un être de vie. Je l'espérais de toutes mes forces.

Je n'avais jamais été convaincue par les faucons de Baker car j'en avais rencontré de véritables avant d'avoir lu son livre : des oiseaux dressés, enjoués et doux, qui se lissaient les plumes dans le jardin d'une maison de banlieue. Mais la plupart de mes amis amateurs d'ornithologie, qui ont lu ce livre avant de voir un rapace vivant, ne peuvent désormais plus voir un faucon pèlerin sans qu'il ne représente pour eux l'aliénation, la disparition et la mort. Les choses sauvages sont faites d'histoires humaines. Petite fille, j'avais détesté ce que White pensait de son autour. Mais le fantôme de Gos frémissait sous les plumes vivantes de mon propre autour. Et derrière Gos se dissimulaient des fantômes plus ténébreux encore.

Il y a quelques années, je suis allée voir un ami qui était à l'époque le président de l'Association des fauconniers britanniques. Nous avons bavardé autour d'une tasse de thé, avons parlé de l'histoire de la fauconnerie, de celle du club, puis il m'a dit :

— J'ai quelque chose à te montrer.

Il a ouvert un placard où tout au fond, à demi caché par le bric-à-brac habituel de ce genre d'endroit, j'ai vu ce dont il s'agissait.

— Ce n'est pas vrai, Gordon, c'est bien ce à quoi je pense ?

Il m'a regardée et a hoché la tête.

— Je déteste ce truc. Je ne supporte pas de l'avoir ici, à la maison.

Je me suis accroupie pour sortir l'objet en question. Un faucon en bronze, dressé sur un haut piédestal, pesant, stylisé, le bord des ailes un peu patiné.

— Ça me fait flipper, Gordon.

— Moi aussi.

C'était une statuette de grande valeur et de très belle facture, mais nous aurions préféré qu'elle n'ait jamais été sculptée.

En 1937, Gilbert Blaine et Jack Mavrogordato furent invités à l'Exposition internationale de la chasse de Berlin. Ils se rendirent donc en Allemagne avec de quoi monter une exposition : des faucons empaillés sur leurs perches, des équipements de fauconnier, des photographies, des livres et des tableaux. Je soupçonne que leur participation, décidée à la dernière minute, ait en partie servi de couverture diplomatique à Lord Halifax, alors secrétaire d'État au Foreign Office et favorable à l'apaisement, et qui devait avoir des entretiens secrets avec Hitler.

À l'époque, il n'y avait guère plus de cinquante fauconniers en Allemagne, mais sous le IIIe Reich, le symbolisme de la fauconnerie était florissant. La couverture du catalogue de l'exposition s'orne d'un Übermensch nu et stylisé brandissant un aigle royal. L'association nationale des fauconniers, le Deutscher Falkenorden, bénéficiait du patronage des plus hautes autorités, et un grand centre de fauconnerie de l'État, le Reichsfalkenhof, avait été construit peu avant en pleine forêt à Riddagshausen. À Berlin, Blaine et Mavrogordato parcoururent des salles aux murs couverts de milliers de massacres et de bannières rouges ornées de swastikas. Ils admirèrent les rapaces allemands, faucons et aigles, perchés dans ces grandes salles, mais ils furent moins impressionnés par les démonstrations en plein air. Ils virent un faucon sacre attraper un pigeon entravé et un aigle lancé sur un lapin si bien apprivoisé qu'il resta immobile à brouter l'herbe jusqu'à ce que le rapace soit sur lui.

Comme deux pays seulement participèrent à l'exposition de Berlin, et que l'Allemagne remporta le premier prix, l'Association des fauconniers britanniques arriva seconde. Ce faucon de bronze que j'avais tiré du placard de Gordon était la récompense. Il avait été envoyé au club après l'exposition par Hermann Göring en personne - Göring, le bras droit de Hitler, le commandant en chef de la Luftwaffe, le Jägermeister du Reich, l'homme qui avait incendié le Reichstag. Il était passionné de fauconnerie, non seulement parce qu'il considérait que cet art ancestral avait constitué l'activité romantique des anciens souverains teutoniques, mais parce que les faucons eux-mêmes étaient une élite naturelle et symbolisaient parfaitement l'idéologie nazie : parangons vivants de la puissance, de la violence et du sang, qui s'attaquaient sans culpabilité aux plus faibles qu'eux. Le portrait du faucon favori de Göring, un gerfaut blanc posé sur une falaise, respecte à la lettre toutes les conventions de la peinture officielle du régime nazi : baigné dans la lumière du soleil levant, les ailes entrouvertes, le regard glacial fixé sur l'horizon. Göring possédait également un autour apprivoisé ; j'en ai vu une photographie dans des archives américaines, il y a longtemps. Un oiseau empaillé, présenté sur une branche d'arbre, un grand autour au plumage d'adulte portant encore ses jets et ses sonnettes, les serres desséchées agrippant le bois poussiéreux. L'oiseau avait été magnifiquement naturalisé : on avait pris grand soin de le faire paraître vivant. Glacée jusqu'aux os, j'avais fixé son regard vitreux en me demandant s'il avait eu un lien de parenté avec Gos. Il y avait en effet de fortes chances que ce soit un de ses cousins, car l'homme qui avait peint le faucon de Göring, présidé le Deutscher Falkenorden, organisé le patronage de la fauconnerie par le régime et conçu le Reichsfalkenhof n'était autre que Renz Waller, celui-là même qui avait envoyé Gos à White. C'était à lui que White avait écrit pour le supplier de lui procurer un deuxième autour, et qui lui avait répondu quelques semaines plus tard qu'il ferait tout son possible « pour lui trouver un autre Gos passager ».

Un nouvel autour ! Rempli d'excitation, White ouvre son stylo et rédige un *Projet pour un autour passager* sur la page de garde de son nouvel exemplaire du *Traité* de Bert. Les détails de ces nouveaux programmes de dressage résonnent d'une autorité inédite : « Veiller cette nuit, le garder sans cesse en mouvement », écrit-il. « Avoir un assistant pour prendre le relais. » Mais il n'y aura pas de deuxième autour. La veille du jour où il doit arriver, White est hospitalisé en urgence pour une crise d'appendicite, comme si son corps se rebellait contre la perspective d'une nouvelle et épuisante bataille. Imaginer le scalpel du chirurgien le terrorise, mais après l'opération, il écrit à John Moore : « D'une manière obscure, cela m'a fait me sentir plus pur. Je pense que je suis courageux et maître de mon âme, après tout. » Il survit à cette crise et retourne dans son cottage. Pendant quelque temps, il courtise Stella, l'infirmière de nuit qui l'a soigné quand il était à l'hôpital, même s'il la considère comme une créature totalement insaisissable. Mais lorsqu'il s'aperçoit qu'elle est sans doute prête à l'accepter, il la repousse avec cruauté.

L'hiver est long et sombre ; il y a quelque chose de mythique dans sa lente progression de la neige au dégel, de la neige encore à la boue, au malheur et à la maladie, comme si, en subissant l'épreuve de cette saison, il passait par plusieurs âges. Avec le printemps, l'espoir revient. White peuple sa maison d'orphelins : pigeonneaux et petites colombes, une chouette hulotte qu'il baptise Archimède, et deux blaireautins. Puis, en avril, il se rend en voiture à Croydon pour récupérer un nouveau faucon qu'il va appeler Cully. Il est en très mauvais état. La moitié de ses caudales ainsi que la plupart des rémiges primaires de son aile gauche ont été brisées lors de sa capture. White étudie des illustrations dans des livres de fauconnerie, découpe des plumes de busard pour leur donner la bonne dimension, les fixe et les colle aux calamus brisés de sa queue ou de ses ailes. L'empennage est l'un des grands arts de la fauconnerie. Mais il ne parvient pas à réparer ses plumes correctement et, pendant les huit semaines que dure son dressage, Cully se débat parfois si violemment qu'il finit sans plumes caudales, les rémiges abîmées, à peine capable de voler.

Il finit pourtant par s'envoler, par voler librement. Le cœur au bord des lèvres, White l'a lâché. Enfin, il chasserait avec un faucon qu'il avait lui-même dressé. Ses rêves éclatants d'autonomie, ses rêves de cruauté innocente étaient à portée de main. Mais la saison était déjà très avancée et il savait qu'il faudrait laisser Cully muer. Les faucons perdent toutes leurs plumes une fois par an, et le temps qu'elles repoussent, on ne peut pas les faire voler : on les laisse libres dans une vaste volière où on les nourrit à volonté. Cependant, White avait besoin d'obtenir un succès. Un soir, après des jours de battues infructueuses, il lâche son faucon en piteux état sur un lapin dans l'une des *ridings*. Après un vol calamiteux et disgracieux où, pendant un moment, il court plus qu'il ne vole véritablement, Cully attrape sa proie par la tête. White se précipite, sort son couteau de chasse et cloue le crâne du lapin au sol. Les désirs auxquels il n'avait pas donné libre cours pendant qu'il courtisait son infirmière se déchaînent dans une vague de ténèbres. « Pensez au désir, écrit-il en parlant de la mise à mort de ce lapin. La soif de sang est semblable au désir. »

Chapitre 22

La foire aux pommes

Bon sang, mais qu'est-ce que je suis venue faire ici ? Je suis assise sur une chaise pliante en plastique à l'ombre d'une grande tente d'exposition. À trois mètres de là, Mabel ressemble à une ombre jetée sur l'eau. Elle tient ses ailes croisées, aussi effilées que des épées, et ses yeux s'élargissent d'horreur. Je sais ce qu'elle ressent. *Il y a trop de monde,* me dis-je en m'agitant sur la chaise. *Beaucoup trop de monde.*

C'est Stuart qui m'avait demandé de venir :

— Le propriétaire de la ferme voudrait qu'on vienne avec quelques faucons pour la foire aux pommes.

— Quelle foire aux pommes ?

Il m'avait expliqué qu'il s'agissait d'une toute petite manifestation destinée à mettre en valeur l'histoire rurale des environs et les produits locaux.

— On ne va pas les faire voler mais juste les présenter sur leur perche, sous une tente, afin que le public puisse les voir. Je viens avec mon tiercel, et Greg avec son faucon de Barbarie. Alan apportera quelques aigles. Est-ce que tu peux venir avec Mabel ?

— Bien sûr. Pas de problème.

J'en étais capable : j'avais jadis travaillé dans un centre pour oiseaux et pendant des mois, je n'avais rien fait d'autre que de montrer des faucons à des visiteurs. Mais plus ce jour approchait, plus j'étais nerveuse. *Comment Mabel allait-elle réagir ?* Deux mois auparavant, elle avait été un autour capable de tout supporter, un rapace à l'épreuve des bombes et de la foule, mais les autours ne sont pas comme les autres faucons : ils ont besoin qu'on les promène constamment pour rester dociles. Or, nous vivons désormais dans une banlieue très calme et cela fait des semaines que nous n'avons vu personne. Elle a oublié comment ne pas être effrayée. Moi aussi. Devant le défilé de la foule, je serre si fort les dents que je sens la douleur s'étendre dans toute ma mâchoire.

Au bout de vingt minutes, Mabel lève une de ses pattes, ce qui lui donne l'air ridicule. Elle ne se détend pas encore assez pour faire bouffer ses plumes et ressemble toujours à un phoque bicolore trempé, mais elle a fait cette maigre concession au calme et se tient comme quelqu'un qui conduirait avec une main posée sur le levier de vitesse. Elle a l'air pitoyablement petite à côté des autres rapaces. À sa gauche, un aigle doré, un mastodonte dont les plumes de poitrine dessinent une cuirasse d'écailles métalliques. Ses serres sont aussi grandes que ma main. À sa droite, un aigle martial mâle, monstre noir et blanc aux yeux blancs perçants, un rapace capable de tuer une antilope. Il est gigantesque, plus gros que la plupart des chiens qui passent devant le grillage et qu'il suit du regard, sa huppe noire hérissée tel un chrysanthème, comme s'il méditait sur la possibilité de commettre un crime.

Stuart, quant à lui, est venu avec son faucon pèlerin, et Greg avec son faucon de Barbarie, un tout petit bijou de couleurs cuivre et bleu-gris aux doigts fins et dorés. Tandis que ce dernier se lisse les plumes, son propriétaire, arborant un énorme trou au coude de son pull en cachemire rouge, reste assis, les jambes croisées, et bavarde avec les passants. Alan, l'homme aux aigles, boit un gobelet de thé, le coude appuyé sur la perche d'un faucon sacre qui le regarde d'un œil calme et espiègle.

Incapable de rester assise, je pars faire le tour de la foire, qui n'est pas immense mais qui recèle des surprises. Le feuillage desséché d'un marronnier laisse passer des volutes de fumée s'élevant d'un baril qui sert de barbecue. Sous l'arbre, une vieille presse à cidre en bois déverse du jus de pomme dans des verres, les fruits écrasés formant un gros tas de pulpe couleur rouille. L'homme qui la fait fonctionner crie quelque chose à l'horticulteur buriné qui vend ses jeunes arbres sur le stand d'à côté. Je tombe sur un stand de gâteaux, un stand de maquillage pour enfants, un autre encore qui présente des vivariums pleins de serpents, d'araignées et de phasmes longs comme la main. Un étal de citrouilles orange près de la camionnette d'un glacier. Un petit garçon à genoux près d'un clapier regarde attentivement un lapin couché sous une notice où l'on peut lire JE M'APPELLE FLOPSEY. « Bonjour, Flopsey », dit-il en posant sa main sur le grillage. Je pénètre sous une grande tente blanche où je trouve des tréteaux chargés de centaines de variétés de pommes différentes. Certaines sont petites comme un œuf de poule et d'autres, des pommes à cuire, sont si grosses qu'il faut les tenir à deux mains. Chaque variété occupe une caisse en bois dûment étiquetée. Je marche lentement dans l'ombre verte parmi tous ces fruits dont les différences me ravissent. Une pomme orange clair tigrée de rose : *Variété Charles Ross. Origine : Berkshire, avant 1890. Pomme à cuire et à croquer.* Une petite pomme recouverte de marques rosissantes sur un fond vert pâle, tel un morceau d'écorce : *Variété Coronation. Origine : Sussex, 1902. Pomme à croquer.* Un galet rond et vert, rose profond sur le côté à l'ombre : *Variété Chivers Delight. Origine : Cambridgeshire, 1920. Pomme à croquer.* Une énorme pomme, d'un jaune moucheté de rouge intense : *Variété Peasgood's Nonsuch. Origine : Lincolnshire, 1853. Pomme à cuire et à croquer.*

Les pommes me remontent le moral. Les différents stands aussi. Cette petite foire est décidément un endroit merveilleux. Je reviens vers ma chaise et comme Mabel est détendue, je me détends également. Je dévore un hamburger, je discute avec mes amis fauconniers. Nous échangeons des anecdotes, des plaisanteries, nous apaisons d'anciennes querelles, nous discutons également par le menu des qualités, des performances et du vol des différentes espèces de rapaces. Soudain, je suis frappée de voir combien la fauconnerie britannique a évolué depuis la période de Blaine et de White. À l'époque, il s'agissait d'un sport aristocratique et ésotérique pratiqué par une caste d'officiers et de gentlemen. En Allemagne, la fauconnerie avait été jetée en pâture au rêve terrible d'un passé aryen inventé. Pourtant, nous voici tous rassemblés : un charpentier ex-biker, un ex-soldat désormais gardien de zoo, deux de ses collègues, un électricien et une ancienne historienne au chômage. Quatre hommes, deux femmes, deux aigles, trois faucons et un autour. Je bois au goulot d'une bouteille de cidre parmi ces gens qui sont, je le réalise soudain, la compagnie que j'ai toujours espérée.

— Excusez-moi. C'est un autour ?

L'homme a une quarantaine d'années, il porte des lunettes. Trapu, souriant, il tient dans ses bras un petit garçon qui se tortille.

— Attends, Tom. On va aller manger une glace. Je veux juste dire un mot à cette dame.

Je souris. Je sais ce que c'est que de tenir un être qui n'a pas du tout envie d'être là. Puis je ressens, juste un instant, un pincement au cœur.

Pas de père, pas de compagnon, pas d'enfant, pas d'emploi, pas de maison.

Reprends-toi, Helen. Je me tance silencieusement.

— C'est le vôtre ?

Je lui parle de l'autour. Il écoute. Au bout d'un moment, son visage devient sérieux, triste.

— Vous en avez de la chance. J'ai toujours voulu faire de la fauconnerie, toute ma vie. J'ai plein de livres et d'équipement, mais je n'ai jamais eu le temps. (Une pause.) Un jour, peut-être. (Il serre Tom un peu plus fort dans ses bras.) Allez, on y va.

Et ils se dirigent vers la camionnette du glacier.

Atmosphère blanche et articulations douloureuses. Nouvelle migraine. J'avale une dose de paracétamol codéiné. Le mal de tête ne me quitte pas. Dehors, le jour est brumeux, gris comme de l'étain, comme si on avait collé du papier-calque à la fenêtre. Je me recouche. *Il faut que j'aille faire voler l'autour*, me dis-je quand je me réveille. *Faut que j'aille la faire voler*. Mais j'ai tant de mal à bouger que j'espère secrètement que son poids, ou la météo, seront défavorables. Cependant, aujourd'hui, je n'ai aucune excuse pour rester au lit. L'autour et le temps sont idéals.

Nous traversons en voiture un après-midi étrange, ensoleillé, sans vent, qui rend le paysage semblable à une maquette de métal creuse recouverte de peinture émaillée. Nuages, guirlandes de feuilles, maisons. Tout est sur le même plan comme un décor de théâtre, tout est riveté ensemble. L'air sent le feu de bois. Ma fatigue est indicible. Je gare la voiture sur l'accotement herbeux près du champ, change les jets de Mabel et lui enlève son chaperon. Elle devient instantanément *yarak*. Elle sait où nous sommes. Et là-bas, il y a des lapins. Elle quitte le poing. Dès qu'elle s'envole, la douleur sous mon crâne s'estompe et la fatigue disparaît. Elle vole de plus en plus élégamment. Je m'étonne toujours de sa rapidité. Lorsque je la vois s'éloigner de moi vers une cible lointaine, sa silhouette bossue raccourcie par la perspective, je jurerais que le monde ralentit. Elle semble se mouvoir exactement à la bonne vitesse. Les lapins qui détalent, les feuilles qui tombent, un pigeon qui nous survole - tous ralentissent comme s'ils se mouvaient dans du liquide.

Je suis fascinée par la qualité de sa concentration. Je commence à croire à l'existence de ce que Barry Lopez a appelé « la conversation de mort », ce qu'il a vu dans les regards échangés entre caribous et loups en chasse, une négociation silencieuse qui se termine par la décision de devenir proies et chasseurs, ou de rester de simples passants. Je me demande si mon autour se livre à cela. Lorsqu'elle revient sur le poing, je me dirige vers trois lapins immobiles dans l'herbe, à dix mètres de nous, pas plus. Je m'approche à cinq mètres d'eux. Mabel est totalement *yarak*, mais elle ne les voit pas. Elle regarde quelque chose à l'autre bout du champ, à six ou sept secondes de vol au moins. Je murmure :

— Regarde, Mabel.

J'essaye d'incliner la main pour que sa tête soit tournée vers les lapins qui sont sous son nez. L'un d'eux sautille. *Il est juste là.* Elle continue à l'ignorer. Je ne comprends pas. Elle étire le cou vers le bout du champ, à nouveau.

Soudain, mon poing est désert. Elle est partie, elle vole très bas, très rapidement, dansant au-dessus des orties courtes, rate un premier lapin, se trouve une autre cible et recalcule sa trajectoire en une fraction de seconde, puis fond sur une autre proie. Tels sont donc les lapins avec lesquels elle était en conversation.

Je me précipite vers cet endroit. Je ne la vois nulle part. *Où est-elle ?* Il y a des orties partout, mais ce ne sont que des repousses d'à peine dix centimètres de haut. *Où est mon autour ?* Je retiens ma respiration. Silence. Puis j'entends un son de clochettes assourdi, à peine audible, et finalement je repère sa tête qui surgit des orties tel un serpent. *Sacré nom de...* Elle semble brisée, écrasée, comme si la gravité avait soudain été multipliée par dix. Ses ailes sont étalées, les lames de ses plumes recourbées vers le haut par la pression. Ah ! J'ai compris. Elle a étendu les ailes pour trouver la surface d'appui la plus grande possible contre le sol parce qu'elle a attrapé un lapin et que celui-ci a plongé dans son trou. Elle ne l'a pas lâché et résiste de toutes ses forces pour ne pas être entraînée sous terre. Elle halète, bec ouvert, sous l'effort. Je plonge la main dans le terrier, l'enfonce à tâtons le long de ses tibias incroyablement longs et sens la patte du lapin. Elle la tient du bout des serres. Je la saisis et cherche le moyen d'extraire le lapin de son terrier. Je tire un peu, il se débat, l'autour piaille. Je change de prise et, lentement, comme un prestidigitateur champêtre mais maléfique, je sors le lapin du trou et le jette dans l'herbe. Mabel le piétine, danse, l'agrippant désormais par la tête, et le lapin s'immobilise. Elle est dans un tel état de fureur qu'elle continue à frapper le lapin alors qu'il est déjà mort. Puis elle commence à le dévorer. Cela dure plusieurs minutes et bientôt, nous sommes entourées d'un cercle de douce fourrure grise.

La conversation de mort. Cette expression ne cessait de me revenir à l'esprit. J'y pensais à n'importe quel moment, en prenant un bain, en me grattant le nez, en me penchant pour attraper une tasse de thé chaud. Mon subconscient essayait de me dire quelque chose, mais même s'il hurlait très fort, je n'entendais pas. Un après-midi, Mabel a sauté de sa perche sur mon poing, a tendu sa patte et planté quatre serres dans mon bras droit non ganté. Je me suis figée. Le sang coulait sur le sol de la cuisine. Je ne pouvais rien faire. Sa prise était bien trop puissante, il fallait que j'attende qu'elle se décide à la relâcher. La pression était immense, mais c'était comme si quelqu'un d'autre que moi ressentait la douleur, aussi intense fût-elle. *Pourquoi m'a-t-elle attaquée ?* ai-je pensé après qu'elle a relâché mon bras et s'est comportée à nouveau comme si de rien n'était. *C'est la première fois qu'elle se montre agressive.* J'étais certaine de n'avoir rien fait pour la provoquer. Son poids était-il trop faible ? La balance était-elle cassée ? J'ai passé un bon quart d'heure à essayer de l'étalonner en pesant des piles de pièces de monnaie. Tout fonctionnait parfaitement. C'était moi qui ne fonctionnais pas correctement. Il ne s'agissait pas que d'une blessure infligée par un autour. J'étais en train de devenir hyperanxieuse. Je sursautais, prise de panique, lorsque le postier frappait à la porte. Je refusais de répondre au téléphone. Je ne voulais plus voir personne. J'ai annulé la conférence que je devais faire à la galerie d'art. J'ai verrouillé ma porte. Sur la colline, je fuyais les promeneurs et me cachais derrière les haies quand des tracteurs remontaient le chemin. Certains jours, je restais couchée, en proie à des souffrances mystérieuses que je croyais dues à une maladie en phase terminale.

Vous pourriez expliquer tout cela en vous précipitant sur des livres et des articles. Vous pourriez citer Freud ou Klein. Vous pourriez lire toutes sortes de théories sur l'attachement, le deuil et la douleur. Mais ces explications viennent d'un monde dans lequel l'autour n'existe pas. Elles ne sont d'aucune utilité. Ce serait comme tenter d'expliquer le sentiment amoureux en brandissant l'IRM d'un cerveau amoureux. Il faut chercher ailleurs.

L'anthropologue Rane Willerslev a vécu pendant un an dans une tribu youkaguir, dans le nord-est de la Sibérie. Il a été fasciné par la façon dont les chasseurs considéraient la relation entre les humains et les animaux. Les chasseurs, écrit-il, pensent que « les hommes peuvent se transformer en animaux en se glissant temporairement dans le corps d'un animal, et réciproquement ». Si vous voulez chasser l'élan, il faut vous habiller de peau d'élan, marcher comme un élan, vous glisser dans la conscience tout autre de l'élan. Ce faisant, les élans vous reconnaîtront comme l'un des leurs et viendront à vous. Cependant, comme l'explique Willerslev, les chasseurs youkaguirs considèrent ces transformations comme très dangereuses, car elles peuvent vous faire perdre de vue « votre identité d'espèce originelle et vous faire subir une métamorphose invisible ». Se transformer en animal peut mettre en péril l'âme humaine. Willerslev raconte ainsi l'histoire d'un chasseur qui avait traqué des rennes pendant plusieurs heures avant d'arriver dans un campement inconnu où des femmes lui avaient donné à manger du lichen et où il avait commencé à perdre la mémoire. Il se souvenait de son épouse, mais plus de son nom. En pleine confusion, il s'était endormi, et ce n'est qu'en rêvant qu'il était entouré de rennes le poussant à repartir qu'il s'était rendu compte de ce qu'il avait fait.

Cette histoire m'avait fait frissonner lorsque je l'avais lue, car c'était exactement cela dont il s'agissait. Je m'étais transformée en autour. J'avais pris sur moi toutes les caractéristiques de l'autour décrites par les livres et je me les étais appropriées. J'étais nerveuse, tendue à l'extrême, paranoïaque, encline à des accès de terreur ou de fureur. Parfois je me jetais sur la nourriture, ou au contraire, je ne mangeais absolument rien. Je fuyais les gens, me cachais de tout. Je me surprenais à dériver vers d'étranges états dans lesquels je n'étais plus certaine de savoir qui j'étais, ni ce que j'étais. À la chasse avec Mabel, jour après jour, j'avais adopté – en imagination, évidemment, car je ne pouvais aller plus loin – sa perspective totalement autre, sa compréhension non humaine du monde. Cela avait déclenché quelque chose de tout à fait semblable à la folie. Je ne comprenais pas ce que j'avais fait. Quand j'étais petite, je pensais que se transformer en faucon serait magique. Ce que j'avais lu dans *L'Épée dans la pierre* m'incitait également à croire que ce serait une expérience positive et instructive : une leçon de vie pour l'enfant qui deviendrait roi. Mais aujourd'hui, cette leçon causait ma mort. Cela n'avait plus rien à voir.

Deux jours avant le service en mémoire de mon père, quelque chose de très étrange survint sur la colline. Nous avions marché le long d'une haie qui bordait un champ de chaume clairsemé. Un faisan était caché dans cette haie : je l'avais entendu caqueter et courir, comme un rat, le long du fossé humide envahi d'orties, et Mabel aussi. Elle a donc bondi et s'est perchée au sommet de la haie, me tournant le dos, hors de ma vue. Elle était excitée, tout comme moi. Je me suis frayé un passage à grands coups d'épaule à travers la haie, sachant qu'à tout moment, un faisan allait jaillir devant moi dans un grand battement d'ailes cuivrées. J'ai passé la tête hors de la haie. J'ai entendu un grand souffle et ressenti un coup de massue. J'ai titubé. Se faire assommer par un autour ! Tout est devenu noir, puis j'ai vu un champ d'étoiles et j'ai ressenti l'étrange sensation proprioceptive de porter une couronne d'épines, une complexe auréole de douleur tout autour de la tête. Mabel avait rebondi après m'avoir griffée de ses huit serres pour aller se percher à nouveau sur l'arbre, où elle tournait la tête de tous côtés pour apercevoir le faisan, lequel avait fait ce pour quoi lui et ses congénères sont particulièrement doués : s'échapper. Étourdie, je secoue la tête. *Elle m'a prise pour le faisan. Elle n'a pas vu que c'était moi.* Un sifflement étrange dans les oreilles, puis un calme ouaté lorsque les endomorphines commencent à faire leur effet. Je tends la main, siffle pour qu'elle revienne, et recommence machinalement à fouiller le reste de la haie. Parvenues à son extrémité, nous revenons au soleil et je savoure avec un plaisir particulier le doux cocon de lumière chaude et dorée qui nous enveloppe. La tête bourdonnante, le pas encore mal assuré, je finis par me poser des questions : *Pourquoi ma vision est-elle si étrange ? Pourquoi ai-je les yeux qui me piquent ? Et pourquoi l'autour se débat-il aussi violemment en direction de mon visage ?*

Il me faut quelques instants pour comprendre. Je me frotte les yeux : ma main est complètement ensanglantée. Je retire mes lunettes : elles aussi sont couvertes du sang qui dégouline abondamment de mon front jusque dans mon œil gauche, ce qui commence à attirer l'attention d'un autour affamé.

Nom de Dieu, ça va finir comme chez Edgar Poe.

J'utilise ma manche et des poignées d'herbe humide pour en nettoyer le maximum. Heureusement, cela suffit à détourner l'attention de l'autour, qui ne semble plus me considérer comme son futur repas. Du doigt, je cherche l'incision : une profonde balafre d'un centimètre de long entre les deux yeux. Ah oui, le sixième *chakra*, le siège de la sagesse cachée, désormais marqué d'écarlate par le *bindi* de l'autoursier. J'appuie fortement sur la coupure avec mes doigts jusqu'à ce que le sang cesse de couler.

Puis je me remets à chasser, traversant les champs dans un état second d'euphorie douloureuse. Le soleil, descendu derrière des draps de stratus gris cendré, devient un disque lumineux qui rougeoie dans l'air poudreux et prend la couleur des yeux de Mabel. Je la brandis sur le poing pour comparer le soleil et l'autour, émerveillée par la correspondance. Une fois au sommet de la colline, mes jambes refusent de me porter plus loin. *Assez marché. Assieds-toi. Fais un somme.*

Je m'assieds sur le chaume, étourdie, et contemple la beauté du paysage. La brume qui se lève dans les creux. Les vols de pluviers dorés qui glissent en gerbes. La façon dont les nouvelles pousses bleutées de colza se détachent au milieu des tiges verticales du chaume à mes pieds. Le rougeoiement du soleil désormais perdu derrière la crête. Les criquets qui se mettent à chanter. Les corbeaux partant se percher pour la nuit passent au-dessus de nous telles des constellations mouvantes de petites étoiles noires. Peut-être ce coup sur la tête m'a-t-il remis les idées en place parce que, lorsque je suis rentrée chez moi, je me suis assise dans le canapé, un petit sparadrap rond collé sur le front, et j'ai rédigé d'une traite, en vingt minutes, l'éloge que je voulais faire de mon père.

Chapitre 23

Commémoration

Assise dans le train, je tenais serré contre moi le classeur où j'avais glissé mon discours. Le chauffage au ras du sol me brûlait les chevilles. Au-dehors, l'hiver s'installait. Ciels de papier, arbres étincelants. Les champs à contre-jour devenaient de plus en plus petits, comme si on les repliait à mesure que la ville approchait. Puis je me suis retrouvée dans l'église, le classeur à la main, et j'ai fixé des centaines de pieds sur le dallage noir et blanc, des centaines d'épaules, de cravates et de cols de chemises, des centaines d'ourlets de jupes dans le cliquetis et l'écho de centaines de petits talons noirs. Je me suis demandé avec inquiétude si j'étais suffisamment habillée. Je portais une robe de coton noir achetée chez Debenhams. Peut-être n'était-ce pas ce qu'il fallait ? Pourquoi n'avais-je pas choisi une tenue plus élégante ? Quelque chose de cher, de chic, à la coupe stricte et nette. Il m'a fallu quelques instants avant de soudain comprendre que ce sentiment de panique n'avait peut-être rien à voir avec ma tenue. Je me suis assise dans le chœur entre ma mère et mon frère. J'ai pris leurs mains dans les miennes, étourdie d'amour et de chagrin. Ma tante était là, ainsi que la compagne de mon frère et ses parents. Nous étions une famille. Nous l'étions vraiment. J'ai cherché du regard les autres personnes qui devaient prendre la parole : Ron Morgans et Alastair Campbell, qui avaient travaillé avec mon père pendant des années, ainsi que Jeremy Selwyn, un autre photographe, qui se mordait les lèvres en regardant la foule entrer.

Je me suis dirigée vers le pupitre, mon texte à la main. J'avais donné tant de cours et de conférences que je m'étais imaginé que ce serait facile. Mais non. J'étais terrifiée. Je me suis accrochée des deux mains au pupitre pour ne pas vaciller. *Comment vais-je y arriver ? Ne regarde pas l'auditoire,* m'a dit une voix dans ma tête. *Fais comme s'ils n'étaient pas là.*

Puis une autre voix a pris le relais : *Regarde l'auditoire.*

J'ai levé les yeux. Des centaines de visages. Les collègues de mon père, ses amis. À cet instant, la peur a disparu. Je ne pouvais plus être effrayée. Et j'ai commencé à parler. Je leur ai parlé de mon père, je leur ai raconté un peu le début de sa vie. Je leur ai dit qu'il avait été un père formidable. Je leur ai aussi rappelé son incapacité ridicule à porter autre chose qu'un costume - bien qu'il ait fait quelques concessions pendant les vacances en enlevant occasionnellement sa cravate. Je leur ai raconté comment, pendant un voyage en Cornouailles où il était allé photographier une éclipse totale, nous nous étions retrouvés sur une plage à attendre que le ciel s'obscurcisse et qu'un homme qui prétendait être la réincarnation du roi Arthur, un homme qui portait un diadème d'argent et une longue robe blanche, s'était approché de lui pour lui demander, perplexe :

— Pourquoi portez-vous ce costume ?

— Eh bien, lui avait répondu papa, on ne sait jamais qui on va rencontrer.

Puis je leur ai raconté une histoire dont j'espérais qu'ils la comprendraient.

Debout près d'une clôture, un jeune garçon fixe le ciel. Il est allé à l'aérodrome de Biggin Hill pour observer des avions de la RAF. Il a neuf ans, dix ans peut-être. Il photographie tous les appareils qui se posent ou décollent avec le Kodak Box Brownie qu'il transporte suspendu à son cou par une ficelle, et note leur numéro d'immatriculation dans un carnet à spirale. Il se fait tard. Il devrait rentrer quand il entend un bruit qu'il ne reconnaît pas, la note d'un moteur inhabituel, et oui, *là*, c'est le moment dont il a rêvé. Il scrute le ciel. Il voit les feux de position d'un... il ne sait pas ce que c'est. *Il ne sait pas ce que c'est.* Quelque chose qui n'est dans aucun livre. Il le prend en photo. Il note le numéro dans son carnet. C'est une apparition venue du futur : un nouvel appareil de l'US Air Force. Pour un jeune garçon passionné d'aviation dans les années 1950, c'est comme de contempler le Saint-Graal.

* * *

Le jour où j'avais écrit mon discours, encore un peu sonnée, j'avais décroché le téléphone pour appeler mon père et lui demander de quel avion il s'agissait. Pendant un moment, le monde était devenu très noir.

* * *

Une main s'abat sur son épaule, une voix lui dit : « Viens avec moi, mon garçon. » Il est emmené de force jusqu'à un poste de garde, poussé à l'intérieur, et là, derrière un bureau, un sergent-major moustachu, l'air furieux, lui hurle dessus, arrache la page de son carnet, en fait une boule de papier qu'il lance dans une corbeille, puis se remet à hurler, ouvre l'arrière de l'appareil photo, exposant la pellicule qu'il déroule en grandes boucles d'acétate dans la poubelle. *Je pleurais toutes les larmes de mon corps*, racontait mon père. *Ils m'ont dit : « Rentre chez toi. T'as rien vu. Oublie que tu es venu ici. » Et ils m'ont raccompagné à l'extérieur de l'aérodrome. Je suis resté là avec mon carnet et mon appareil photo, à sangloter. Puis soudain, j'ai arrêté de pleurer parce que j'ai eu une idée. Une idée qui venait de* Dick Barton, Agent Secret, *ou que j'avais lue dans le magazine* Eagle. *Peut-être qu'en écrivant le numéro, j'avais appuyé suffisamment fort.* Avec son crayon, il noircit la page du carnet, et là, en lettres blanches sur le fond gris, il découvre ce qu'il avait inscrit sur la page manquante et qui s'était imprimé en creux : le numéro d'immatriculation de l'avion secret. Il arrête de pleurer et remonte sur sa bicyclette avec un sentiment de victoire.

Je suis retournée m'asseoir, un peu hébétée. Soleil et vitraux. Des choses, l'une après l'autre. La beauté douloureuse des chants de la chorale. Les prières du pasteur. Quand Alastair Campbell est monté au pupitre, il a lu le sonnet de Wordsworth intitulé *Écrit sur le pont de Westminster*, après l'avoir introduit d'une courte allocution dans laquelle il a dit, avec force, que mon père était un homme bon. Je me suis mise à pleurer. Je ne m'attendais pas à cela, ou pas à autant que cela. L'assemblée a chanté « Jérusalem » et je me suis forcée à remuer les lèvres, mais rien n'est venu que des fragments chuchotés. Puis, après la cérémonie, dans le jardin à l'ombre des arbres, un jeune homme portant des lunettes embuées et un cardigan violet m'a abordée timidement.

— Vous ne me connaissez pas. Je ne connais personne, ici. Ce sont tous de grosses pointures, mais je voulais vous dire que... je suis devenu photographe. Je peux en vivre, désormais. J'étais venu à Londres pour essayer de m'en sortir mais je ne savais pas ce que je faisais. Et puis j'ai rencontré votre père, pendant un reportage, et on a discuté. Il m'a donné plein de conseils. Il m'a aidé. Il n'était pas obligé de le faire, mais il l'a fait quand même et il m'a sauvé la vie. Il a été extraordinaire...

Puis il s'est tu, l'air embarrassé. J'ai fait un pas vers lui et l'ai serré dans mes bras, parce que je ne savais pas quoi lui dire. De plus en plus de gens sont venus m'aborder pour me parler de mon père. Toute la vieille garde était là, les pellochards des années 1960, et j'ai fini par pouvoir mettre un visage sur les crédits photos que j'avais si souvent vus. Ils m'ont dit qu'ils avaient aimé mon histoire. Que c'était génial de savoir que mon père avait été un journaliste-né. Que le jeune garçon en culottes courtes était déjà l'homme qu'ils avaient connu, l'homme qui avait toujours obtenu la photo qu'il voulait, qui avait toujours arraché son reportage aux mâchoires de la défaite.

Après la cérémonie, nous nous sommes tous retrouvés au Press Club pour prendre un verre, lequel s'est transformé en deux verres, puis trois... Les gens, devenant de plus en plus prolixes, se précipitaient vers moi pour me raconter d'autres anecdotes au sujet de mon père, des histoires de plus en plus confuses au fil de la soirée, tandis que les embrassades devenaient de moins en moins précises.

— Un autre verre ? m'a proposé un journaliste.

— Oui, mais sans alcool.

Il est revenu avec un grand verre de vin.

— Il n'y a rien sans alcool ? ai-je dit, embarrassée.

— Si, si, c'est ce que je vous ai apporté. Y a pas d'alcool, là-dedans.

Je suis repartie le cœur chantant. J'avais l'impression que ma famille avait augmenté d'environ deux cents personnes, et que tout irait bien désormais. *Merci, papa,* ai-je pensé. *J'ai toujours soupçonné que tu étais une légende, et il apparaît que tu en étais une, véritablement.*

Pendant tout le voyage du retour, j'ai pensé à mon père et à l'erreur terrible que j'avais commise. J'avais cru que, pour guérir de ma douleur, il fallait que je m'enfuie dans la nature sauvage. C'était ce qu'on faisait. Tous les livres sur la nature que j'avais lus me le répétaient. Tant de récits avaient été des quêtes inspirées par la douleur ou la tristesse. Certains s'étaient fixés sur des animaux insaisissables, comme sur une étoile : les uns cherchaient des oies sauvages, les autres, la panthère des neiges. D'autres encore s'accrochaient à la terre, exploraient les pistes, les montagnes, les rivages et les vallées. Certains recherchaient la nature sauvage très loin, d'autres plus près de chez eux. « La nature en ses forêts vertes et tranquilles guérit et apaise toutes les afflictions, avait écrit John Muir. La terre n'a pas de chagrin qu'elle ne puisse guérir. »

Mais désormais, j'avais compris ce qu'il en était : c'était un mensonge, séduisant mais dangereux. J'étais furieuse contre moi-même, contre ma propre certitude inconsciente que la nature était le remède dont j'avais besoin. Nos mains sont là pour serrer les mains d'autres humains. Elles ne doivent pas seulement servir de perche à un faucon. Et la nature sauvage n'est pas la panacée de l'âme humaine : s'y exposer trop longtemps peut corroder l'âme jusqu'à la faire disparaître.

Le temps d'arriver chez moi, j'avais également trouvé pourquoi Mabel se comportait de façon aussi étrange. Elle s'était beaucoup musclée au cours de ces semaines sur la colline, et même si j'en avais tenu compte pour déterminer son nouveau poids de vol, elle ne pesait pas assez lourd. Elle était affamée, tout simplement. C'était la faim qui la rendait agressive.

Je m'en étais voulu lorsque j'avais compris ma première erreur. Mais en réalisant que j'en avais fait une deuxième, je me suis dégoûtée : j'avais été si aveugle, si malheureuse, que je n'avais pas vu que mon autour souffrait aussi. Je ne l'avais pas regardé. Je me rappelais l'homme dont j'étais tombée amoureuse après la mort de mon père. Je ne le connaissais presque pas, mais cela n'avait pas d'importance. Je ne l'avais recruté que pour me guérir de mon deuil, j'avais fait de lui ce dont j'avais besoin. Rien d'étonnant à ce qu'il soit parti. Et j'avais refait la même erreur. J'avais fui pour devenir un faucon mais, dans mon désespoir, je n'avais réussi qu'à transformer le faucon en une image de moi-même.

Le lendemain soir, épuisée par le soulagement et par le sentiment que mon univers avait subi une transformation gigantesque, tectonique, j'ai donné à Mabel un pigeon entier qu'elle a mangé dans le soir gris et frais. Nous nous sommes assises sous le pommier et nous avons écouté les merles babiller dans la haie. La maison n'avait plus l'air hostile. La fenêtre de la cuisine projetait un carré de lumière douce dans le jardin. Les plumes de pigeon couleur de givre s'accumulaient sur la pelouse. Et Mabel a tout dévoré jusqu'à la dernière miette. Quand elle a eu fini, son jabot était si plein qu'elle pouvait à peine se tenir droite.

À mesure qu'elle dépeçait le pigeon, d'autres révélations se sont imposées, comme si elles avaient été progressivement mises au jour au cours de l'ouverture de la carcasse. J'ai repensé au rêve que j'avais fait pendant le printemps, celui de l'autour se glissant dans l'air. J'avais voulu le suivre, voler avec lui et disparaître. Pendant longtemps, je m'étais identifiée à lui. À l'un de ces autours boudeurs, haut perchés dans les arbres dénudés et capables de disparaître dans un autre monde. Mais je n'étais pas l'autour, quel que soit le dépouillement que je m'imposais, quel que soit le nombre de fois où je m'égarais dans le sang, les feuilles et les champs. J'étais la silhouette debout sous l'arbre au crépuscule, col de veste relevé pour lutter contre l'humidité, attendant patiemment le retour de son oiseau.

Mabel était en train de découper la fragile cage thoracique du pigeon. Elle tirait du bec sur la membrane intercostale. *Snap.* J'ai pensé à mon père frottant la mine de son crayon sur la page de son carnet où s'étaient imprimées des marques fantomatiques. *Snap.* J'ai pensé à White et aux raisons pour lesquelles son livre m'avait hantée pendant toute cette période. *Snap.* Une autre côte brisée. Pas seulement parce que je voyais dans son livre le reflet inversé et indistinct de mon propre retrait dans la nature sauvage. Mais parce que, de tous les livres que j'avais lus lorsque j'étais enfant, c'était le seul, de mémoire, où l'animal ne mourait pas.

Gos n'était pas mort, il n'était que perdu. White avait beau être certain que son autour avait péri, il restait toujours une chance, jusqu'à la toute fin du livre et même après, qu'il revienne. Dans les profondeurs enfantines de mon esprit, l'autour était là, quelque part encore dans les bois, ses doigts jaunes agrippés à l'écorce rugueuse, et il me regardait, caché dans un enchevêtrement sombre de branches quelque part dans l'océan multitudineux de centaines de milliers d'arbres.

Melanie Klein a écrit que les enfants traversent des états d'esprit semblables à ceux d'un deuil, et que cette première expérience est revécue chaque fois que l'on éprouve à nouveau de la souffrance plus tard dans la vie. Elle pensait que les adultes affrontent les deuils de leur vie en reproduisant la façon dont ils ont géré ces premières souffrances. J'ai repensé à ce dessin d'un faucon crécerelle, ces jets soigneusement dessinés sur lesquels ma main d'enfant avait passé et repassé le crayon, insistant désespérément sur la sécurité des nœuds et des liens.

Gos était toujours là, dans la forêt, la forêt sombre que doivent rejoindre tous ceux que nous avons perdus. J'avais voulu traverser la frontière qui borde notre monde et pénétrer dans cette forêt pour ramener l'autour perdu de White. Une part de moi-même, très ancienne et toute petite, avait su cela, une part de moi-même qui ne fonctionnait pas selon les règles du monde quotidien mais selon la logique des mythes et des rêves ; qui avait également espéré que dans cet autre monde se trouverait mon père. Sa mort avait été si brutale, sans aucun laps de temps pour s'y préparer, l'événement si absurde que mon père ne pouvait que s'être perdu. Il était là, encore quelque part dans ce bois impénétrable, en compagnie des autres êtres perdus et morts. Je sais désormais ce que mes rêves de ce printemps avaient signifié, ces rêves d'un autour se glissant dans une fente de l'atmosphère pour s'échapper ailleurs. J'avais voulu voler à sa suite pour retrouver mon père. Le retrouver et le ramener à la maison.

Chapitre 24

Drogues

Parfois, quand le jour se lève, il ne fait que révéler combien les circonstances sont devenues sombres. Chaque matin, je me réveille à cinq heures et n'ai que trente secondes d'avance avant que le désespoir ne me rattrape. Je ne rêve plus de mon père. Je ne rêve plus de personne. Je marche le long de flaques laissées par les tempêtes où se reflète le brouillard. Elles sont envahies d'oiseaux migrateurs : égarés par le mauvais temps, ils ne sont pas repartis vers le sud. Parfois, je rêve que j'escalade des arbres qui cassent et s'abattent, ou que je navigue dans un petit bateau qui se renverse dans l'océan glacial. Ce sont des rêves pathétiques. Nul besoin d'un analyste pour me les expliquer. Je sais désormais que je n'ai plus confiance en personne ni en quoi que ce soit. Et il est dur de vivre ainsi longtemps, car vivre sans confiance, comme vivre sans sommeil, finit par vous tuer.

Je passe mes soirées à jouer avec Mabel. Je lui ai fabriqué des jouets en papier, en tissu et en carton. Elle renverse sa tête, fait bouffer les plumes de son menton, piaille, ramasse ses jouets avec son bec, les laisse tomber, lisse ses plumes. Lorsque je lui lance une boule de papier froissé, elle l'attrape avec son bec et me la renvoie d'un coup de tête. Puis elle se penche et attend que je la relance. Lorsque j'ai dit à Stuart que je jouais à la balle avec Mabel, il a mis un certain temps à me croire. On ne joue pas avec un autour. Ce n'est pas une chose qui se fait. Mais moi, je ne peux pas faire autrement, pour réchauffer l'atmosphère. Les autres autoursiers ont aussi des proches. Pour eux, l'autour est un petit fragment de sauvagerie, l'élément qui contrebalance le quotidien de la vie domestique. Lorsqu'ils partent dans les bois avec leur oiseau, ils entrent en contact avec leur âme sanguinaire et solitaire. Mais quand ils reviennent chez eux à l'heure du dîner, ils regardent la télévision et jouent avec leurs enfants, ils couchent avec la personne qui partage leur vie, se réveillent, se font une tasse de thé et partent travailler. Comme on dit, c'est une question d'équilibre entre deux côtés.

Or je ne vis plus que d'un seul côté. Je n'ai que la sauvagerie, dont je n'ai plus besoin puisque je ne suis pas étouffée par la vie domestique - elle est inexistante. Je n'ai nul besoin, pour le moment, de me sentir proche d'un spectre hantant la sombre forêt nordique, d'une créature aux yeux maléfiques et aux serres mortelles. Les mains sont faites pour tenir d'autres mains, les bras pour étreindre d'autres êtres humains. Pas pour briser la nuque des lapins ni pour les éviscérer sur un tapis de feuilles mortes pendant que l'autour incline la tête pour boire le sang qui s'est accumulé dans la cage thoracique de sa proie. Or, je regarde tout cela, et mon cœur est salé. Tout semble arrêté dans un présent sans fin. Le lapin cesse de respirer. L'autour dévore. Les feuilles tombent. Les nuages défilent. Une voiture longe le champ. À l'intérieur, les passagers voyagent en toute sécurité vers leur destination, enveloppés dans la vie comme dans un manteau bien chaud. Le bruit des pneus s'éloigne. Un héron plane au-dessus de nous. Je regarde l'autour pincer et déchiqueter la patte du lapin, en arracher des lambeaux de chair. Je suis triste pour le lapin. Il est né et a grandi dans ces prés, il a mangé des pissenlits, de l'herbe, s'est gratté le menton, il a sautillé de-ci de-là. Il a eu des petits. Il n'a pas connu la solitude. Il a vécu dans une garenne. Et ce lapin n'est plus maintenant qu'un paquet de viande soigneusement empaqueté pour un autour qui passe ses soirées à regarder la télévision sur le sol de mon salon. Tout est sacrément mystérieux. Une autre voiture passe. Des visages se tournent vers moi, accroupie près du lapin et de l'autour. Je me sens comme le personnage d'une scène ornant un petit sanctuaire, sur le bord d'une route. Mais je ne sais pas à qui est dédié le sanctuaire. Je suis devenue un spectacle que l'on regarde en passant. Pour la communauté, je représente la mort. Je ne comprends pas.

Y a-t-il quelque chose à comprendre ? White disait que dresser un autour, c'était comme une psychanalyse. Il disait que c'était comme dresser un être qui n'était pas humain, juste un rapace. Je vois désormais que je suis plus semblable à un lapin qu'à un autour. Vivre avec un autour, c'est comme vénérer un iceberg, ou un éboulis glacé par le vent de janvier. La lente croissance de cette aiguille de glace dans votre œil. J'aime Mabel, mais ce qui se passe entre nous n'a rien d'humain. Il existe une sorte de froideur qui permet aux tortionnaires de bâillonner leurs victimes et de leur verser de l'eau dans les poumons, tout en continuant à croire que ce n'est pas de la torture. Ce que vous infligez à votre cœur. Vous vous tenez à l'écart de vous-même, comme si votre âme pouvait, elle aussi, être un animal migrateur, rester éloignée de l'horreur et regarder fixement vers le ciel.

L'autour attrape un lapin. Je tue ce lapin. Nulle soif de sang dans mon cœur. Je n'ai tout simplement pas de cœur. Je regarde la scène comme si j'étais un bourreau à sa millième exécution, comme si tout cela n'était que la façon inexorable dont va le monde. *Mais je ne pense pas que le monde aille ainsi. Je prie pour qu'il n'aille pas ainsi.*

J'ai fini par m'effrayer moi-même. Je prends ma voiture pour aller chez le médecin, sans espoir d'être sauvée, mais je ne vois pas quoi faire d'autre. Le docteur est un homme que je n'ai jamais vu, pas très grand, brun, une barbe bien taillée, des bretelles rouges sur une chemise en coton toute froissée. Il est assis derrière un bureau en bois.

— Bonjour, asseyez-vous, me dit-il.

Je prends une chaise. Je regarde son bureau. Du chêne. Je pense aux arbres dénudés.

— Que vous arrive-t-il ?

Je lui réponds que je pense faire une dépression. Qu'il m'est arrivé un certain nombre de choses ces derniers mois. Que j'ai perdu mon père.

— Je suis désolé.

Puis je lui dis que je n'ai plus de travail et plus de revenus. Plus de maison non plus. Je n'ai pas l'air convaincant, alors je lui en raconte davantage. Et encore davantage. Une fois lancée, j'ai du mal à m'interrompre, mais lorsque je me tais, il prononce quelques mots. Je ne les entends pas clairement. Je regarde ses sourcils, parfois froncés, parfois levés. Il me tend un questionnaire à choix multiples, ce qui me paraît à la fois comique et sinistre. Je fixe les questions pendant longtemps en jouant avec mon stylo, inquiète à l'idée de ne pas cocher les bonnes réponses. Lorsque j'ai fini, j'ai du mal à le lui rendre : je suis persuadée d'avoir commis beaucoup d'erreurs. Je ne pleure pas. Je lui tends la feuille de papier, il la prend, la tourne vers lui et la contemple pendant quelque temps. Puis il la pose, déplace un stylo de gauche à droite, se penche vers moi. Je vois son visage. Je détourne le regard. Sa douceur est plus que je n'en peux supporter.

— Nous pouvons vous aider, Helen, dit-il d'une voix basse. Vous aider vraiment.

À ces mots, je ressens un petit frisson d'étonnement, quelque chose qui ressemble à de l'espoir. J'éclate en sanglots.

Je sanglote pendant les vingt minutes que dure cette conversation délicate et accepte d'essayer un traitement par antidépresseurs. C'est un bon docteur. Il m'explique tout ce qu'il faut savoir sur les ISRS, leur histoire, la façon dont ils agissent, et me décrit leurs effets secondaires. Il dessine des croquis de neurones, ajoute des petits ronds et des traits ondulés pour figurer les molécules de sérotonine et l'action des inhibiteurs de recapture. Je les regarde, fascinée.

Une heure plus tard, je marche dans la rue, un sac de papier blanc à la main. Il ne pèse presque rien. Il m'a dit que ça allait améliorer la situation. C'est ridicule. Comment ce monde gris et gangrené peut-il être effacé par des petits points et des traits ? Puis je m'inquiète : et si les médicaments me rendaient malade ? Ou, plus absurde encore, j'ai soudain peur qu'ils m'empêchent de penser clairement. Qu'ils m'empêchent de faire voler Mabel. Que la personne que je deviendrai sous leur influence chimique soit si étrange et si différente que l'autour refuse de revenir vers elle. Ces angoisses dévalent comme une avalanche fastidieuse que je parviens cependant à écarter le temps d'avaler mes comprimés avec un verre d'eau. L'effet est quasi immédiat : une fatigue si grande que je peux à peine marcher. Mon crâne se vide et se resserre, douloureux. Je ne ferme pas l'œil de la nuit. Je reste allongée. Le matin, c'est du café que je prends. Beaucoup de café. Et je continue à faire voler mon autour.

Les livres qui racontent l'histoire d'humains se réfugiant dans la nature pour échapper à la douleur et au deuil appartiennent à un genre de récit très ancien, si ancien qu'il est devenu aussi inconscient et invisible que le fait de respirer. Dans les débuts laborieux de mes études supérieures, j'avais lu un long poème du XIIIe siècle intitulé *Sir Orfeo*. L'auteur en est inconnu et j'avais oublié son existence. Mais ce matin, alors que je sortais quelques poussins du congélateur, il m'est revenu en mémoire, comme découvert dans le sol d'une de ces étranges excavations qui minent un esprit malade.

Sir Orfeo est la réécriture du mythe d'Orphée et de sa descente aux enfers sous l'influence de la poésie celte traditionnelle qui décrit l'Autre Monde, le monde des fées. Dans la mythologie celtique, cet Autre Monde n'est pas situé dans les profondeurs de la terre. Il est juste à côté du nôtre. Les choses peuvent coexister dans les deux espaces et passer de l'un à l'autre. Dans ce poème, Heridice dort sous un *imptree*, l'arbre greffé des légendes, réputé posséder des propriétés magiques. Elle rêve que, le lendemain, elle sera enlevée par le roi des Fées. Terrifiée, elle raconte son rêve à son époux, le roi Orfeo, qui décide de la faire garder par des chevaliers armés. Mais ces derniers ne peuvent la protéger contre la menace surnaturelle, et Heridice, glissant dans l'air, disparaît.

Terrassé par le chagrin, Orfeo renonce à sa couronne et s'enfuit dans la forêt. Pendant dix ans, il y mène une existence solitaire et férale, se nourrissant de racines, de feuilles et de baies, charmant les bêtes féroces en jouant de la harpe.

Il se laisse pousser une longue barbe hirsute. Il regarde les grandes chasses du roi des Fées parcourir la forêt sans pouvoir les suivre. Un beau jour, soixante dames portant des faucons sur le poing passent devant lui à cheval pour aller chasser le cormoran, le canard sauvage et le héron. Alors qu'il regarde les faucons fondre et frapper leurs proies, le monde se transforme. Il se met à rire de plaisir et se souvient combien il aimait ce sport – « Ma foi, dit-il, c'est une belle chasse ! » Il se dirige alors vers ces dames, parmi lesquelles il aperçoit son épouse. Il a pénétré dans cet autre monde et peut désormais les suivre jusqu'au château du roi des Fées, un palais qui abrite d'innombrables personnes que l'on croyait mortes mais qui ne le sont pas. Et c'est alors qu'il joue de la harpe pour le roi afin de le persuader de lui rendre sa femme Heridice. C'est donc le vol des faucons et la mort qu'ils sèment qui lui ont permis d'entrer dans cet Autre Monde où il retrouve l'épouse qu'il avait perdue. La capacité qu'ont les faucons de traverser des frontières infranchissables aux humains est une croyance qui précède les mythes celtes ou grecs car, dans toute l'Eurasie, on retrouve des traditions chamaniques très anciennes qui font de l'autour ou du faucon un messager entre ce monde-ci et l'au-delà.

Il existe un autre poème en latin qui raconte la fuite dans la forêt d'une personne frappée par un deuil. Il a été composé par Geoffrey de Monmouth, un moine du XIIe siècle resté célèbre pour son *Histoire des rois de Bretagne* (la fameuse *Historia Regum Britanniæ*) dont l'influence a été considérable. Or Geoffrey avait également écrit un autre poème, bien moins connu, qui s'ouvre sur une grande bataille au cours de laquelle un roi gallois perd de très nombreux compagnons. Trois jours durant, il les pleure, se couvre la tête de cendres et jeûne, consumé de douleur. Puis « un étrange accès de folie » s'empare de lui :

> Il s'éloigne à la dérobée, s'enfuit dans la forêt en veillant à n'être aperçu de personne et pénètre dans les bois. Là, il se réjouit d'être enfoui à l'abri sous les ornes et observe avec émerveillement les animaux en train de brouter l'herbe du sous-bois. Tantôt il en poursuit un, tantôt il en dépasse un autre à la course ; il se nourrit de racines, il se nourrit de plantes, il se nourrit des fruits des arbres et des mûres du roncier. Il se transforme en homme des bois, tout comme s'il était venu au monde au cœur même de la forêt.
>
> Dès lors, pendant tout l'été, ignoré de tous, oublieux de soi et des siens, il se retranche, dissimulé dans les bois comme une bête sauvage.

Le poème de Geoffrey s'intitule *Vita Merlini (La Vie de Merlin)* et la figure férale qui, oublieuse de soi, vole avec les oiseaux, n'est autre que Merlin Sylvestris, le Merlin des Bois, prophète et voyant qui réapparaîtra, dans des récits ultérieurs, comme le plus grand des magiciens et qui, sous les traits du Merlin de *L'Épée dans la pierre*, fera l'éducation du futur roi Arthur.

Il est tentant d'imaginer un moment originel, une scène d'introduction parfaite. Par un soir d'automne de 1937, White prend dans sa bibliothèque un petit livre bleu relié en toile qu'il n'a pas très envie de lire. Il s'agit du premier volume de *Le Morte d'Arthur*, la réécriture établie au XVe siècle de l'histoire du roi légendaire par Sir Thomas Malory, le texte même sur lequel il avait écrit sa thèse lorsqu'il était à Cambridge. Il n'est guère d'humeur à le relire, mais il a fini tous les autres livres de la maison. Il s'assied donc dans son fauteuil et l'ouvre. Mais il a du mal à avancer, il se traîne comme s'il pataugeait dans de la mélasse. Il est tenté de laisser tomber quand soudain l'histoire l'accroche, le saisit avec la force de Gos plantant ses huit serres dans son épaule. Il est frappé d'étonnement. C'est un vrai récit. *Une vraie tragédie*, pense-t-il. Les personnages sont bien réels, alors qu'ils ne l'avaient pas été auparavant. En deux jours, il a relu tout le texte « avec la passion d'un fan d'Edgar Wallace, puis [l'a] reposé et [...] [a] saisi un stylo ».

Il est facile de dire : c'est là, c'est ainsi que *L'Épée dans la pierre* a débuté. Je ne pense pas que cette histoire soit exacte, pas le moins du monde. *L'Épée dans la pierre* avait été commencée des mois plus tôt, lorsqu'une chose arrondie ressemblant à un panier en osier recouvert de toile de jute avait été déposée devant sa porte.

White considérait qu'il s'agissait d'un livre généreux, très différent de ceux qu'il avait écrits auparavant. « Il est impossible de déterminer s'il s'agit d'un livre pour adultes ou pour enfants, écrit-il à Potts. C'est une introduction à Mallory. » Le jeune héros s'appelle la Verrue. C'est une âme généreuse, loyale, très légèrement stupide. Orphelin, il ne sait pas qu'il deviendra roi. Messire Auctor l'a élevé avec son fils légitime mais la Verrue ne sera jamais chevalier, car il n'est pas noble. Cependant, dans le livre, on lui donne un professeur magicien, Merlin, ainsi qu'une éducation magique. Tournant le dos à la salle de classe et aux leçons apprises par cœur, Merlin métamorphose la Verrue en différents animaux et l'envoie « mener des questes ». Transformé en poisson, le jeune garçon comprend ce qu'est la soif de pouvoir en rencontrant le brochet, le dictateur des douves du château. Transformé en serpent, il apprend l'Histoire.

Hibou, il entend parler les arbres et assiste à la naissance du monde. Il discute de la place de l'homme dans le plan divin avec un blaireau fort cultivé qui habite un terrier confortablement meublé. Et à la fin, lorsqu'il a fini son éducation, il retire l'épée fichée dans la pierre, apprend qu'il est le fils d'Uter Pendragon et est couronné sous le nom de roi Arthur.

C'est un rêve magnifique dans lequel tous les vœux de White se réalisent. Il s'identifie au personnage de la Verrue, un jeune enfant de sang royal non reconnu qui fait les quatre cents coups dans le château fort, exactement comme lui-même avait vécu indiscipliné, heureux et libre, dans la maison de ses grands-parents à Saint-Leonard-on-Sea. White avait été arraché à ce lieu de sécurité pour être envoyé en pension, un destin cruel qu'il épargne à la Verrue. Ce dernier ne sera pas battu pendant son éducation. Cependant, la cruauté abonde dans les leçons qu'il reçoit. Lorsque, enfant, j'avais lu ce livre, je n'avais pas compris combien il était cruel. Cependant cela m'affectait, parce que mon passage favori était l'épreuve que subit la Verrue métamorphosé en faucon. Une scène véritablement terrifiante que je lisais en me tortillant et en crispant les orteils, mais que je ne pouvais m'empêcher de relire dès que je l'avais finie.

Merlin transforme la Verrue en son homonyme, un faucon merlin, et le lâche dans la fauconnerie du château. Avant d'être admis comme nouveau sous-officier dans le régiment des rapaces du château, la Verrue doit subir une épreuve initiatique. On lui donne l'ordre d'aller se percher à côté du colonel Cully, l'autour, et de rester immobile pendant que les faucons feront sonner leurs grelots trois fois. C'est une épreuve extrêmement risquée car le colonel est un dangereux psychopathe. Lorsque l'initiation commence, l'autour lance un regard noir à la Verrue et marmonne. Il récite un chapelet de citations de Shakespeare et de Webster qui se mêlent dans une fugue d'horreur croissante. Après que les sonnettes ont résonné une fois, l'autour supplie que l'on mette fin à l'épreuve : « Je ne peux pas tenir plus longtemps. » Les sonnettes sonnent pour la deuxième fois. Cully se rapproche de la Verrue, frappant convulsivement la perche du pied : « Il était terrifié par la Verrue, non pas triomphant, et massacrer constituait une obligation. »

Dans cette horrible ordalie, White est la Verrue, le jeune garçon qui doit faire la preuve de son courage. Mais il n'est pas que la Verrue, et le garçon n'est pas le seul à se mettre en danger. Il y a dans *The Trip to Echo Spring*, le livre d'Olivia Laing, un passage poignant qui me rappelle cette scène désespérée. Elle cite l'écrivain John Cheever, dont l'alcoolisme était intimement lié à l'attirance érotique qu'il éprouvait pour les hommes. Il détestait son homosexualité et se sentait constamment en danger. « Chaque homme avenant, chaque employé de banque ou chaque livreur était un pistolet chargé pointé sur moi. »

Même s'il eut plusieurs liaisons féminines, les fantasmes de White étaient sadiques et impliquaient des garçons pubères. Il était convaincu qu'ils avaient été influencés par les abus qu'il avait subis. Il en avait honte, car dans ces scénarios horrifiants, il était le tortionnaire, tout comme son père et les professeurs qui l'avaient battu. La thérapie qu'il avait suivie avec Bennet ne l'avait pas guéri de ses pulsions, qui ne le quittèrent jamais. Plus tard, il écrirait un roman pornographique mettant en scène des enfants battus – une horrible et longue confession qu'il garda sous clef et ne montra jamais à personne. Toute sa vie durant, il refoula ses désirs. Parfois, mais très rarement, il en parle sous le déguisement d'autres personnages. Le colonel Cully est l'un d'entre eux : un autour torturé par le désir de faire souffrir un jeune garçon qui est lui-même un oiseau, et qui est également White lui-même. Cette courte scène nous donne à voir la tragédie de toute une vie.

Bien que White se soit enfui du monde du pensionnat, il n'échappa jamais aux modèles que ce monde lui avait donnés sur la façon de mener sa vie. Au pensionnat, vous deviez subir des épreuves pour prouver que vous étiez courageux. Vous testiez votre bravoure sur les terrains de sport ou lorsque les maîtres et les préfets vous battaient. Il y avait aussi les séances de bizutage entre élèves, ces rites d'initiation qui étaient le prix à payer pour s'intégrer dans la classe et, plus tard, rejoindre des sociétés secrètes. White avait ainsi placé sa main entre le chien armé et la carcasse d'un pistolet avant que la détente ne soit pressée. La douleur était une victoire. En s'y soumettant, il avait prouvé qu'il était digne d'être l'un des leurs.

Cependant, White n'avait pas toujours été une victime. Le pensionnat lui avait appris que, de même qu'il avait été persécuté par les grands, il devait persécuter les plus jeunes. Il fit partie de bandes qui terrorisaient les plus faibles en les mettant à l'épreuve comme il l'avait été. Au début d'un trimestre, le test consista à sauter d'une hauteur de cinq mètres par une fenêtre du grand bâtiment. Puppy Mason ayant trop peur pour sauter, White et quelques autres l'y « aidèrent » en le poussant. Il en résulta une triple fracture, mais les autres élèves furent impressionnés par le silence de Mason, qui raconta aux professeurs avoir trébuché sur une branche d'arbre dans le jardin du directeur. Puppy avait subi l'épreuve, il s'était comporté avec héroïsme. Il était désormais accepté dans la fraternité.

Je ne savais rien de ce genre de choses. Je savais ce qu'était la douleur : la petite fille incroyablement maladroite que j'étais s'éraflait les genoux, tombait, s'écorchait, se cognait la tête contre les vitres et saignait abondamment. Mais je ne comprenais pas la logique de ces rites d'initiation. Je ne voyais pas la douleur et le courage comme des étapes vers l'autonomie, nécessaires à un processus de croissance. J'avais cependant remarqué, en lisant, que chaque fois que la Verrue se transformait en animal, il semblait en danger. Je m'interrogeais : *Merlin lui apprend à être courageux*, avais-je fini par conclure, *car il aura besoin d'être courageux quand il sera roi.*

J'ai relu la scène entre le colonel Cully et la Verrue à d'innombrables reprises. Elle me fascinait parce que, lorsque vous êtes petit, vous n'avez pas de souci à vous faire pour les jeunes héros des livres. Ils sont parfois en danger, mais ce sont des humains : ils ne meurent absolument jamais. Cependant, j'éprouvais toujours une certaine crainte lorsque je lisais *L'Épée dans la pierre*, car il n'était pas clair que la Verrue soit toujours un être humain. Transformé en oiseau, était-il toujours un jeune garçon ? S'il était désormais un animal, se pouvait-il qu'il meure ? Peut-être. Peut-être le risque existait-il. Cette éventualité m'ensorcelait chaque fois que je lisais cette scène. Je ressentais une appréhension terrorisée que je parvenais tout juste à maîtriser. Je poursuivais ma lecture, désespérément impatiente d'en atteindre la fin, le moment où la Verrue s'envolerait du perchoir et où les serres immenses de l'autour se planteraient dans une de ses ailes, avant qu'il ne parvienne à se dégager et à sauver sa vie. Je ne savais rien de ce qu'était une épreuve initiatique, mais la lecture de ce passage en était véritablement une. Et chaque fois que je parvenais au bout, une part de moi-même était soulagée d'avoir survécu afin de pouvoir le relire.

White s'était échappé de Stowe en s'enfuyant dans la forêt, mais il avait loué un cottage au bord de la vieille route qui menait à la porte du pensionnat. Il avait gagné sa liberté en changeant de vie, mais il n'avait pas échappé à cette définition de la liberté que lui avait inculquée l'école. Vous progressez d'une année à l'autre, d'une classe à l'autre, gagnant toujours davantage de pouvoir et de privilèges jusqu'à avoir achevé votre parcours. C'était cette notion de la liberté - l'issue naturelle d'une éducation basée sur la souffrance - qui ne le quitta jamais. Elle était toujours à l'œuvre lorsqu'il rallongea la filière de Gos avec une cordelette trop fragile. Pensionnaire, il avait su que les garçons sur lesquels il avait exercé son autorité exerceraient la leur quand viendrait leur tour. Professeur, puis fauconnier, il l'avait su de même. Au plus profond de lui-même, il savait qu'il éduquait ceux dont il avait la charge en vue du moment où ils seraient libres.

Chapitre 25

Lieux magiques

Dix jours se sont écoulés. Hier soir, le bulletin météorologique était inquiétant. Une tempête menaçait de provoquer des inondations et une submersion côtière dans l'East Anglia. Toute la nuit, je suis restée éveillée à écouter la pluie, inquiète pour les caravanes installées en bord de mer, leurs flancs fragiles et argentés devant résister à la pluie et à la marée montante. Mais la mer s'est arrêtée au dernier moment et le jour s'est levé, bleu et brillant comme une flaque d'eau.

Après le déjeuner, j'emmène Mabel sur la colline. Des rafales de vent secouent les haies et emportent au-dessus de nous de volumineuses masses de feuilles tandis que nous gravissons le sentier. La boue qui colle à mes pieds a gardé des empreintes de pattes de faisan. Des vols de grives litornes plongent dans les aubépiniers qui bordent le pré en poussant leur *tchac-tchac-tchac* caractéristique, redécollent à notre approche et rebondissent par-dessus la haie pour s'enfuir en grands éclairs noirs et blancs. L'hiver est bien là. Et Mabel frétille de bonheur, remue la queue sans pouvoir contenir son excitation, les plumes de son ventre gonflées au-dessus de ses pattes, ses yeux argentés dans la lumière du soleil.

Si elle le pouvait, elle chantonnerait, sans doute. Quelque chose en moi a changé. J'ai du mal aujourd'hui à adopter l'acuité extrêmement fine et muette de l'autour. Ou plutôt, c'est l'autour qui me semble plus humain aujourd'hui. Un lapin traverse le chemin à une vingtaine de mètres devant nous, Mabel lui donne la chasse. Elle remonte se poser dans un peuplier, s'accroche à une branche fine et quasi verticale, se penche dans le vent, silhouette aussi étroite qu'une hermine. Elle regarde tout autour, voit quelque chose, s'envole dans l'arbre d'à côté, regarde vers le bas puis retourne dans le peuplier. J'étends le poing, elle revient immédiatement et nous repartons. *Aarrgh,* dit-elle. *Encore.*

Au niveau des bottes de foin, nous traversons le coin d'un bois pour nous diriger vers l'angle le plus élevé du champ. Je suis un peu à côté de mes pompes, ce matin. J'ai lutté contre la fatigue causée par les médicaments en prenant deux doubles *espresso* au petit déjeuner et un soda caféiné après le déjeuner. J'espère juste que les médicaments contrebalanceront la paranoïa que va provoquer l'excès de caféine. Mabel repère un groupe de ramiers posés sur une charrue à quelque trois cents mètres et se prépare à s'élancer.

— Ne sois pas stupide, Mabel, lui dis-je, mais elle se débat quand même violemment.

Allez ! Elle me regarde droit dans les yeux. *Trouve-moi quelque chose à poursuivre !*

C'est ce que je fais. Nous traversons des chardons qui m'arrivent à la poitrine, ce qui m'oblige à brandir l'autour à bout de bras pour éviter les épines. Elle agrippe le gant de ses huit serres pour résister aux rafales. Brutalement, surgi de nulle part, comme jailli de l'herbe sèche à l'extrémité de mon ombre, un faisan doré et vert bouteille s'envole dans un grand fracas de primaires effilées et de caudales bruissantes, l'autour déjà à sa poursuite. Il vire sous le vent. Elle gagne du terrain, n'est plus qu'à vingt centimètres de sa queue, mais elle n'a pas suffisamment l'expérience du vol dans de telles bourrasques et calcule mal son attaque. Le vent la fait légèrement dévier et le faisan lui échappe, puis s'élève au-dessus du bois. Elle le poursuit. Je les perds de vue. Au moment où je me mets à courir, la voilà qui revient, frôlant la cime des arbres comme un chasseur Mustang dans un film de guerre. Elle trace une grande courbe élégante qui tranche le barrage que lui oppose le vent, et se pose sur le poing avec un sourire béat. Toute son attitude semble dire : *Me voici ! Eh bien, qu'est-ce que tu penses de ça ?*

Alors que les jours s'enfoncent dans l'hiver, un petit éclat fugitif commence à effleurer le contour des choses. Cela se fait de manière discrète. Je me surprends à regarder le ciel le matin et à me contenter de l'admirer. Disparu, le regard calculateur de l'autoursier qui ne s'intéresse qu'à la vitesse du vent, à sa direction, aux précipitations annoncées. Je téléphone à de vieux amis, je fais des projets d'avenir. Je cherche une maison à louer. Ma mère vient me rendre visite. Je retourne chez le médecin pour parler de mes progrès. Il me dit que la fatigue intense est un effet secondaire des médicaments, et que cela va vite passer.

L'écrivain et écologiste américain Aldo Leopold a écrit que la fauconnerie consistait à maintenir l'équilibre entre sauvagerie et apprivoisement, non seulement chez le faucon mais également dans le cœur et l'esprit du fauconnier. Et c'est pour cela qu'il considérait la fauconnerie comme le plus parfait des hobbies. À présent, je commence à voir que l'équilibre se rétablit et que la distance entre Mabel et moi augmente. Je vois aussi que son monde et le mien ne sont pas les mêmes, et une part de moi-même s'étonne d'avoir imaginé un moment qu'ils l'étaient.

C'est alors que je me mets à faire quelque chose de surprenant. Je « remonte » le poids de Mabel et la laisse voler librement de plus en plus loin, ce qui est contraire à toutes les lois de la fauconnerie : « Ne laissez jamais un autour chasser de sa propre initiative, affirment tous les livres, car l'indépendance est le plus sûr moyen de le perdre. » Je sais que je ne devrais pas la lâcher à moins qu'il n'y ait une proie bien en vue. Mais comment résister à cette manière de la faire chasser ? Aujourd'hui, j'ai remonté le flanc d'une colline d'où l'on peut voir toute la campagne du Cambridgeshire se dérouler sous nos yeux : bois, champs, bosquets touffus et brillants dans la lumière dorée d'un après-midi froid et enfumé. Je vois que Mabel n'a qu'une seule idée : lancer une reconnaissance sur la haie qui borde le pied de la colline. Je la lâche. Elle possède un sens tactique extraordinaire. Elle se laisse tomber du poing et s'éloigne, guère plus d'une main au-dessus du sol, utilisant la moindre ondulation du terrain pour rester cachée, accélérant jusqu'à ce que le chaume couvert de givre se courbe et étincelle sous ses ailes, puis passe en frôlant le sommet de la colline. Là, elle étend les ailes et plane, utilisant la gravité et son élan pour filer le long de la pente et franchir en un soudain éclair blanc et crème le sommet de la haie, à plus de cent mètres. Elle poursuit de l'autre côté, où je ne peux plus la voir. Je cours derrière elle pendant tout ce temps-là, les pieds chargés de boue, incapable de m'élever mais transportée.

Je la retrouve au bas de la haie où elle a empiété un lapin.

— Mabel, tu te conduis comme un autour sauvage, c'est scandaleux.

Chasser ainsi est éprouvant pour les nerfs, mais exaltant. Je mets à l'épreuve les liens qui nous unissent et que les anciens fauconniers auraient appelés de l'amour. Ces liens n'ont pas cassé. Ils n'ont pas l'air de vouloir se rompre. Peut-être cela arrivera-t-il. Je remonte encore son poids et, lentement, le monde s'élargit. Mais je joue avec le feu, et je le sais.

Elle n'est pas en condition, tu vas la perdre. Voilà ce que je n'arrête pas de me répéter deux jours plus tard. J'entends la voix de la raison me dire de faire machine arrière, mais je poursuis mon chemin. La pluie tache le pare-brise et raye les vitres des portières. Les lapins vont-ils sortir par un temps pareil ? Peut-être. Je me gare sur le bas-côté contre la haie détrempée, tout au bout du champ. Mabel n'est pas *yarak*, mais elle regarde autour d'elle. *Peu importe*. Je change ses jets et la lance. Elle poursuit un lapin jusqu'à son terrier puis se pose dans un chêne. Je siffle. Elle n'a pas l'air de m'entendre. Il se met à pleuvoir de plus en plus fort. À cet instant, je réalise que quelque chose a changé dans l'espace qui nous sépare. D'habitude, il est saturé de concentration : lorsque l'autour se perche dans un arbre, toute mon attention est tournée vers elle et toute son attention est tournée vers moi. Ce n'est plus le cas. Elle m'ignore.

Il y a quelque chose de sacré à regarder un faucon perché dans un grand arbre. Sir Thomas Shirley écrivait au XVIIe siècle que faire voler des faucons amenait l'homme à contempler les cieux, raison pour laquelle la fauconnerie était une activité morale. Aujourd'hui, j'ai davantage l'impression qu'il s'agit de me mettre à genoux et d'implorer mon salut devant une divinité indifférente. Mabel redécolle et s'enfonce dans les bois. Je la suis. Elle continue à m'ignorer. Je supplie en direction de la cime des arbres,

Regarde-moi, l'autour. Sans résultat. Je finis par me retrouver sur une pelouse, après avoir suivi un sentier tracé par des marques de pas dans les graminées. L'autour est posé à dix mètres au-dessus de ma tête. Je hurle et siffle comme une cinglée. La pluie frappe de tous côtés. Je fais des cabrioles. Je lance des cadavres de poussins le plus haut possible. Ils retombent dans l'herbe avec un bruit mou mais l'autour ne daigne même pas tourner les yeux pour suivre leur pathétique parabole. Je siffle à nouveau. Agite les bras. Hurle :

— Allez, Mabel, reviens !

Une fenêtre à guillotine grince au premier étage d'une immense maison géorgienne que j'ai fait semblant de ne pas remarquer jusque-là. Une femme de chambre se penche. Robe noire, coiffe et tablier blancs. Mais rien ne me paraît étrange. En suivant mon faucon, j'ai remonté le temps. Nous sommes en 1923. D'un instant à l'autre, Hercule Poirot va traverser la pelouse et se diriger vers moi. Plus tard seulement, je réaliserai que j'ai sans doute interrompu un rendez-vous galant.

— Vous avez un problème ? me demande-t-elle.

— Non, je suis vraiment désolée. J'ai perdu mon oiseau. (Je tends vaguement la main vers l'arbre.) J'essaie de le récupérer. Je suis désolée, vraiment, d'avoir pénétré dans votre jardin. Je vais m'en aller, mais il faut absolument que je le récupère.

— Ah bon...

Elle réfléchit un instant, regarde dans l'arbre. Puis elle baisse les yeux vers moi.

— Bon... ça va. Je voulais juste savoir s'il y avait un problème.

Elle referme la fenêtre d'un coup sec. Le bruit fait s'envoler Mabel qui s'éloigne d'arbre en arbre, me faisant retraverser la pelouse jusqu'à la lisière du bois. Les arbres sont plus hauts et l'autour désormais pas plus grand que l'ongle du pouce. La lumière se reflète faiblement sur son poitrail moucheté. Soudain, surgi de nulle part, apparaît son sosie, mais deux fois plus petit qu'elle, un minuscule *Doppelgänger* : un épervier femelle qui plonge vers elle, vire puis plonge à nouveau. On dirait Peter Pan assailli par son ombre. L'autour se pose dans l'arbre suivant. Je n'ai désormais plus les idées claires, mais je sais qu'elle ne redescendra pas. Je dois juste la suivre en trébuchant à travers les buissons comme un Don Quichotte délirant.

Symphorine. Le mot jaillit dans mon esprit au moment où des branches couvertes de petites perles branches frottent contre ma veste. *N'est-ce pas l'arbuste que plantaient les jardiniers victoriens pour que les faisans s'y abritent ? Oh non !* À peine me suis-je posé cette question que je vois Mabel descendre en tournant le long d'un tronc d'arbre, virer pour éviter une branche puis plonger à cinquante degrés, les ailes quasi repliées. L'instant serait suffisamment excitant pour me clouer sur place, mais je n'en ai pas le temps : je me suis déjà élancée. Catastrophée, je me glisse sous une clôture électrique, Mabel vient de plonger au cœur d'un élevage de faisans. Ils sont *partout. Nous, nous ne devrions pas être là. Vraiment pas.* J'entends ses sonnettes tinter. Où est-elle ? Je franchis un fossé boueux et je rentre dans le bois. Silence de feuilles et de peur. Puis j'entends les faisans courir. Un, deux, trois faisans se tapissent, en proie à une terreur mortelle. À dix mètres de moi, un mâle au croupion bleu se lance dans une course, éclat de cuivre contre les feuilles qu'il soulève en s'enfuyant à fond de train. Mabel le poursuit comme une rafale transportant l'ange de la mort. Ni moi ni rien ne peut l'arrêter. Elle vole à une vitesse qui semble inimaginable, suivant une trajectoire d'approche qui s'interrompt brutalement. Elle empiète le faisan au moment où il glisse la tête dans un amas de broussailles. Scène d'enfer. Les ailes du faisan s'affolent dans un tourbillon de feuilles et plumes, je cours.

Sous l'effet du stress, je manque de me trouver mal et je m'accroupis, sale, couverte de boue, en sueur, le cœur battant, en pleine montée d'adrénaline. L'autour aussi est survolté : il continue à tuer le faisan même s'il est déjà mort. Mabel frappe du pied, cramponne, frappe, agrippe, frappe encore. Les feuilles volent de toutes parts, elle danse sur le cadavre. Ses yeux brillent d'une lueur maléfique, son bec est entrouvert. Elle paraît terrifiante. Lentement, elle se calme. Je n'arrête pas de jeter des coups d'œil derrière moi. Personne en vue. Je lui donne à manger toute la nourriture que j'ai dans ma poche, ainsi que la tête et le cou du faisan. Je glisse dans la grande poche arrière de ma veste ce qui reste de sa proie, en cassant ses longues caudales de peur qu'elles ne pointent de la poche et me trahissent. Honteuse, je dissimule la scène de crime sous un tas de feuilles mortes. Puis nous rentrons discrètement à la voiture.

Je suis dévastée. Des quatre coins du champ que je retraverse, de tous côtés, les faisans du voisinage se mettent à criailler simultanément. Des cris terribles, puissants, résonnant comme si l'on maintenait le pied appuyé sur une pédale d'effets, qui parcourent l'air en tous sens. Le son enfle en une cacophonie terrifiante, plus semblable à un bombardement d'artillerie qu'à des cris d'oiseaux, en une vaste clameur accusatrice. Je suis coupable. J'ai braconné un faisan sur les terres d'un inconnu. *Je ne l'ai pas fait exprès,* ai-je failli dire à haute voix. *C'est un accident.* Les cris se taisent, je me sens soulagée. Mais au tournant suivant, alors que je me dirige vers la voiture, le tir de barrage reprend. Contrite, un peu ébranlée, je m'éloigne en voiture. Les cris des faisans, désormais inaudibles, retentissent pourtant encore à mes oreilles.

Le paysage change sous mes yeux. Ce que je vois n'est pas seulement l'hiver qui s'achemine vers le printemps : c'est une terre qui se remplit peu à peu de points et de lignes de beauté. Un soleil de midi fragile brille aujourd'hui sur la colline où souffle un frais vent d'ouest. Lorsque j'ôte son chaperon à Mabel, ses pupilles rétrécissent jusqu'à devenir des têtes d'épingle opiacées et ses yeux se plissent de bonheur. L'air est exceptionnellement limpide. Le drapeau rouge dressé sur le champ de tir claque au vent et l'on entend de lointaines détonations. Le relais hertzien sur l'horizon semble tracé à la plume sur un fond d'ombres, de lignes et de replis de terrain qui ondulent devant mes yeux jusqu'aux collines crayeuses. Nous montons le sentier. Au sommet, le regard embrasse tout Cambridge dans une lumière enchanteresse. Les toits et les flèches des bâtiments paraissent à portée de main, pièces d'échecs brillant entre les arbres dénudés, comme si je pouvais m'emparer de la tour disgracieuse de la bibliothèque universitaire et la déplacer de six cases vers le nord.

D'ici, la ville paraît petite et calme et semble ne faire qu'un avec le paysage qui l'entoure. La beauté d'un point de vue comme celui-ci est de dissimuler les rues et les murs avec des arbres et de transformer Cambridge en un jeu de construction dont les éléments seraient posés en pleine forêt. Ces jours-ci, lorsque je vais au centre-ville, je trouve toujours une bonne raison pour garer ma voiture tout en haut d'un parking à étages, parce que du quatrième niveau à ciel ouvert je peux contempler les champs qui s'étendent jusqu'à l'horizon, comme une colonne vertébrale striée de bosquets et obscurcie par l'ombre des nuages. Une étrange complication apparaît lorsque je les regarde, une sorte de dédoublement. Quand je me penche au-dessus de la balustrade du parking, j'ai l'impression d'être sur la colline. C'est une intuition d'une force terrible, comme si mon âme était vraiment là-haut, à plusieurs kilomètres de là, sur le sol crayeux recouvert de chardons, et qu'elle regardait mon Moi privé d'âme resté sur l'asphalte antidérapant du parking, une odeur de diesel et de béton dans les narines. Tandis que le Moi du parking pense que, s'il regardait très, très fort, peut-être à la jumelle, il pourrait se voir là-bas sur la colline.

Je ressens cette impression parce que la colline est devenue mon chez-moi. Je la connais intimement. Chaque haie, chaque sentier tracé dans les herbes sèches là où les lièvres franchissent la bordure des champs, chaque engin agricole rouillant à l'abandon, chaque terrain, chaque garenne, chaque arbre. Sur le bord de la route, quelques ares de boue entourés d'une clôture et sillonnés par les motifs en écailles des pneus et des flaques où le ciel se reflète. Des bergeronnettes, des palettes, des tracteurs, un silo crevé, renversé comme un étage de fusée retombé sur Terre. Ici la pâture à moutons, là-bas la prairie de trèfle qui vient d'être fauchée et labourée. Plus loin, des bandes d'armoises que le gel a fait mourir, tiges et branches encore couvertes de graines, milliards de petites perles flétries sur des sapins de Noël décatis. Des tas de briques et de gravats bordent le chemin sur la gauche, séparés par de la terre meuble où pullulent les lapins. Vers le sommet de la colline, les haies sont plus hautes et le sentier se perd dans l'herbe. Cerfeuil sauvage. Centaurées. Grande bardane. Reflet argileux de la glaise fine comme de l'amadou. Couches de craie sous l'argile. Bruants jaunes pépiant dans les haies. Éboulements de cumulus. Lumière maritime de cette île posée sous un ciel que la mer éclaire et reflète.

Je ne possède pas cette terre. Je n'ai que l'autorisation d'y faire voler l'autour. Mais à force de la parcourir en tous sens et de l'observer avec la plus grande attention, je l'ai faite mienne. Je sais où vivent ses animaux et comment ils s'y déplacent. Je sais que les alouettes dorment au sommet de la colline mais que le matin, si le soleil brille, elles vont se réchauffer sur le versant est. Je sais que lorsque le temps est humide mais qu'il a cessé de pleuvoir, les lapins qui vivent dans les garennes proches des fossés vont brouter dans des champs plus secs, vers l'est. Cette capacité de savoir où sont les animaux est la coïncidence d'une longue expérience et d'indices que je remarque inconsciemment. L'incidence du soleil ou de la pression du vent sur un champ de chaume. L'exacte couleur du sol. Je me dirige vers les alouettes comme si je pouvais les voir.

Cependant, le champ le plus vaste, celui qui est planté de colza, est différent des autres. Il est mystérieux. S'y promener avec Mabel, c'est faire une partie de bataille navale, version histoire naturelle. Toutes sortes d'animaux vivent dans ce feuillage dense et bleuté. Des faisans, des perdrix, des lièvres et même une bécassine sourde qui s'élève avec de petits battements d'ailes vifs d'un endroit boueux près de la haie. Il paraît insensé que quoi que ce soit puisse rester invisible dans une végétation qui ne fait même pas dix centimètres de haut. C'est pourtant le cas, ce qui donne le sentiment d'une création : lorsque le lièvre a bondi sous nos pas ce matin, c'était comme s'il avait été créé par le champ, *ex nihilo*. Ce lièvre a eu un allié : un fort vent de nord-est. Mabel a essayé par deux fois de l'empiéter, mais chaque fois, il a zigzagué face au vent et elle a manqué sa cible. Il est très étrange de voir un autour chasser un animal à quatre pattes par grand vent. Le lièvre a l'avantage car ses griffes et ses coussinets poilus s'accrochent dans les feuilles et dans la boue, et il utilise la terre pour prendre appui et progresser. L'autour, quant à lui, se meut dans l'air seulement. On croirait voir un élément en combattre un autre. Un monde contre un monde, comme lorsqu'un fou de Bassan plonge dans la mer pour pêcher. Je suis heureuse qu'elle n'ait pas attrapé le lièvre.

Voici l'arbre d'où elle a sauté le jour où elle a failli m'assommer. Voici la ligne invisible qu'elle a suivie le jour où, pour la première fois, elle a pourchassé un faisan courant se mettre à l'abri. Et la haie contre laquelle elle s'est agrippée, la queue largement étalée, les ailes pressées contre les branches, pour chercher le pigeon qui avait déjà disparu. Et le roncier dans lequel je me suis pris les pieds et qui m'a précipitée dans un fossé plein d'eau. L'autour et moi-même avons une histoire commune de ces champs où vivent des fantômes - non ceux de fauconniers morts depuis longtemps, mais les fantômes des événements qui s'y sont déroulés.

C'est un monde d'enfant, fait d'endroits bien distincts. Si vous me donniez une feuille de papier et un crayon et me demandiez de vous dessiner la carte des champs que j'explorais lorsque j'étais petite, je serais incapable de le faire. Si vous me demandiez plutôt de faire la liste de ce qui s'y trouvait, je pourrais noircir des pages entières. Le nid de fourmis rousses. La mare aux tritons. Le chêne couvert de galles. Les bouleaux près de la clôture de l'autoroute et les amanites tue-mouche qui poussaient à leur pied. Ces choses étaient les étapes de mon univers. D'autres lieux devenaient magiques par pure coïncidence. Ainsi, depuis que j'avais trouvé une lichénée du saule, ce grand papillon aux ailes postérieures rouges, derrière le transformateur électrique au bout de notre route, cet endroit était devenu magique : chaque fois que j'y passais, il fallait que je vérifie, même si jamais plus je n'y vis quoi que ce soit. Je courais examiner le recoin où j'avais une fois attrapé une couleuvre à collier, je regardais dans l'arbre où s'était perchée une chouette, un après-midi. Ces endroits possédaient une magie, un pouvoir d'attraction que n'avaient pas d'autres lieux, même si, désormais, ils étaient désertés.

Depuis que je laisse Mabel voler à sa guise et que je la lâche librement, j'ai découvert quelque chose de tout à fait étonnant. Elle aussi se construit un paysage de lieux magiques. Elle fait des détours par certains coins pour vérifier si le faisan ou le lapin qu'elle y a vu la semaine dernière n'y serait pas revenu. C'est une superstition insensée, l'heuristique instinctive de l'esprit prédateur, et cela fonctionne. Elle apprend une manière particulière de naviguer dans le monde et sa carte coïncide avec la mienne. Mémoire, amour et magie. Ce qui se passait au cours de ces années d'expéditions enfantines, c'était la lente transformation de mon paysage en ce que les naturalistes appellent une « tache », un lieu chargé de mémoire et de sens. Mabel fait la même chose : elle fait de la colline un lieu qui soit le sien. Le mien. Le nôtre.

Chapitre 26

La fuite du temps

Le temps s'est refroidi au point que des soucoupes de glace se forment dans la boue, blanches et craquelées comme de la porcelaine ancienne, et que les haies sont envahies de merles de la Baltique. Il fait si froid que chaque expiration se transforme en un petit paquet de brouillard marin qui flotte, immobile, dans l'air. Si froid que le ciel bleu semble résonner alors que la sonnette fixée aux pennes caudales de Mabel est assourdie par la condensation. Il fait froid, froid, froid. Je remonte le sentier : les harmoniques de la glace qui se fracture et grince sous mes pieds ressemblent pour Mabel aux cris d'un animal blessé et elle ponctue chacun de mes pas d'une pression convulsive de ses doigts. Là où le monde n'est pas blanchi par le givre, il se couvre de rayures vertes et brunes sous la forte lumière, de sorte que ce paysage bigarré paraît s'étirer d'un côté vers l'aube et de l'autre vers le crépuscule. Le jour, en cette saison, ne dure guère plus de six heures.

Cela fait une semaine que je ne suis pas sortie avec Mabel. J'ai dû faire passer des entretiens aux futurs étudiants de mon ancien collège. Pendant quatre jours, je suis restée assise en face de visages anxieux, à poser des questions inquisitrices tout en essayant de mettre les candidats à l'aise. C'est épuisant. J'ai eu l'impression d'être revenue aux premiers jours de ma relation avec l'autour. Mais j'en ai terminé et je me suis laissé séduire par le temps. La journée est si belle, le regard va porter si loin dans le froid mordant que je n'imagine pas ne pas aller sur la colline. Je sais que mon autour est au-dessus de son poids. Je sais aussi qu'après quatre jours de repos forcé, Mabel va vouloir chasser à tout prix. De plus, j'ai épuisé ma provision de poussins, et cela fait une semaine qu'elle ne mange plus que de la viande de caille, ce qui l'a rendue aussi irritable et colérique qu'un matamore dopé à la coke. Elle déborde de désirs écervelés d'aller n'importe où. Elle piétine sa perche. Elle s'exaspère. Elle saute dans son bain, en ressort, s'y plonge à nouveau. Elle lance des regards noirs. « Ne jamais donner de viande saignante plus de trois fois par semaine », recommandent les anciens manuels. Une alimentation trop riche, et voilà ce qui arrive.

Je vois déjà dans quelle humeur elle est et je soupçonne que si je la lâche, elle ira se percher dans l'arbre le plus proche et m'ignorera. C'est pourquoi je l'emmène dans le champ le plus élevé. Là, il n'y a pas d'arbres. Si elle quitte mon poing, elle n'aura pas d'endroit où aller se perdre. Elle volera à mi-hauteur puis reviendra. Ce qu'elle fait, d'ailleurs, pendant un moment, avant de commencer à jeter des coups d'œil vers la haie au loin. Je ne peux pas voir ce qui se cache derrière, mais elle, Mabel, sait qu'il y a des faisans dans les buissons, ainsi que des ramiers et des terriers de lapins le long du fossé. Elle se met à bouger la tête par saccades, pour comparer les parallaxes, et semble vouloir s'envoler. Je la lâche. C'est stupide mais je le fais quand même.

Elle bat des ailes puis s'éloigne en planant et disparaît derrière la haie. Je reste étrangement calme, je ne me mets pas même à courir. Je marche avec décontraction avant de réaliser avec un coup au cœur que je n'ai aucune idée de l'endroit où elle peut être. La haie est un mur de prunelliers de trois mètres de haut. Infranchissable. Je cours à droite puis à gauche pour trouver un passage. Là. Un trou de la taille d'un hublot entre deux grosses branches. Je m'y faufile, imaginant que je suis une anguille. Raté. Je m'écorche les mains sur les épines qui jonchent le sol et l'emmanchure de mon gilet de chasse se prend dans un chicot de branche. Je suis coincée. J'essaie de passer en force. Pas le temps de me retourner pour voir où ça coince. Je tire comme une brute pour me dégager. La branche casse, je bascule en avant et atterris à quatre pattes de l'autre côté de la haie, genoux et mains enfoncées dans un champ de blé en herbe détrempé. Aucun signe de Mabel.

Je cours vers le milieu du champ et regarde tout autour de moi. Le blé est pâle et riche dans la lumière spectaculaire du soleil d'hiver. Plus bas dans la pente, il y a une deuxième haie puis une autre, et au-delà un petit pré et un cheval à la robe claire. Pas de Mabel en vue. Je m'immobilise et écoute de toutes mes forces. Pas de sonnettes. Rien. Je siffle et l'appelle. Rien. Pour la première fois, je sors mon récepteur de télémétrie. *Bip, bip, bip*. Le signal reste fort dans toutes les directions. Les ondes se propagent, rebondissent et s'embrouillent. Je parcours le champ de long en large pendant un temps interminable en brandissant l'antenne pour essayer d'obtenir une position, jusqu'à en conclure grosso modo la direction dans laquelle elle doit se trouver. Je cours. Près du pré où se trouve le cheval, le sol est encore gelé. Blanche poussière de givre sur une terre noire et durcie. Mabel est perdue. Je me sens terriblement seule. Seule à en avoir le vertige. Non pas que je m'inquiète pour elle. Elle s'en sortira très bien. Elle va parcourir ce paysage, euphorique. Elle pourrait y vivre des années. Au moment précis où je me dis cela, un coup de fusil résonne non loin. *Oh, mon Dieu ! Non, elle ne survivrait pas longtemps. Je vous en supplie, faites qu'elle ne se fasse pas tuer. Faites que ce bruit ne soit pas quelqu'un qui lui tire dessus.* Je reste là, comme frappée par la foudre, et c'est alors que, dans le silence qui suit la détonation, j'entends des cris de corneilles. Des corneilles en colère. Dieu merci ! Je me guide sur leurs cris et, bien évidemment, je retrouve Mabel. Elle est perchée dans le soleil au sommet d'une haie, sur la crête de la colline suivante. Enfiévrée, très déterminée, elle a pourchassé quelque chose qui s'est sans doute caché. Elle a dû voir un faisan sur la crête et l'a poursuivi jusqu'ici. Je traverse le champ en courant et regarde à travers la haie pour voir ce qu'elle fixe. C'est une jungle de petits arbres, emmêlés dans un inextricable roncier. Des épines, encore des épines, toujours des épines. Je suis désemparée. Je n'arriverai jamais à lever le faisan. Mabel lance de petites reconnaissances au-dessus des broussailles, volant si lentement qu'elle manque de décrocher, avant de retourner sur sa branche. Elle tend le cou en arrière. *Ma proie est là,* pense-t-elle, *je peux la trouver.* Je reste debout, essoufflée, à la regarder un moment. Il faut que nous partions d'ici. Ce champ et celui qui s'étend derrière n'appartiennent pas à notre territoire. Même si je pouvais lever ce faisan, ce serait du braconnage. Et nous avons suffisamment braconné, même par inadvertance, pour épuiser le quota de toute une vie.

Je l'appelle. Elle m'ignore. J'attends donc. Lentement, au fil des minutes, son ardeur prédatrice se refroidit. Elle est désormais de retour dans le monde où je suis. Elle me voit à nouveau. *Là*, pense-t-elle. *Et elle tient une caille entière dans son poing*. De sa perche éclairée par le soleil, elle descend vers la main que je tends dans l'ombre de la haie, et je me sens saisie d'un soulagement indescriptible. Je me mets à trembler, glacée et brûlante à la fois.

Le journal qui raconte le long combat perdu de White contre Gos ne parle pas simplement de l'autour. Sous ce fil narratif se trouvent l'histoire, la sexualité, l'enfance, le paysage, la domination, le médiévalisme, la guerre, l'enseignement, l'apprentissage et l'amour. Tous ces thèmes allaient se retrouver dans le livre qu'il écrirait au sujet de son autour. Une fois l'oiseau perdu, White n'abandonna pas complètement l'entreprise, car le livre allait être achevé sous une forme différente et l'autour ne serait pas perdu à jamais.

Au début de *L'Épée dans la pierre*, Keu, le fils de messire Auctor, emmène la Verrue chasser au vol. Il va chercher Cully, l'autour, dans les écuries du château, une décision insensée car l'oiseau, en pleine mue, n'est absolument pas en condition. Après une première attaque à contrecœur contre un lapin, il se perche sur une haute branche et ignore les appels des deux garçons. Ces derniers le suivent d'arbre en arbre, sifflant et brandissant des leurres, mais l'autour n'est pas disposé à revenir. Keu s'énerve et repart au château, furieux, mais la Verrue reste auprès de l'autour qu'il ne peut se résoudre à perdre. Il le suit au plus profond de la forêt sauvage, où il fait l'épreuve de la peur.

Lire *L'Épée dans la pierre* après *L'Autour* est une expérience extrêmement curieuse. On finit par ne plus savoir de quelle forêt l'on parle. L'une est l'impénétrable forêt sauvage de l'Angleterre arthurienne, refuge des hors-la-loi, des faucons et des malfaiteurs. L'autre, le bois impénétrable qui entoure Stowe, lui aussi refuge des hors-la-loi, des faucons et des malfaiteurs, le lieu dont White espérait qu'il lui donnerait la liberté d'être lui-même. Comme la forêt de *Sir Orfeo*, les forêts imaginaires de White existent dans deux mondes à la fois, et c'est dans un de ces bois étranges et doubles que l'autour perdu entraîne la Verrue. À sa suite, le jeune garçon est attiré vers son destin, de même que White avait été entraîné vers le sien en cherchant Gos.

La nuit tombe. La Verrue dort sous un arbre et le lendemain matin, il arrive dans une clairière où s'élève une maison en pierre à haut pignon. Dehors, un très vieil homme à la longue barbe blanche, portant des lunettes, tire de l'eau d'un puits. Sa grande robe rebrodée d'étoiles, de feuilles d'arbres et d'étranges symboles, est toute maculée de fientes. Il s'agit de son futur précepteur, le magicien Merlin. La Verrue entre dans sa maison et découvre un trésor d'objets merveilleux : des milliers de livres, des oiseaux empaillés, des couleuvres vivantes dans un vivarium, des petits blaireaux, une chouette nommée Archimède, du verre de Venise, une édition de l'*Encyclopædia Britannica*, des boîtes de peinture, des fossiles, une bouteille de vernis à mastic, des pièges et des lacets pour attraper les lapins, un râtelier de cannes à pêche et des mouches pour pêcher le saumon, un masque de renard accroché au mur. Presque tous ces objets se trouvaient dans le cottage de White lorsqu'il écrivait *L'Épée dans la pierre*, un livre qui constitue, selon l'expression de Sylvia Townsend Warner, « le Royaume de Grimoirie » de White, le lieu où il y avait place pour tout ce qu'il lui plaisait de mettre. Il y a cependant une autre façon de lire cette scène, moins prosaïque, c'est de ne pas y voir simplement le jeu d'un écrivain qui s'amuse à placer dans son livre les objets qui l'entourent, mais de considérer la maison de Merlin, perdue dans la forêt, comme la sienne.

Dans la bibliothèque de White se trouvait toute une série de livres sur la psychologie humaine. Il les avait lus, avait souligné des phrases, avait annoté en marge des passages qui traitaient de la pathologie des déviances sexuelles. Dans *Pratique et théorie de la psychologie individuelle comparée* d'Alfred Adler, il avait trouvé tout un chapitre sur l'homosexualité. Adler affirmait que l'attitude des homosexuels était celle de « personnes qui veulent interférer avec la fuite du temps ». Il pensait que les homosexuels étaient irresponsables parce qu'ils refusaient d'accepter la maturité adulte de l'hétérosexualité. Mais interférer avec la fuite du temps ? Les mots qu'on a lus un jour se tracent un chemin secret.

Car il est clair que White interférait avec le temps. Il le faisait s'écouler à contre-courant. Sous la tombe recouverte de verdure qu'il s'était construite, il avait atteint l'invisibilité, et après en avoir émergé, il avait eu l'impression de « retourner au jour de la Sainte-Luce », qui est le jour le plus court et le plus sombre de l'année, celui à partir duquel la terre repart vers le printemps. Il parle de ce moment comme d'une renaissance, écrivant que la vie « semblait se créer elle-même, semblait découvrir dans les murs aveugles du chaos une ouverture, une étincelle de lumière ». En imagination, la tombe avait été sa dissolution. Il avait perdu la guerre contre Gos, et cette défaite avait tué l'homme qu'il était. Mais désormais, dans sa vision apocalyptique et puérile de la rédemption, il se voyait renaître au monde en détenteur de la sagesse. Renaître également comme un homme vivant le temps à rebours. Autrefois, je pensais que Merlin était une merveilleuse création littéraire. Je pense désormais qu'il est une invention bien plus étrange : le Moi futur que White s'était imaginé.

Merlin est né « au mauvais bout du temps » et doit « le remonter à contre-courant, alors [qu'il est] entouré de gens qui vivent en se déplaçant dans l'autre sens ». C'est cette vie à contre-courant qui donne à Merlin la capacité de prédire l'avenir, lequel est toujours pour lui son passé. Dans *Le Livre de Merlin,* la conclusion que White écrit en 1941 pour clôturer *La Quête du roi Arthur,* mais publié en 1977 seulement, Arthur attend la bataille finale. Il est désormais âgé, fatigué et désespéré. Lorsque Merlin apparaît, il se demande s'il ne rêve pas. Merlin le rabroue : « Lorsque, au XXe siècle, j'étais un professeur de troisième ordre, tous les essais que m'écrivaient les élèves se terminaient invariablement par "Puis il se réveilla". »

Devenir Merlin, tel était le rêve de White, et c'est pourquoi *L'Épée dans la pierre* est non seulement une fiction, mais également une prophétie. Il n'a qu'une chose à faire : demeurer immobile, attendre quatre cents ans, et la Verrue apparaîtra sur le seuil de sa porte. La maison de Merlin et tout ce qui s'y trouve sont des souvenirs d'un lointain avenir. « J'ai toujours eu peur de certaines choses, avait écrit White. D'être blessé et de la mort. » Mais désormais, il se recréait en quelqu'un qui deviendrait - qui était déjà - immortalisé par la légende.

En imagination, tout peut être restauré, réparé, les blessures guéries, les histoires achevées. White n'avait pas pu prendre au piège son autour perdu. En tant que Merlin, il y parvient, avec un cercle de plumes et du fil de pêche, et le ramène triomphalement au château avec la Verrue. Ainsi White se donne un nouvel élève : non pas un autour, mais le garçon qui sera roi. Il lui enseignera l'éthique du pouvoir, lui inspirera la fondation de la Table ronde, la défense du droit contre la force : « L'exemple d'un homme bon instruit toujours les ignorants et apaise peu à peu leur rage à travers les âges jusqu'à ce que l'esprit des eaux soit contenté », dit la couleuvre au roi à la fin du *Livre de Merlin.* Pour le petit garçon debout devant le château fort miniature et convaincu qu'il va être tué, devenir Merlin constitue le plus beau des rêves. Il attendra, il endurera, et un jour, il sera capable d'arrêter l'atroce violence avant qu'elle ne se manifeste.

Chapitre 27

Le Nouveau Monde

Nous sommes la veille de Noël. Devant ma fenêtre s'étend un estuaire gelé. Tout ce qui n'est pas souligné d'un trait d'argent ou de noir de fumée est blanc ou bleu de Prusse. Ces petits points qui bougent sont des canards qui hivernent. Un plongeon huard glisse derrière eux comme un sous-marin en partance pour la haute mer. Tout est alourdi par la neige. Gorgée de pancakes et de bacon au sirop d'érable, je ressens un profond calme intérieur ; je ne me suis pas sentie aussi apaisée depuis la mort de mon père. Un silence profond et simple. Ma mère dort dans la chambre d'à côté, mon frère est en Angleterre chez ses beaux-parents, Mabel est restée chez Stuart et Mandy, à quatre mille cinq cents kilomètres de là.

Nous passons Noël en Amérique, ma mère et moi, grâce à la gentillesse de mon ami Erin et de ses parents Harriet et Jim, qui tiennent un *bed and breakfast* sur la côte sud de l'État du Maine. J'ai rencontré Erin il y a des années, lorsque je travaillais au pays de Galles dans un centre d'élevage de faucons. Surfeur passionné de fauconnerie, il avait débarqué au refuge de Carmarthen où il détonnait complètement avec son physique de jeune premier rasé de près. Arrivé en Grande-Bretagne parce qu'il rêvait de faire voler des faucons, il s'était retrouvé à nettoyer des volières au nettoyeur à haute pression sous une pluie battante. Mais il avait résisté au cafard et nous étions devenus amis, des amis comme on ne s'en fait qu'une ou deux fois dans la vie. J'étais souvent allée lui rendre visite ces dernières années, et grâce à lui, j'avais rencontré de nombreux habitants du Maine. Des gens merveilleux, très différents de mes amis cambridgiens. Des pêcheurs de homards, des chasseurs, des artisans qui fabriquaient des meubles, sculptaient des appelants en bois ou tournaient de superbes pots en céramique, des enseignants, des hôteliers, des guides qui emmenaient des touristes à la pêche au bar. La plupart d'entre eux étaient aussi chasseurs.

La chasse dans le Maine n'est évidemment pas associée à des siècles de privilèges ni à une classe sociale. Il n'y a pas de réserves de faisans où des banquiers rivalisent à qui fera le plus beau tableau, ni de landes à grouses ou de rivières à saumons réservées à quelques privilégiés. En vertu du droit commun, on peut chasser sur l'ensemble du territoire, et les gens du Maine sont très fiers de cette tradition égalitaire. Il y a des années, je suis tombée, dans un vieux numéro de *Outdoor Life*, sur un article paru en 1942 qui en appelait à cet égalitarisme pour stimuler le sentiment patriotique. « L'un de mes grands-pères est venu ici d'Europe du Nord pour la simple et bonne raison qu'il voulait vivre dans un pays où il pourrait pêcher sans avoir à s'introduire clandestinement sur la propriété d'un aristocrate interdite aux gens du commun, expliquait ainsi un chasseur. Dans l'Italie ou l'Allemagne fasciste, poursuivait-il, la chasse est réservée aux grands propriétaires terriens, à leurs invités, aux dignitaires du régime et aux puissants. » Certes, il lui fallait un peu nuancer, car la chose valait aussi pour l'Angleterre. « Il ne s'agit pas de faire affront à notre courageuse alliée que d'affirmer que nous n'avons pas besoin de son système d'exploitation des terres. » De plus, la chasse est une activité bien mieux acceptée ici qu'en Grande-Bretagne. L'un de mes amis dans le Maine, Scott McNeff, gère une boutique de crèmes glacées en été, et en hiver, il s'occupe exclusivement de ses faucons. Ce grand type mince d'une énergie hors du commun me dit qu'il n'y a que très peu de familles ici qui ne se sentent pas concernées par la chasse au cerf, chaque mois de novembre, car même ceux qui ne sont pas chasseurs connaissent quelqu'un qui l'est et se font offrir du gibier. Les congélateurs regorgent de morceaux de venaison que les chasseurs découpent, emballent et offrent à leurs parents et amis. Ici, on échange des histoires de chasse comme les Anglais échangeraient des histoires de soirées bien arrosées.

Hier, Scott nous a emmenés chasser avec son oiseau, une buse à queue rousse nommée Yoder. C'est un superbe mâle âgé d'un an, la calotte et le dos bruns, le ventre d'un blanc laiteux marqué en son milieu de points et de stries plus foncées. Il n'est pas aussi puissamment armé qu'un autour : ses doigts sont plus courts et plus épais - des poings, comparés aux longs doigts de pianiste de Mabel. Il n'a rien non plus de la façon dont un autour se ramasse sur lui-même comme un léopard longiligne prêt à attaquer, ni de sa nervosité contagieuse. Les yeux foncés, le visage doux et ouvert, c'est un faucon trapu, d'allure aimable, d'humeur toujours égale. Et il a été emprunté à la nature sauvage car c'est un « passager », un oiseau capturé alors qu'il savait déjà chasser. Pendant des semaines, après avoir quitté le nid, il a dû apprendre des centaines de manières de se mesurer à l'air, à la pluie, au vent ou à ses proies, et apprendre vite, pour pouvoir survivre. Les fauconniers américains, qui doivent passer un test officiel et recevoir un agrément, ont en effet le droit de capturer des juvéniles et de les faire voler pendant leur premier hiver avant de les relâcher au printemps afin qu'ils redeviennent sauvages et se reproduisent. C'est un excellent système qu'il faudrait à mon avis introduire en Grande-Bretagne.

Scott possède une force physique fluide qui rend tous ses mouvements harmonieux. Il change les jets de son oiseau, vérifie qu'il a bien de la nourriture dans la poche de sa veste usée, et nous partons. Le sol est recouvert d'une épaisse croûte de neige. Tout est immobile, tout semble sur le point de s'ébrouer. Nous sommes dans un pays de forêts : des milliers d'hectares de pins blancs, de pins hemlocks, d'épicéas et de chênes. Mais ce n'est pas vers un bois que nous nous dirigeons : nous traversons ce qui ressemble au terrain de jeu d'une école. Yoder quitte le poing pour aller se percher sur un portique d'escalade. Nous descendons une pente derrière des maisons en bordure de forêt. L'oiseau nous suit. L'air avale les sons, nos voix ne semblent pas porter au-delà du petit nuage de buée blanche qui se forme devant nos bouches. *Qu'est-ce qu'on vient faire ici ?* me dis-je, maussade. *On est en ville.*

Des écailles d'écorce se détachent sans bruit et tombent d'une hauteur de dix mètres. Derrière une fenêtre au premier étage d'une maison, des gens nous font des signes et nous répondons en agitant la main. Sautant et battant des ailes, la buse monte de branche en branche vers le sommet d'un pin qui se dresse derrière la palissade de leur jardin. « Un écureuil », s'écrie Scott. Enfoncée dans la neige jusqu'aux genoux, prise d'une quinte de toux, les oreilles encore bourdonnantes du décalage horaire, j'essaie de suivre ce qui se passe au-dessus de ma tête. À travers les nœuds et les espars que forment les branches et les aiguilles, le ciel brillant est vide : le vol est l'affaire de deux créatures au-dessus de ma tête. Hauteur, point de vue, fuite, ruse. L'écureuil sait ce que sont les buses à queue rouge, des rapaces qui vivent dans ces bois. La buse sait ce que sont les écureuils, elle en a chassé avant d'être capturée par Scott cet automne. Une fine branche ploie puis se détend au moment où l'écureuil bondit dans l'arbre d'à côté, la buse à sa poursuite. Nous levons la tête pour voir la guerre qui se déroule au-dessus de nous comme une version animalière de *Torpilles sous l'Atlantique*. Le rapace vire, l'écureuil bondit à nouveau, pattes tendues, silhouette noire contre le ciel soudainement percutée par une forme foncée et trapue. C'est la buse. J'entends l'impact, je vois la chute maladroitement freinée à travers l'air. Ils atterrissent lourdement. Scott court au ralenti dans la neige profonde. Lorsque je le rejoins, l'écureuil est déjà mort. La buse cache sa proie sous ses ailes. Un filet de vapeur s'élève de son bec ouvert. Du sang a déjà creusé un mince sillon dans la neige, les pieds et les ailes du faucon sont saupoudrés de neige teintée de rouge comme du sucre décoratif. L'oiseau regarde les alentours. L'arrière d'une maison, des garages, des clôtures basses, un barbecue enseveli sous la neige, un Père Noël gonflable chevauchant une Harley-Davidson, gonflable elle aussi, des stalactites de glace accrochées aux avant-toits. Le son d'une télévision résonne non loin de là, et plus loin, une voix chante « Joyeux anniversaire ». Je n'ai jamais rien vu d'aussi férocement sauvage et de si familier à la fois. Comment une telle scène peut-elle se dérouler ici ? Comment la nature sauvage peut-elle exister ici, derrière une maison, au milieu d'une petite ville, d'une communauté ? Au cœur de tout ce que j'avais voulu fuir ?

C'est l'épisode de chasse le plus sauvage auquel j'ai jamais assisté. Assise près de la fenêtre, les yeux fixés sur la rivière glissant vers la mer, je me demande si l'on peut se sentir chez soi partout, de la même façon que la sauvagerie peut atteindre son paroxysme dans les jardins d'un lotissement de banlieue. Je me demande si, pour un autour, le portique d'escalade d'un terrain de jeu ne serait finalement pas un meilleur perchoir que l'arbre le plus isolé. Pour Noël, le Maine m'a offert une famille et m'a montré qu'un rapace pouvait aussi en faire partie. Il m'a montré qu'on peut réconcilier la nature sauvage. On peut la rapporter chez soi.

* * *

C'est notre dernière matinée. Erin, ma mère et moi nous promenons le long de Parsons Beach en luttant contre le vent qui nous entraîne. Un jour amer, salé et froid. Nous marchons sur le sable gelé. Des canards marins volent loin du rivage en grandes traînées effilochées au-dessus d'un tapis de feutrine ardoise. Les eaux qu'ils survolent pullulent de ces homards qui ont fait la célébrité du Maine. On ne compte plus en ville les affiches vantant le fameux sandwich au homard. Le père d'Erin a lui-même été pêcheur professionnel, et il y a des années, je les ai accompagnés à la pêche. Ou plus exactement, je suis restée assise sur le pont du bateau à les regarder remonter les casiers, mesurer, trier les homards, leur ligaturer les pinces, remettre des appâts dans les casiers et les mouiller à nouveau. Ils ont travaillé des heures pendant que je restais là, incapable de les aider, incapable de faire quoi que ce soit d'autre que de regarder. Ils étaient ravis que je sois venue et la journée avait été magnifique, mais cela ne m'avait pas empêchée de me sentir coupable : une touriste anglaise dépassée par les événements. Tout en marchant le long de la plage, je me rappelais cette sortie en mer et je me sentais horriblement mal à l'aise. Je venais de passer des mois avec Mabel sur la colline. J'avais vu le temps des moissons revenir, les tracteurs labourer les champs, les éleveurs installer leurs moutons dans les champs pour l'hivernage. Je ne leur avais pas adressé la parole. Pas un mot. Je pensais aux meutes de touristes qui, en été, attendent le retour des bateaux pour les photographier, ou qui se contorsionnent pour mitrailler sous tous les angles les jeux de lumière et d'ombre sur les casiers entassés le long du quai de Cape Porpoise. Est-ce que j'étais comme eux ? Je n'avais pas eu l'intention d'être une touriste avec mon autour. Rien à voir avec du tourisme. Mais j'avais certainement fait de mon mieux pour me tenir à l'écart du monde du travail quotidien.

Nous faisons demi-tour et marchons désormais face au vent sur des algues couvertes de glace. Nous faisons fuir des tourbillons de bécasseaux *sanderling* le long des laisses de mer. C'est la morte-saison : rues vides, hôtels fermés, volets clos, enseignes en bois se balançant au vent. Perché sur le feu tricolore qui surplombe l'intersection de Main Street et de Western Avenue, un épervier de Cooper, la tête plate et ébouriffée comme Mabel, contemple la ville déserte.

De retour à l'auberge, gelée, terriblement pensive, je me fais un café, je vais et viens devant la cheminée, le visage brûlant, à cause du vent sans doute. Ma mère est à l'étage et fait sa valise. Erin et son père sont dans la cuisine. Je les entends rire. *Je ne veux pas repartir*. J'avais fui la société des hommes. Pendant le service à la mémoire de mon père, je m'étais souvenue de son existence. Désormais, j'étais revenue au sein de cette communauté, au cœur d'une famille, et je ne voulais plus repartir. Cet endroit est en train de guérir mon cœur brisé, je sens qu'il se répare, et j'ai peur de ce qui va advenir quand j'en serai repartie. Je ne sais pas très bien comment je réagirai une fois de retour en Angleterre, dans ma petite ville, solitaire, sans perspective, sans travail.

La porte de derrière claque : c'est Jim qui va en camionnette à son atelier. *Je ne veux pas partir.* Morose, soucieuse, je fixe le feu d'un air renfrogné et m'apitoie fiévreusement sur moi-même. Puis la porte s'ouvre, et je vois la tête ébouriffée de Erin : son visage arbore un air de conspirateur. Quelque chose se trame. L'instant d'après, je l'aide à sortir l'immense sapin de Noël du salon et à le tirer dehors sur la pelouse enneigée. La cime du sapin serpente derrière nous dans le large sillon qu'il creuse dans la neige, les branches glissent et cassent la croûte de glace qui scintille dans la pénombre. Nous le redressons et le plantons dans l'épaisse couche blanche comme s'il avait poussé là. Je ne sais toujours pas ce qui se prépare.

— OK, Macca, on va brûler tout ça !

Je ne comprends pas.

— C'est la tradition. C'est ce que l'on fait ici. En *Amérique.*

Je n'en crois pas un mot et lui lance :

— En Angleterre, *traditionnellement*, on les jette sur le trottoir. Mais parfaitement, on va le brûler.

— Je vais chercher de quoi démarrer le feu ! s'exclame-t-il.

Je ressens la folie de l'entreprise, son allégresse et son paganisme communicatifs. Il revient avec une bouteille en plastique remplie de gel d'allumage et, dans le silence neigeux, dans le brouillard qui nous enveloppe quand la chaleur change la glace en une vapeur qui reste suspendue dans l'air, il décore le sapin d'un feston de guirlandes vertes, poisseuses et dégoulinantes.

— Recule-toi !

Il craque une allumette : une branche s'enflamme dans un bruit de déchirure. Pendant quelques instants, la douce lumière jaune dans la pénombre monochrome est jolie à voir, mais soudain, un geyser de flammes explose et illumine la scène d'une brillance terrifiante. Erin écarquille les yeux et recule de plusieurs pas. Je ris tellement fort que je n'en peux plus :

— Bon Dieu, Erin !

On dirait qu'il a mis le feu à la terre entière : une pyramide de flammes haute de sept mètres éclaire le jardin, la maison, la rivière et sa rive lointaine. Elle fait surgir les ombres noires des arbres qui, un instant auparavant, étaient perdus dans les ténèbres. Elle teinte nos visages d'un féroce reflet orange. *Bon sang, mais qu'est-ce qu'on a fait ?* La fumée se mêle au brouillard, et tout ce qui nous entoure semble s'être enflammé. L'arbre incandescent, ses branches noires soudées entre elles par la chaleur, crépitant et s'effritant, la fumée. Nous avons désormais l'allure de deux personnes qui vont passer un mauvais quart d'heure.

— Je pense qu'on ne va pas tarder à voir débouler le camion de pompiers, me lance Erin.

Et nous redevenons deux gamins, ravis de leur bêtise mais effrayés par le désastre.

Puis le feu s'éteint. Le squelette de l'arbre se dresse dans la neige, épuré de toute complexité. Ce n'est plus qu'un tronc fin doté de quelques branches charbonneuses déjà humides dans l'air embué. Je regarde la dépouille de l'arbre, je respire la fumée et le brouillard. Erin m'adresse une grimace, je réponds de même.

— C'était vraiment super, dit-il.

Oui, vraiment. Un brasier sacré, un étrange rituel de protection magique. Tout le mal s'était enfui du sapin enflammé. Nous rentrons en riant dans la maison, laissant le squelette de l'arbre planté là. Le jour même, un peu plus tard, ma mère et moi sommes dans l'avion pour Londres. Je la reconduis chez elle, promets de revenir très vite puis continue vers Cambridge et la maison de Stuart et de Mandy. Je cours vers la porte, impatiente de revoir mon autour. Elle est là, perchée dans leur jardin, replète et heureuse au milieu d'un groupe de pointers qui agitent la queue. Je remercie Stuart de s'être occupé d'elle pendant mon absence. Il reste près de la porte-fenêtre, les traits tirés, étrangement fatigué.

— Il n'y a pas de quoi. À vrai dire, je n'ai pas fait grand-chose. J'ai eu la grippe. Horrible. J'ai passé les vacances de Noël au lit. Je me suis contenté de lui balancer sa nourriture.

— Pauvre Stuart, dit Mandy en posant sur la table trois tasses de café et un paquet de biscuits entamé. Il en a vraiment bavé.

Je regarde mes amis et mon cœur se serre. Ils ont passé des heures à m'aider, m'ont témoigné tellement d'affection, et moi, j'ai tout pris comme allant de soi.

— Merci. Merci beaucoup ! dis-je avec le plus de cœur possible. Je vous aime très fort, mes amis, vraiment très fort.

Je ne les remercie pas seulement de s'être occupés de mon autour. Je me lève pour prendre Stuart dans mes bras.

— Tu vas attraper ma grippe ! me dit-il, en se reculant.

Je l'enlace quand même.

Par une belle journée d'août 1939 légèrement venteuse, White est en Irlande. Il se cache de la guerre. Il sait qu'il devrait s'engager, mais il a réussi à se persuader que s'enfuir ici n'est pas de la couardise pure et simple. Il ferait un piètre soldat, pense-t-il. Il a quelque chose de plus important à faire : achever son récit épique sur la matière de Bretagne, le récit qui résoudra la question de savoir pourquoi les hommes font la guerre. C'est la raison pour laquelle il s'est installé dans le comté de Mayo et a loué Sheskin Lodge, un pavillon de chasse aristocratique délabré mais doté d'un jardin d'hiver entièrement vitré qui s'élève au beau milieu de rhododendrons sauvages et de pins.

Il est assis dans un fauteuil de cuir déchiré, dans une pièce où le papier peint se décolle. Un tintement de sonnettes plaintif entre par la fenêtre chaque fois que les faucons se débattent sur leurs blocs posés sur la pelouse. Cully est morte : elle s'est empêtrée dans un filet agricole dans la grange de Stowe et s'est pendue. Depuis, il a affaité deux merlins, et il a désormais deux faucons pèlerins : l'un est un oiseau irascible qu'il a appelé Cressida et l'autre un jeune tiercel nerveux auquel il n'a pas encore donné de nom. Pendant une demi-heure, il consigne les étapes délicates de leur dressage dans un carnet relié en vélin. Il fait une pause. Le tintement des sonnettes a fait surgir une pensée : peut-être pourrait-il écrire ce livre sur les faucons, après tout ? Il a essayé une fois, il a échoué. Peut-être pourrait-il faire une nouvelle tentative ? Ce ne serait pas le livre classique d'un naturaliste, cela sonnerait faux. Son livre à lui serait de la *vraie* littérature. Il commence à en esquisser les raisons :

> Les cérémonies initiatiques, la hutte vaudou du fauconnier, des bruits dans les ténèbres magiques, les nœuds

> nécromantiques. Les nœuds sont sans doute les plus anciens des enchantements. Les deux faucons se croient retenus magiquement sur leur bloc par mon art… Je suis convaincu que si l'homme n'avait pas inventé le nœud, il n'aurait jamais imaginé le magicien.

White figurera dans le livre, en tant que fauconnier. Il endossera également tous les autres rôles qu'il jouera pendant l'éducation de son oiseau. Tout d'abord, il sera Torquemada, l'inquisiteur. Puis le « sorcier-docteur des cérémonies de la puberté » – et la présence terrifiante qui met le faucon à l'épreuve, le « dieu-démon de la caverne ». Enfin, il sera Prospero, bien évidemment, le magistral magicien qui lui fait traverser les cérémonies et les épreuves de son adolescence de faucon. Car White pense savoir désormais ce qu'est la liberté, et ce que grandir veut dire. Il est complice de la magie qui lie le faucon à la volonté du magicien. Il sait qu'à la fin du livre doit survenir le plus grand des mystères. Le faucon doit s'enfuir. Inéluctablement, car il faudra que le faucon « démêle l'enchantement, s'échappe, fasse un pied de nez au nécromancien et, pour finir, qu'il découvre qu'il y a un autre enchantement caché dans l'enchantement, que le mage est en réalité un saint, heureux que le faucon se soit enfui ». À la fin de ce paragraphe, White ressent une grande émotion.

> Il serait donc là, petite figure inversée, debout sur la terre méprisée, les yeux levés vers le ciel, sa cape tel un vaste planétarium volant au vent, sa baguette magique déjouée, sa barbe blanche flottant. Quant à Falco ? Victoire, haine et reconnaissance. Ni logique ni morale. Rien que de la magie pure, de celle qui tisse des liens pour mieux les détisser.

Chapitre 28

Contes d'hiver

Le ciel est complexe aujourd'hui, les nuages effilochés typiques d'un front froid glissent sous des étendues de cirrostratus. Nous traversons les champs où un vent de face projette en l'air les alouettes comme de la bâle. Des nuées de linottes, moitié moucherons, moitié notes de musique, rebondissent contre les haies qui entourent la maison de mon enfance - encore que le sentiment d'être ici chez moi soit ébranlé par l'absence de mon père. C'est la fin de l'hiver et je suis de retour chez ma mère. Les choses vont mieux désormais, je le sais, et je reviens ici de plus en plus souvent même si, d'une fois sur l'autre, j'oublie combien cela va être douloureux.

Les champs d'hiver sont tondus, jaunis, transformés en une prairie rêche rasée par les lapins et semée de corneilles qui fouillent le sol. Je peux chasser avec Mabel sur l'ensemble de cette exploitation jusqu'à sa limite, une haie quelque peu avachie et si large qu'elle en devient presque un petit bosquet recouvert de ce lichen qu'on appelle barbe de Jupiter. Au-delà, ce sont les terres de quelqu'un d'autre, une *terra incognita* qui exerce la fascination contenue que nous ressentons tous pour les endroits qui sont juste au-delà des lieux que nous connaissons ou de ceux où nous sommes censés nous trouver. En haut du champ, je change les jets de mon autour, lui ôte sa longe, y enfile l'émerillon et la replie en deux avant de l'enfoncer dans ma poche. Je lève très haut le poing et attends qu'elle ait eu le temps de regarder autour d'elle, puis je la lance dans le vent qui souffle en rafales. Elle plane jusqu'à la haie et remonte se poser sur un petit frêne en secouant la queue. Je la rejoins et nous commençons à chasser véritablement, à chercher des lapins dans cet alignement d'arbres confus qui n'a pas été fait pour que l'homme s'y promène. Il y a des sureaux, des rameaux verts et des branches couvertes d'étoiles de lichen, des chênes abattus, des amas de ronces douloureuses, des écrans de noisetiers, du lierre qui recouvre les souches et dresse ses tiges le long des troncs pour leur permettre de grimper jusqu'à la lumière. L'endroit en est assombri et décoré des écailles brillantes de ses feuilles. L'air sent l'humus et la pourriture. Chaque pas brise des brindilles, et la litière épaisse procure la sensation incertaine de marcher sur un sol étrangement creux.

Mabel se montre extraordinaire : jusqu'à présent, je l'ai surtout fait voler dans des champs, mais elle a compris ce qu'exige la chasse dans les sous-bois et est superbement concentrée, plus que concentrée. Faire voler un autour dans un paysage d'obstacles où les lignes de mire sont sans cesse rompues rend particulièrement manifeste la connexion entre l'homme et l'oiseau. Elle doit traverser des rideaux de branchages pour venir se poser sur mon poing quand je siffle. Elle me suit quand je marche, volant au-dessus de moi tel un ange gardien chaque fois qu'elle ne peut plus me voir. Quand je lève la tête, je la distingue parfois accroupie, à me fixer de ses yeux ronds, les pupilles dilatées par l'excitation et la concentration, ses huit doigts jaune vif agrippés à la branche noire d'un frêne mort. Parfois je l'aperçois par intermittence, flottant au-dessus de moi, au-dessus des branches, créant des ondulations sous-marines.

Il n'y a pas d'histoire à raconter, à proprement parler, mais une série d'instantanés. L'instant où je me retourne et vois, à trois mètres de moi, le visage calme et ensorcelant d'un jeune lapin qui pointe de son terrier, les oreilles dressées, le nez frémissant. Une petite femelle grise. Je ne peux pas la signaler à Mabel. Le monde triangule et se fige : le lapin et moi-même, nous nous regardons. Il réalise que ce regard l'entraîne dans la mort et rentre dans son trou. Mabel ne le voit qu'au moment où il disparaît mais tient quand même à s'élancer vers son image résiduelle, au cas où. Elle fonce au ras du sol et effleure le terrier d'un pied avant de remonter dans un arbre où elle se pose et s'ébroue, les yeux rivés sur le sol. Autre instant : je cours droit devant moi derrière l'autour et la vois frapper la branche d'un marronnier à quinze mètres de haut. Elle a raté son attaque contre un écureuil gris qui disparaît en escaladant le tronc, sautant le long d'un repli hélicoïdal jusqu'à une haute branche où il sera en sécurité. Des échardes d'écorce tombent tout autour de moi telle une neige délicate et lustrée, et Mabel revient sur le poing à mon appel. J'en suis profondément soulagée parce que les écureuils mordent, et assez fort pour couper le doigt d'un autour – je les comprends, étant donné les circonstances. Troisième instant : elle se rapproche en volant très bas, seul moyen pour elle de franchir un gros massif de sureaux. Je la regarde s'approcher, je vois les plumes de son dos se dresser lorsqu'elle ralentit pour frapper mon poing, *blam !*, ses huit serres agrippent le gant puis se relâchent. Elle me fixe d'un regard expectatif et brûlant. Soudain, elle aperçoit quelque chose à travers les arbres, de l'autre côté de la haie. Ses pupilles s'élargissent, elle tend le cou, les plumes de sa calotte se plaquent, les fines vibrisses grises qui entourent son bec et ses yeux se plissent dans un rictus que j'ai appris à déchiffrer : il y a quelque chose là-bas.

Je décide d'aller voir, même si je n'ai pas l'autorisation de la faire voler à cet endroit. Avec précaution (car j'ai déjà mis en lambeaux trois pantalons depuis que je chasse avec Mabel), je franchis une clôture de barbelés rouillés, me retourne et me retrouve dans une jachère à gibier dont la végétation couleur de tabac mouillé m'arrive aux genoux. Le regard porte au loin et traverse toute une large vallée. La vue est magnifique. J'inspire profondément puis j'expire, la tête emplie de ce léger vertige qui me prend lorsque je me tiens sur un escarpement crayeux.

Tel est l'effet que produisent sur moi ces paysages de collines crayeuses asymétriques, un versant escarpé, l'autre en pente douce. Ils me donnent la sensation qu'une profonde révélation est toute proche, un sentiment d'excitation et d'expectative. La mystique du paysage calcaire est une veine ancestrale enfouie dans la culture anglaise du paysage - ce que je ressens en cet instant y participe. Mais j'éprouve aussi une forme de culpabilité, parce qu'aimer de tels paysages va de pair avec une certaine vision de l'Histoire qui traite de pureté, de temps immémoriaux et de liens du sang, et qui présuppose que ces paysages solitaires et balayés par le vent sont plus beaux et plus parfaits que ceux qu'ils surplombent. « Celui qui fréquente les collines se préoccupe de l'essentiel - la structure, les formes, les textures », écrivait dans les années 1930 H. J. Massingham, chantre de l'Angleterre rurale et adepte de cette mystique. « En altitude, il respire un air qui le fait communier aux formes grandioses, archaïques et nues des choses. » Un paysage qui est la parabole de la vision de l'aviateur.

J'ai grandi dans les forêts de pins et les landes des basses terres sablonneuses du Surrey. Mais sur une photo prise quand j'avais cinq ans, je suis enveloppée dans un duffel-coat écossais, la main posée contre l'une des pierres de Stonehenge : c'est là que mon esprit d'enfant a eu pour la première fois le pressentiment de ce qu'est l'Histoire. Un peu plus tard, je me souviens de bruants proyers pépiant, posés sur des piquets de clôture près de Wantage, et de mon père m'expliquant que le *ridgeway*, ce « sentier de crête » sur lequel nous marchions, était une très ancienne voie. Cela m'avait beaucoup impressionnée. Nous étions dans les années 1970, une décennie pendant laquelle la mystique des collines et le culte de l'Histoire avaient connu un regain : il y avait eu la reconstitution expérimentale d'un village de l'âge de fer à Butser, des séries télévisées fantastiques pour adolescents se déroulant dans les cromlechs d'Avebury, des tentatives pour réintroduire l'outarde sur des bases militaires ultrasecrètes de la plaine de Salisbury. Aujourd'hui je m'interroge : était-ce une sorte de réaction au premier choc pétrolier ? à la crise économique ? Je ne sais pas. Mais c'est sur le *ridgeway*, à l'âge de neuf ou dix ans, que j'ai réalisé pour la première fois le pouvoir que l'on peut ressentir lorsqu'on s'aligne sur l'Histoire profonde. Ce n'est que beaucoup plus tard que j'ai compris que ces pressentiments d'Histoire possédaient leur propre histoire, beaucoup plus sombre. Que le culte des collines reposait sur l'hypothèse d'un lien organique avec un paysage, d'un sentiment d'appartenance sanctifié par un appel à un lignage imaginaire. Et que les collines crayeuses possédaient leur propre histoire, une histoire nationale autant qu'une histoire naturelle. Beaucoup plus tard aussi, j'ai réalisé que ces mythes étaient dangereux. Qu'ils fonctionnaient pour effacer d'autres cultures, d'autres Histoires, d'autres manières d'aimer un paysage, d'y travailler et d'y exister. Plus tard encore, j'ai compris comment, imperceptiblement, ils avancent vers les ténèbres.

Je suis à l'extrémité de ma haie familière, mais de l'autre côté, et je contemple cette *terra incognita* qui constitue, pour le XXe siècle, la grande manifestation de notre passé anglais mythique. Je sors de la jachère et marche désormais sur le sol nu, mince et pierreux, si riche en craie qu'on dirait de la pâte blanche. Des racines et des silex assombris par la pluie. De petits boutons de pierre dans de l'*impasto*. Le terrain descend vers une vallée sèche, une dépression grande comme un village. Un bosquet de hêtres grisés est suspendu sur la pente de gauche. C'est un champ recouvert d'un million de minuscules pousses de blé qui donnent à la terre crayeuse un aspect velu, comme du lichen sur une falaise. Même dans la lumière sombre et aqueuse, la vallée luit faiblement, et soudain, je vois ce que Mabel a repéré. À une centaine de mètres, tapi sur lui-même, un gros lièvre brun, ses oreilles au bout noir plaquées contre son dos roux. Mais il n'est pas seul : au fond de la vallée, là où devrait couler le ruisseau s'il y avait de l'eau, un troupeau de trente daims. La teinte taupe de leur dos s'éclaircit jusqu'au gris pâle sous le ventre. Ils se tiennent serrés les uns contre les autres, frémissant d'indécision, et me regardent. Trente têtes levées. Délicat et puissant, le troupeau attend de voir ce que je vais faire.

Je ne peux résister à l'élan qui s'empare de moi. Je retiens fermement Mabel qui les regarde, elle aussi, et comme une possédée, je me dirige vers eux, consciente de l'étrange déconnexion de la tête et des jambes que l'on ressent lorsqu'on descend une pente. Techniquement parlant, je me suis introduite illégalement sur la propriété d'autrui, mais je ne peux m'en empêcher. Il faut que j'entre en relation avec eux. Je veux me rapprocher. Sous la pression de mon arrivée imminente, un daim s'éloigne vers la droite, suivi de tous les autres, d'abord au pas, puis ils se mettent à courir en une longue file le long du thalweg avant de remonter jusqu'au bois, à plus de huit cents mètres de là. Spectacle ensorcelant que Mabel contemple, elle aussi, ignorant le lièvre. La procession des daims ressemble à une peinture rupestre rendue visible - magie de l'art exercée à rebours. La craie derrière eux paraît de l'os. Puis le lièvre se met à courir aussi, dans la direction opposée à celle du troupeau. Le paysage semble s'ouvrir en deux devant moi. Ils disparaissent, le lièvre en bordure du champ qui couronne le versant gauche, les daims dans le bois qui couronne le versant droit. Il n'y a plus rien devant moi que le vent, la craie et le blé.

Plus rien. L'autour s'ébroue à nouveau, se met à lisser ses plumes de couverture. Daims et lièvre en fuite. Héritage des échanges et des invasions, de l'agriculture, de la chasse et du peuplement. On pense que les lièvres ont été introduits par les Romains. C'est une certitude en ce qui concerne les daims, ainsi que les faisans, en bandes brunes et rousses amenées d'Asie Mineure. Les perdrix qui vivent sur ce territoire sont originaires de France, mais celles que j'y ai vues ont éclos dans les incubateurs à air pulsé d'un élevage. L'écureuil dans le marronnier ? Il vient d'Amérique du Nord. Les lapins ? Introduits au Moyen Âge. Feutre, viande, fourrures, plumes, venus de partout. Malgré tout, ce sont eux qui possèdent ce territoire.

Nous repartons, vers la maison cette fois-ci. La pluie tombe désormais plus dru et les lapins restent si près de leurs terriers qu'ils ont largement le temps de disparaître avant que Mabel ne parvienne à proximité. Après une dernière tentative où elle rate de peu une proie dans le fond d'une carrière rocheuse, près d'un talus couvert d'églantiers, je la rappelle sur le poing et la nourris. Elle est fatiguée. Des gouttes de pluie recouvrent sa tête et les plumes minuscules autour de ses yeux. Nous revenons lentement jusqu'à la voiture. Je suis fatiguée, moi aussi, et contente de voir des gens s'approcher. Je les ai déjà vus : un couple de retraités qui habitent le même village que ma mère et qui promènent leur chien, un terrier au museau blanc, au bout d'une longue laisse. Ils sont emmitouflés sous les écharpes, engoncés dans leur veste de chasse, les épaules un peu voûtées pour lutter contre le froid et la pluie. Je les croise assez souvent et je suis toujours contente de les voir. Je ne connais pas leur nom, ni eux le mien, mais ils savent que mon autour s'appelle Mabel. J'agite la main, ils s'arrêtent et me répondent de même.

— Bonjour.

— Bonjour. Comment va votre autour ?

— Bien, dis-je avec entrain. Mais elle est fatiguée. Elle n'a pas arrêté de voler partout. C'était superbe, aujourd'hui. J'ai vu des daims. (Je suis heureuse d'avoir quelqu'un à qui l'annoncer.) Un grand troupeau au pelage sombre, au fond de la vallée.

— Ah, oui, me répond l'homme. Les daims. Ils sont particuliers, ceux-là, n'est-ce pas ? Très rares. On les voit, nous aussi, assez souvent.

Il sourit. Nous sommes heureux de partager les secrets de ce lieu. Elle hoche la tête :

— Ils sont vraiment superbes, non ? Un jour, nous les avons comptés.

Il acquiesce :

— Il y en a entre vingt-cinq et trente-cinq, d'habitude.

— Trente exactement ! dis-je.

— C'est un spectacle superbe.

Je suis entièrement d'accord. Elle resserre son foulard car les bourrasques redoublent. Son mari hoche vigoureusement la tête. La pluie trempe les épaules de sa veste.

— Un troupeau de daims, reprend-il avec un large sourire qui soudain disparaît et se transforme en une expression que je ne comprends pas.

— Ça donne de l'espoir, n'est-ce pas ? me demande-t-il soudain.

— De l'espoir ?

— Oui. N'est-il pas réconfortant que des choses comme celles-ci existent toujours, un vrai morceau de notre bonne vieille Angleterre, malgré tous ces immigrés qui nous envahissent ?

Je ne sais pas quoi répondre. Sa phrase reste en suspens, le malaise est totalement silencieux. Les feuilles des noisetiers cliquettent sur les branches. Je les salue d'un signe de tête et m'éloigne sous la pluie.

Triste fin de promenade. J'aurais dû dire quelque chose, mais l'embarras m'a rendue muette. J'avance à pas lourds et commence à dévider le sombre écheveau qu'ils m'ont tendu. Je repense à cette mystique des paysages vallonnés, à tous les mythes qui traitent des liens du sang, à ce détestable faucon de bronze, au projet de Göring d'interdire aux Juifs l'accès aux forêts allemandes. Je pense aux autours finnois qui se sont installés dans les Brecklands, à mon grand-père, né dans les Hébrides extérieures et qui, jusqu'à l'âge de dix ans, n'a parlé que le gaélique. À ce maçon lituanien croisé un jour dans un bois où il ramassait des champignons et qui m'avait demandé, très étonné, pourquoi personne en Angleterre ne savait reconnaître un champignon comestible d'un champignon vénéneux. Je pense à toutes les histoires complexes des paysages, au fait qu'il est si facile de les effacer pour y substituer des récits plus confortables et moins dangereux.

Moins dangereux, mais pour nous uniquement. Les champs où je fais voler Mabel près de Cambridge sont cultivés en agriculture biologique et grouillent de vie. Pas ceux où je me promène aujourd'hui. Certes, on y trouve de grands animaux : des daims, des renards, des lapins. Les champs n'ont pas l'air différents, ni les arbres non plus, mais à y regarder de plus près, cette terre est vide. Il y a très peu d'espèces de plantes, à part celles qui sont cultivées, peu d'abeilles ou de papillons car le sol est constamment arrosé de produits chimiques qui les tuent. Dix ans auparavant vivaient encore ici des tourterelles des bois. Il y a trente ans, des bruants proyers et d'immenses concentrations de vanneaux huppés. Il y a soixante-dix ans, des pies grièches écorcheurs, des tourcols et des bécassines. Il y a deux cents ans, des grands corbeaux et des coqs de bruyère. Tous ont disparu.

La vieille Angleterre est un endroit imaginaire, un paysage fait de mots, de gravures, de films, de peintures pittoresques. C'est un lieu imaginé par les hommes, or les hommes ne vivent pas très longtemps et ne sont pas de bons observateurs. Nous savons très mal prendre en compte des échelles différentes. Tout ce qui vit dans le sol est bien trop petit pour que nous nous en préoccupions. Et le changement climatique, bien trop gigantesque pour que nous puissions l'imaginer. Nous ne savons pas non plus prendre en compte le passage du temps. Nous ne nous souvenons pas de ce qui vivait ici avant nous, et nous ne pouvons pas aimer ce qui n'existe plus. Nous ne sommes pas non plus capables d'imaginer ce qui sera différent quand nous serons morts. Nous vivons nos quelque soixante-dix années, et ne lions que les nœuds et les liens qui nous concernent. Nous nous réfugions dans des images, en effaçant les collines de l'Histoire.

De l'Histoire, et de la vie également. Ce paysage a beau ressembler à la vieille Angleterre, il n'a rien de commun avec le pays d'il y a quatre cents ans, ni même d'il y a cent ans. Je suis revenue chez moi, triste et folle furieuse. Si seulement nous ne nous battions pas pour défendre des paysages qui nous rappellent une identité imaginaire ! Si seulement nous nous battions plutôt pour défendre les paysages vibrants de vie dans toute sa diversité ! D'ailleurs, moi aussi, je suis coupable. J'avais cherché à échapper au passé en me réfugiant auprès de mon autour. À oublier les ténèbres et les faucons de Göring, à oublier la mort et tout ce qui avait existé auparavant. Mais la fuite était une faute. Pire encore, elle était dangereuse. *Je dois me battre, sans cesse, contre l'oubli,* me suis-je dit. J'ai regretté de n'avoir pas couru pour rattraper ce couple de retraités et leur expliquer ce qu'étaient ces daims. J'ai regretté de ne pas être restée là dans la boue, sous la pluie, mon autour sur le poing, à faire des grands gestes de mon autre bras pour leur crier la vérité sur l'Histoire et le sang.

Plus tard dans la soirée, j'ai trouvé les carnets où mon père consignait les observations qu'il faisait au bord des terrains d'aviation, six carnets d'exercice à la couverture rigide et au dos entoilé, rangés au bas de sa bibliothèque. J'en ai sorti un au hasard. 1956. Il avait seize ans. Les pages sont divisées en plusieurs colonnes, chacune soigneusement surmontée d'inscriptions en lettres majuscules : HEURE. NOMBRE D'AVIONS. TYPE D'AVION. REMARQUES. NUMÉRO D'IMMATRICULATION. Je regarde la première colonne. Le 25 avril, il est arrivé à 9 h 40 et reparti à 19 heures. Le 26 avril, il est arrivé à 9 heures et reparti à 21 heures. Douze heures à regarder le ciel ! Mon Dieu ! Il y a là des centaines de pages, des milliers et des milliers d'avions. Des Vickers V70 Viscount, des F-86 Sabre, des Airspeed Ambassador, des Super Constellations, des Gloster Meteor.

Voici le compte rendu d'une visite à l'aéroport de Croydon à la fin du mois de mai : « Huit de Havilland Tiger Moth. Deux Auster Aiglet Trainer. Deux Taylorcraft Plus D. Un Auster 5. Trois de Havilland 104 Dove. » Je n'ai aucune idée de ce que sont ces avions. Collé sur une page, je trouve le cliché d'un Tupolev sous lequel il a rédigé quelques lignes : « Cet avion est sans aucun doute la version civile du Type 39 Badger, mais les Russes affirment qu'il s'agit d'un appareil entièrement nouveau. » Je retrouve l'ardeur et la pédanterie qui m'animaient lorsque j'étais une enfant obsédée par les faucons. Un autre cliché tombe du livre. Je le ramasse. « De Havilland 104 Dove, aéroport de Croydon, 2-4-56. » Je cherche le numéro d'immatriculation dans le carnet : G-AMYO. Morton Air Services. Le bout de la piste se perd dans la brume. J'aperçois dans le cockpit le minuscule profil d'un homme qui se penche pour essuyer le pare-brise avant que l'avion ne grimpe dans le ciel gris d'avril.

Et c'est alors que soudain, je comprends pourquoi mon père a observé des avions. Quand il faisait les quatre cents coups avec ses amis sur les sites des bombardements de Londres, m'avait-il raconté, ils collectionnaient des objets. N'importe quoi : des éclats d'obus, des paquets de cigarettes, des pièces de monnaie. La plupart du temps, des objets qui appartenaient à des séries, que l'on pouvait avoir en double ou échanger, afin de compléter la série. Aujourd'hui, je saisis que collectionner de tels objets devait leur permettre de raccommoder cet univers de décombres dans lequel ils vivaient. Cela donnait sens à un monde que la guerre avait rendu chaotique. Les avions de mon père étaient eux aussi les pièces d'une série à collectionner : une série de superbes objets mobiles, dotés de noms et de numéros d'immatriculation, et tous profondément liés à la question du danger et de la survie. Mais plus encore - les avions avaient des ailes. Ils prenaient l'air, et si vous saviez les identifier, si vous les observiez, si vous compreniez leurs mouvements, vous pouviez en quelque sorte vous envoler vous aussi. Vous pouviez regarder ce Tupolev décoller et savoir qu'il traverserait des frontières que vous ne pouviez pas franchir autrement qu'en imagination. Dans quelques heures, il se poserait sur une piste soviétique enneigée, une parmi des milliers de possibilités. En observant les avions, vous voliez avec eux et vous vous échappiez. Ils élargissaient votre petit univers au-delà des mers.

Les carnets sont pleins d'une attention acharnée à des choses que je ne connais pas. Mais je sais désormais à quoi ils servent ; ce sont les archives d'une transcendance ordonnée. Le journal d'un observateur. Le discours de mon père sur la patience avait, en son cœur, toute la magie de l'attente et de la contemplation du ciel en mouvement.

En remettant le carnet sur l'étagère, j'ai aperçu un morceau de carton marron brun glissé entre les deux carnets suivants. Intriguée, je l'ai pris : c'était une carte coupée irrégulièrement sur un côté. Je l'ai retournée. Avec un coup au cœur, j'ai découvert une clef collée avec du Scotch transparent et ces mots écrits au crayon :

Clef de l'appartement.
Je t'aime. Papa.

Mon père me l'avait postée l'année dernière pour que je puisse utiliser son appartement de Londres quand il n'était pas là. Je l'avais perdue, bien entendu. « Ma fille, professeur d'université et grande distraite ! avait-il dit en levant les yeux au ciel. Ne t'en fais pas, j'en ferai refaire une autre. » Il n'en avait pas eu le temps et je n'y avais plus repensé. Que faisait-elle ici ? J'ai relu les mots et pensé à la main de mon père les traçant. Puis à mon père lui-même, tenant une de mes mains dans la sienne pendant que je posais l'autre sur un des monolithes de Stonehenge, il y a très longtemps (quand j'étais petite, il n'y avait pas encore de barrières empêchant de marcher entre les pierres de ce monument). Je regardais cet espace qui ressemblait à l'embrasure d'une porte, mais sans aucun mur derrière.

— C'est une maison, papa ?

— On ne sait pas. C'est très, très ancien.

Je tiens le petit morceau de carton et je passe mon doigt sur le côté découpé aux ciseaux. Et pour la première fois, je comprends la forme de ma douleur. Je sens exactement quelle taille elle a. C'est un sentiment on ne peut plus étrange, comme de tenir dans les bras quelque chose d'aussi immense qu'une montagne. *Il faut être patient,* m'avait-il dit. Si vous voulez vraiment voir quelque chose, il faut juste être patient et savoir attendre. Il n'y avait pas eu de patience dans mon attente, mais le temps s'était quand même écoulé et avait doucement fait son œuvre de magie. Tandis que je passais le doigt sur le bord irrégulier de cette petite carte, ma douleur s'était transformée en un autre sentiment. De l'amour, tout simplement. J'ai replacé la carte entre deux carnets et j'ai murmuré :

— Moi aussi, je t'aime, papa.

Chapitre 29

La venue du printemps

C'est Mandy qui ouvre la porte, et quand elle m'aperçoit, son visage prend une expression horrifiée qui est le reflet de la mienne.

— Que s'est-il passé, Helen ?

— Mabel ! dis-je d'une voix faible.

— Tu l'as perdue ?

Je secoue la tête.

— Non, elle est dans la voiture.

Puis trois demandes coup sur coup :

— Tu peux m'aider, Mandy ? Je me suis coupé le pouce. Je peux téléphoner ? J'ai besoin d'une cigarette.

Heureusement qu'elle est là. Je m'effondre sur une chaise de cuisine. J'ai mal au genou. À cause des ronces ? Je n'en ai aucune idée. Mon doigt continue de saigner. Mandy me tend un flacon de désinfectant, me fait un pansement avec du Steri-Strip et du sparadrap. Elle m'apporte une tasse de café et pousse vers moi sur la table un paquet de tabac et du papier à rouler. Elle reste silencieuse pendant que j'appelle le collège où je devrais être en train de donner un cours et que je bafouille des excuses d'une voix heurtée. Enfin, je lui raconte ce qui est arrivé.

Cela fait à peu près une semaine que j'en décèle les signes : la saison est en train de changer. Une mouche bleue dans le jardin. Des crocus violets paressant sur la pelouse. Des pétales de fleurs de cerisiers tombant par-dessus les murs de Saint John's College. Et un soir de la semaine dernière, une nuée de merles chantant à tue-tête dans le ciel profond, perchés un peu partout sur les pignons et les flèches gothiques de la ville. Le printemps arrive. En temps normal, je me serais réjouie de la curieuse teinte bleutée que prend alors le ciel et des jours qui rallongent. Mais le printemps signifie l'absence de Mabel. Elle va aller passer le temps de la mue dans une grande volière, je ne la verrai pas pendant des mois. Mon cœur se serre quand j'y pense, donc je n'y pense pas. J'ignore les fleurs et les mouches. Et c'est en partie le problème, car quelque chose frémit dans la poitrine accipitrine de Mabel, et peut-être est-ce cela, le printemps.

Aujourd'hui, j'ai une heure de libre pour la faire voler. Je dois assurer un cours en ville dans l'après-midi et je sais que cela va être très minuté. Je décide donc de retourner dans le champ où nous avions trouvé des lapins. *On en attrapera un,* me suis-je dit, *puis je la redéposerai à la maison, je prendrai mes affaires et je filerai donner mon cours.* Il n'y a aucune raison pour que le moindre problème surgisse.

Oh, que si ! Toutes les raisons du monde ! Mabel poursuit un lapin à contrecœur et se pose sur une haie pour regarder autour d'elle. Quand je l'appelle, elle met un certain temps à revenir. Tous les voyants sont au rouge, mais je les ignore. *Un dernier vol et on s'en va.* Mais Mabel se contente de se prélasser en sentant le soleil qui pèse dans son dos et l'air tiède qui s'élève paisiblement dans le ciel gris-bleu. Elle course un autre lapin puis poursuit son vol plus loin, tanguant au-dessus des marronniers. Je réalise qu'elle commence à ne plus du tout s'intéresser à moi. Je m'en mords les doigts. Après le désastre que nous avons déjà causé dans le coin, je m'étais juré d'être plus prudente. Les arbres bordent une route. La proximité de la circulation, voitures, camions et tracteurs, la perturbe. Elle n'a pas envie de rester là et traverse la route pour pénétrer dans une ceinture d'arbres parcourue d'allées gravillonnées. Je la suis. Des lapins détalent de tous côtés et filent entre des panneaux indiquant PROPRIÉTÉ PRIVÉE – DÉFENSE D'ENTRER. Mabel m'ignore. Elle s'est perchée dans un arbre à dix mètres de haut et contemple les alentours. J'agite le gant, je siffle, mais en pure perte. Elle fait bouffer les plumes de son ventre, elle secoue la queue : autant de signes de bonheur et de contentement pour elle. Les secondes qui s'écoulent, le perchoir inaccessible, la décontraction de l'autour : j'en ai l'estomac de plus en plus noué. Je réalise que j'ai oublié de prendre mon téléphone. Et mes cigarettes. Et que le récepteur de télémétrie est resté dans la voiture.

Quelques minutes plus tard, elle se laisse glisser et sort du bois de l'autre côté. Elle pénètre sur un terrain que je ne connais pas du tout. Je découvre une prairie d'une belle couleur beurre brûlé, au sol meuble, et un bois gris et touffu trois cents mètres plus loin. Pas d'autour en vue. Je retourne à la voiture récupérer le récepteur et perds un temps fou à essayer de localiser Mabel. Le signal provient de tous les côtés à la fois. *Bip bip bip.* Dans cette direction, l'intensité du signal est de 5. Dans celle-ci, de 7,5. Soudain, elle tombe à 2 ! *Que se passe-t-il ? Triangule ! Triangule !* J'incline l'antenne et tourne sur moi-même. Est-ce que Mabel se déplace ? Certainement. Au même instant, je l'aperçois qui s'élève dans l'air au-dessus du bois. Elle se laisse porter par un ascendant et décrit au-dessus des arbres de grands cercles réchauffés par le soleil. Un autre faucon la rejoint et tous deux planent et rivalisent pendant un moment. Je cours, évidemment, mais le temps que j'arrive dans le bois, ils ont disparu. J'entends cependant une buse miauler au loin, et soudain, des sonnettes, quelque part ici dans le bois. Je plonge. Mais ce que je vois m'inquiète. Ce n'est pas un bois très dense. Ce n'est pas un bois sauvage, c'est un bois habité. Un élevage de faisans en semi-liberté, à coup sûr. Oh, mon Dieu ! Cet autour va à nouveau faire de moi une criminelle.

Je la repère. Elle est perchée sur la branche basse d'un chêne couvert de lierre et fixe, fascinée, un entassement de vieux sacs de grain et de boîtes de conserve qui traînent dans une flaque d'eau. Je me rapproche. Elle bouge la tête de manière caractéristique, par petits mouvements serpentins qui lui permettent de comparer les parallaxes, ce qui signifie qu'elle a repéré quelque chose. Elle va m'ignorer jusqu'à ce qu'elle soit certaine que sa proie a disparu. Ce qui est peut-être le cas. Je me rapproche de l'endroit qu'elle fixe et, avant même que je réalise ce qui se passe, un faisan trempé s'enfuit sous mes pieds en m'éclaboussant. Comment au ralenti, j'aperçois le soleil traverser ses rémiges qui se fragmentent en rayures et en ombres bien nettes, et je vois Mabel effectuer un superbe renversement et lancer devant elle son pied gauche. Ses griffes de six centimètres ratent leur proie d'un cheveu. Le faisan s'élève et – horreur ! – franchit un grillage de deux mètres de haut, que je n'avais pas vu, pour aller se cacher dans un énorme bosquet de lauriers et d'ifs. Mabel plonge derrière lui. Je ne peux pas les suivre. Ils sont dans un enclos à faisans. Merde ! On ne lâche pas un furet dans un concours de lapins d'ornement. Ça va mal finir ! Très mal ! J'entends un battement d'ailes, les sonnettes, un bruit de lutte. Je cours comme un rat le long du périmètre de l'enclos, cherchant un moyen d'entrer. Rien ne se passe comme je l'avais voulu. *Oh, mon Dieu !*

Une porte ! Ouverte ! Je flanque le récepteur sur une mangeoire et me rue à l'intérieur. Mabel n'est plus dans le laurier, elle est posée au sommet. Elle me tourne le dos et, avant que j'aie pu reprendre mon souffle, elle a redécollé pour filer, déterminée, à travers les branches qui filtrent le soleil. Merde ! Merde ! Je m'élance, saute par-dessus des branchages, passe devant de petits abris en tôle ondulée, cours sur le sol tassé par le piétinement de centaines de faisans. D'une seconde à l'autre, je vais entendre le « Hep ! Vous, là-bas ! » d'un garde fou de rage. *Peut-être aura-t-il une carabine,* me dis-je au moment où Mabel s'abat sur une poule faisane dans un coin de l'enclos, au milieu d'une explosion de plumes chamois et cappuccino et d'ailes qui se débattent. Lorsque je la rejoins, elle est posée dans une flaque d'eau et couvre de ses ailes le corps de sa proie. Je me rapproche. Une deuxième poule faisane émerge de dessous ses ailes. Elle la retient également. Elle a un faisan dans chaque pied. *Mon Dieu ! C'est un vrai carnage !* Sa queue est étalée dans l'eau, ses pieds enfouis dans les plumes, et tout son corps semble vibrer sur une fréquence improbable et effrayante.

Les faisans sont morts. J'en ai fourré un dans la poche de mon gilet. L'autour plume le second, arrachant des houppettes de duvet qui flottent et vont s'accrocher dans le grillage derrière lui. Il faut qu'on sorte d'ici, et vite, avant que je ne me retrouve coincée à devoir rendre des comptes. Tremblante d'appréhension, je soulève Mabel de sa proie et me blesse profondément. Je me coupe le pouce sur un tendon du faisan et m'arrache un large lambeau de peau. Dès que Mabel est sur le poing et la proie qu'elle a braconnée dans ma poche, je me préoccupe de la blessure, inquiète de perdre autant de sang. Non seulement ma main est toute rouge, mais j'entends les gouttes de sang tomber sur le sol. Je presse la plaie le plus fort possible contre le tissu de ma veste de chasse. Un vrai bouillon de culture, je le sais, mais il faut que j'arrête l'hémorragie. *Il faut arrêter le sang.* L'hémorragie continue pendant tout le trajet de retour jusqu'à la voiture, puis jusque chez Stuart. Jamais je ne pourrai revenir dans ce bois. Jamais plus.

En mars 1949, Wren Howard, éditeur chez Jonathan Cape, va dans les îles anglo-normandes pour rendre visite à White. Ce dernier s'est installé à Aurigny, parfait refuge pour échapper aux inspecteurs des impôts en particulier et au monde en général. Il a acheté une maison à deux étages à Saint-Anne et l'a remplie de nouveaux objets : ses propres tableaux surréalistes, un piano demi-queue, des bougeoirs en argent et une statuette de l'empereur Hadrien. Il y a des boiseries couleur magnolia, des rideaux foncés imprimés de fantomatiques bouquets de roses argentées, des disques de jazz, des chaises jacobéennes et un canapé où White fait asseoir Howard. L'assise est horriblement inconfortable. Howard se relève pour l'examiner, sent quelque chose sous les coussins, passe la main et attrape une épaisse liasse de feuilles. Il demande à son hôte ce que c'est. Embarrassé, White lui explique qu'il s'agit du manuscrit d'un livre qu'il a écrit sur des faucons. Il ne veut pas qu'il soit publié parce qu'après l'avoir terminé, il est devenu un bon fauconnier, une autorité sur le sujet, et que le texte contient des passages dont il a désormais honte. De plus, le faucon en question a été perdu.

Howard feuillette les premières pages et se sent intrigué. Il emporte le manuscrit dans sa chambre et le finit dans la nuit. Au matin, il insiste pour le rapporter à Londres, persuadé que le livre doit être publié. White rechigne mais, après quelques semaines, Howard et ses amis parviennent à le convaincre. Il consent à la publication à une condition : qu'il puisse écrire une postface où il expliquera comment il aurait dû dresser son oiseau.

Quand *L'Autour* fut publié, en 1951, ce ne fut pas un très grand succès, mais il suscita néanmoins un nombre extraordinaire de lettres de lecteurs. Certains félicitaient l'auteur, d'autres eurent des réactions étranges, tel ce lecteur qui proposa à White de lui offrir un aigle. D'autres encore détestèrent ce livre. White reçut ainsi une lettre qu'il n'oublia jamais, qui toucha une corde extrêmement sensible. Son auteur expliquait enseigner l'ornithologie depuis trente ans et avoir observé les oiseaux toute sa vie. « Oser dire que vous aimez un oiseau après avoir soumis nos merveilleux rapaces à de telles tortures dépasse l'entendement d'un esprit normal. N'y a-t-il pas assez de cruauté dans le monde pour qu'il faille en rajouter pour votre amusement ou votre passe-temps ? » White devait confesser beaucoup plus tard : « Cette lettre m'empêcha de manger pendant trois jours, même si j'y répondis par plusieurs pages d'excuses et d'explications affectueuses. » Il attendit la réponse ; lorsqu'elle arriva, White écrivit que son correspondant « avait utilisé le mot "normal" à cinq reprises et conclu en annonçant ne plus jamais vouloir entendre parler de lui. Il me sembla courtois d'en rester là ».

Je suis revenue habiter en ville dans une maison que je loue dans une rue près de la rivière, avec un petit jardin ensoleillé fermé par un buisson de ronces. Des chats rôdent sur le trottoir, des pigeons se pavanent en nombre sur le toit, et je suis heureuse de m'installer pour de bon dans une maison que je peux dire mienne. Aujourd'hui, je défais des cartons et range des livres sur les étagères. Déjà trois de vidés, plus que cinq. J'attaque le suivant et, sur le dessus, je tombe sur *L'Autour*.

Tiens ! C'est étrange de revoir ce livre, me dis-je en le saisissant, parce que cela fait un moment que je n'ai plus pensé à White. Au fur et mesure que mon sentiment de bonheur grandissait, son monde me paraissait de plus en plus éloigné du mien. Je regarde le dos abîmé, je l'ouvre et le feuillette jusqu'à la dernière page, car je veux relire la toute fin du livre, où White dresse le catalogue de ce que Gos représentait à ses yeux : un officier prussien, Attila, un hiéroglyphe égyptien, un taureau ailé assyrien, « un des ducs ou des cardinaux fous d'une pièce élisabéthaine de Webster » – toute une litanie de figures humaines, sculptées dans la pierre ou vêtues d'armures, tracées sur la page ou modelées dans de l'argile séchée au soleil. À travers les vitres poussiéreuses, je regarde Mabel perchée dans le jardin. Elle s'est baignée, s'est lissé les plumes et se penche désormais en arrière pour mordiller doucement la glande uropygienne située juste au-dessus de sa queue avant de passer chacune de ses caudales dans son bec afin de les réimperméabiliser. Elle semble parfaitement à son aise : les yeux mi-clos et heureux, le bruit des plumes qu'elle lisse sont des signes de pure bonne humeur. Je ne sais pas à quoi elle pense, mais elle est pleine de vie.

Je réfléchis au catalogue de White : quel dénouement étrange et triste ! Je me promets, son livre ouvert à la main, de ne jamais réduire mon autour à un hiéroglyphe, à un personnage historique ou à un anti-héros de triste mémoire. Évidemment que non, cela m'est impossible, car Mabel n'est pas humaine. De toutes les leçons que j'ai apprises au cours de ces mois passés avec elle, voici la plus fondamentale : il existe un monde de choses - rocs, arbres, cailloux, herbes et tout ce qui y grouille, court ou vole. En elles-mêmes, ce ne sont que des choses, mais nous les rendons compréhensibles en leur attribuant des significations qui étayent notre propre vision du monde. Au cours de ces mois en compagnie de Mabel, j'ai appris que l'on se sentait plus humain une fois que l'on avait fait l'expérience, ne serait-ce qu'en imagination, de ne pas être. J'ai également appris qu'il est dangereux de confondre la sauvagerie que l'on attribue à quelque chose et la sauvagerie qui l'anime. Les autours sont des êtres de mort, de sang et de carnage, pas des prétextes pour commettre des atrocités. Leur inhumanité doit être préservée parce que leurs actions n'ont absolument rien à voir avec les nôtres.

Je pose le livre de White sur une étagère et me fais une tasse de thé, d'humeur contemplative. J'avais introduit l'autour dans mon monde puis j'avais prétendu vivre dans le sien. Désormais, je ne considère plus les choses de la même manière. Nous sommes heureuses de partager nos vies tout en reconnaissant leur altérité. Je regarde mes mains, maintenant parcourues de cicatrices. De fines lignes blanches. L'une est un coup de serre, un jour où la faim avait rendu Mabel ombrageuse. L'autre, la déchirure d'une épine que je me suis faite en traversant la haie de prunelliers la fois où j'avais cru la perdre. Et je porte d'autres cicatrices invisibles, des cicatrices qu'elle ne m'a pas infligées mais qu'elle a aidé à guérir.

Chapitre 30

La terre mouvante

Nous sommes le 27 février et je ne me sens pas très assurée sur mes jambes. Demain, je vais emmener Mabel chez Tony, un de mes très vieux amis, fauconnier expérimenté et homme d'une profonde générosité. Il habite avec sa famille dans une petite maison couleur citron, dans la plaine du sud du Suffolk, à une demi-heure de la mer. Même si je suis ravie de le revoir, je ne suis pas dans mon assiette, parce que je n'y vais pas pour faire voler Mabel. Tony dispose d'une volière où il peut héberger Mabel pendant la période de la mue. Demain, donc, je vais l'emmener là-bas et l'y laisser.

Il le faut. La saison est venue pour elle de perdre toutes ses plumes, une à une, et de renouveler ainsi tout son plumage. Il faut qu'elle soit bien nourrie et qu'elle grossisse pour que ses nouvelles plumes repoussent correctement : cela fait donc une semaine que je lui donne de la viande de caille et de faisan à volonté. Elle est désormais ronde comme une dinde et je suis un peu curieuse de la voir redevenir sauvage. Car les livres sont formels : *un autour gras et gros est un autour sauvage*. Ils se trompent, ils se trompent complètement. Certes, Mabel est moins encline à tolérer des étrangers quand elle est repue, mais avec moi, elle reste aussi docile qu'un chaton. Ce matin, nous avons joué à lancer et rattraper des boulettes de papier froissé, et ce soir, pendant une heure, elle a somnolé sur mon poing pendant que je regardais des émissions sans intérêt à la télévision.

— Allez, Mabel, c'est l'heure d'aller dormir.

Je l'ai remise sur sa perche, dans la chambre d'à côté, j'ai éteint la lumière et je suis montée me coucher.

Certains événements sont trop terrifiants pour qu'on les comprenne. Il peut s'écouler des secondes d'incrédulité pendant que le monde dans lequel vous vivez se transforme en un mensonge. À une heure du matin, je fais l'un des cauchemars les plus épouvantables de toute ma vie. Ces derniers temps, mes rêves ont été courts et lumineux, mais dans celui-ci, quelqu'un - ou plutôt quelque chose, car cela ne peut être humain - s'est emparé du pied de mon lit et le secoue, le secoue violemment pour essayer de me précipiter au sol. C'est la sensation, plus que la situation évoquée par ce cauchemar, qui me terrifie. Ce n'est pas un cauchemar. C'est pire. Je me réveille en sursaut.

La chose continue à secouer mon lit. Je la vois bouger, je l'entends craquer. Il n'y a personne dans la chambre.

Je suis terrorisée. Je tremble, incapable de me mouvoir. Le sentiment que tout se détraque est indescriptible. La terreur s'abat d'une hauteur de mille mètres. Le lit tremble, stupidement, violemment, horriblement, invraisemblablement. Puis il s'arrête.

Je reste tétanisée pendant quelques secondes. Je réalise que je ne respire plus et prends une grande bouffée d'air encore vibrant. L'abat-jour au-dessus de ma tête continue à décrire des cercles.

En un éclair, je comprends.

Un tremblement de terre. C'était un tremblement de terre. Ici, en Angleterre. Il n'y en a pratiquement jamais. Est-ce que c'était bien cela ? Ça ne peut pas être autre chose. *Oui.* Je n'arrive toujours pas à y croire complètement. Je saute du lit et regarde entre les rideaux : les maisons sont toutes éclairées. Des gens effrayés sont sortis dans la rue en pyjama. Le téléphone sonne. C'est Christina.

— Le tremblement de terre ! hurle-t-elle, tu l'as senti ?

Je lâche un juron. Elle aussi. Les mots ordinaires nous échappent : nous proférons des obscénités pour nous rassurer. Mais cela ne suffit pas. Je raccroche sans pouvoir me calmer. J'étends les mains devant moi, paumes vers le sol. Elles tremblent encore. *Arrête de paniquer, Helen. Tout va bien. Il n'y a pas eu de dégâts. Tout va bien.* Non, tout ne va pas bien. Le séisme a fait ressurgir toutes mes terreurs d'enfant, ma peur de l'apocalypse, la perspective que le monde finisse dans les flammes. Une terreur très profonde, qui semble aujourd'hui ne m'avoir jamais lâchée. La trame du monde a été déchirée et je ne peux la réparer. Puis je pense à Mabel. Je connais toutes les histoires d'animaux qui s'enfuient pendant les séismes. *Mon Dieu ! Elle doit être terrorisée.* Je descends l'escalier quatre à quatre, ouvre la porte de sa chambre à toute volée et allume la lumière. Elle dort. Elle se réveille, redresse la tête cachée dans ses plumes et me regarde d'un œil clair. Surprise de me voir, elle bâille comme un chat, ouvrant tout grand sa bouche rose et laissant voir sa langue pointue au bout noir. Les plumes de son ventre couleur crème ne laissent dépasser qu'un doigt jaune citron et une griffe charbonneuse. Son autre pied est levé bien haut contre sa poitrine. Elle a senti les secousses puis s'est rendormie, absolument pas émue par la terre mouvante. Le séisme ne lui a causé nulle panique, nulle peur, nul sentiment de détraquement. Elle est chez elle dans l'univers. Elle est ici. Elle bouge la tête de haut en bas, contente de me voir, et s'ébroue, faisant mousser ses plumes en signe de bien-être. Tandis que je reste assise à côté d'elle, ses yeux se referment lentement, sa tête s'enfonce à nouveau dans les plumes, et elle se rendort. Mabel n'est ni un duc, ni un cardinal, ni un hiéroglyphe, ni un animal mythologique, mais en cet instant, elle est plus qu'un autour : un esprit protecteur, ma petite divinité du foyer. Certains événements ne surviennent qu'une ou deux fois dans toute une vie. Le monde est empli de signes et de merveilles qui apparaissent puis disparaissent, et si vous avez de la chance, vous serez peut-être là pour les voir. J'avais cru que le monde arrivait à sa fin, mais l'autour m'avait sauvée, une fois de plus, et la terreur s'était enfuie.

Elle dort pendant tout le trajet en voiture jusqu'au Suffolk. La maison de Tony se cache derrière des arbres, le long d'un chemin passant entre deux rangées d'ormes séparant des champs. Je me gare dans l'allée, prends Mabel sur le poing et traverse le jardin. Tony vient à ma rencontre et nous nous dirigeons vers une grande volière aux murs peints en blanc installée derrière sa fauconnerie. Il déverrouille la porte et je pénètre à l'intérieur. La nouvelle demeure de Mabel est vaste. Je vois des branches couvertes d'écorce et des perches rembourrées de gazon artificiel pour qu'elle s'y masse les pieds, une cuvette où elle pourra se baigner, une trappe par laquelle Tony la nourrira. Le sol est en herbe et en gravier. Il y a une planchette où se reposer et un coin ensoleillé où se réchauffer. Et au-dessus du plafond grillagé, le ciel du Suffolk.

— Allez, Mabel, dis-je en lui ôtant son chaperon, regarde ta nouvelle maison, c'est ici que tu vas habiter pendant quelques mois.

Elle fixe mes mains qui lui enlèvent ses jets : elle est désormais posée sur mon poing, libre de toute entrave. Elle jette un coup d'œil aux nuages qui défilent puis examine les environs, suit des yeux le périmètre du toit d'un angle à l'autre, scrute les murs de parpaings. L'espace d'un instant, nous sommes revenues dans la pièce sombre du premier jour de notre rencontre. Je me souviens de l'instant où, pour la première fois, elle a oublié ma présence, et je frémis intérieurement à l'idée qu'elle va m'oublier à nouveau.

— On se reverra après l'été, lui dis-je.

Oublier. Se souvenir. Je retire ma main et effleure du bout des doigts sa poitrine éclaboussée de larmes. Le nouveau plumage repoussera rayé, gris ardoise et blanc. Les tons ocre et terre vont disparaître. La prochaine fois que je la verrai, ses yeux auront pris la teinte orange foncé des charbons incandescents. Tout change. Tout évolue. Je lève le bras et la lance vers la perche la plus proche. Elle vole, se pose, secoue la queue, voit une branche au-dessus d'elle et y saute. Elle me tourne le dos.

— Tu vas me manquer.

Pas de réponse possible, et rien à expliquer. Je me retourne et me dirige vers la porte, laissant là mon autour. Tony m'attend à l'extérieur, les yeux plissés dans un sourire.

— Allez viens, on rentre à la maison.

Il sait ce que je ressens. Je le suis dans la cuisine. Les chiens étendus sur le carrelage remuent la queue, la bouilloire siffle : il fait bon.

Épilogue

Il fallait que j'en sache davantage sur White pour écrire ce livre. J'ai donc passé une semaine au Harry Ransom Center, au Texas, où sont conservés ses manuscrits et ses journaux intimes. Ce fut une expérience très étrange que de lire des descriptions d'hivers anglais boueux assise dans la fraîcheur de l'air conditionné d'une bibliothèque texane. À l'extérieur, par plus de trente degrés, des vautours, les ailes en biais, s'élevaient dans l'air surchauffé, et des quiscales sautillaient sur les allées brûlantes. Je tournais les pages, passant au crible ses manuscrits, parcourant les livres qui lui avaient appartenu, et je suis revenue en Angleterre avec un monceau de notes et de réflexions. Mais tout cela ne me suffisait pas. Il me manquait quelque chose, et c'est ainsi que, par une chaude journée de juillet, j'ai traversé l'Angleterre pour aller à Stowe. C'est toujours un pensionnat, mais le parc est ouvert au public. J'ai garé ma voiture sur le parking du National Trust, acheté un billet, obtenu un plan et remonté la longue allée jusqu'aux grilles.

— Si vous voulez voir les plus belles perspectives, me dit le gardien posté dans une guérite à l'entrée, il faut tourner à gauche.

Je me suis donc dirigée vers la droite, par pur esprit de contradiction, et j'ai commencé ma quête, l'immense demeure palladienne dominant l'horizon, le paysage baigné dans une lumière métallique qui assombrissait les feuilles des tilleuls et teintait le lac d'un bleu douloureusement profond. Les nénuphars y rougeoyaient en constellations denses, les arbres s'appuyaient sur leur ombre noir d'encre. L'air était si épais que les martinets battaient à peine des ailes contre la brise. Tel était le domaine du pensionnat où White avait enseigné, des jardins à l'anglaise qui attirent les touristes depuis des siècles.

Après une heure de marche le long des temples aux colonnes cannelées et aux portes peintes, des coupoles, des obélisques, des portiques et des folies, je me suis trouvée au bord de la crise de nerfs. Tout me semblait absurde. Des temples grecs, des temples romains, des dieux saxons sur des piédestaux couverts de runes étoilées de lichen orange. Un vaste temple gothique en pierre de fer rougie. Des ponts palladiens, des grottes de tuffeau et des arches doriques. Rien ne semblait solide ou compréhensible ici, sauf les arbres. Les bâtiments jonchaient le paysage comme s'ils avaient été lâchés çà et là par une machine à remonter le temps devenue folle. J'ai réalisé que chacun avait été érigé pour délivrer une leçon. Un paysage de certitudes aristocratiques conçu pour sermonner le visiteur sur les dangers des vices modernes et les bienfaits des vertus antiques. Était-ce le soleil ? La menace d'un coup de chaleur ? Je me suis mise à détester ce décor. Je suis arrivée devant le « Temple des Grands Personnages britanniques ». *Non mais regardez-moi ça !* J'ai fait demi-tour et suis repartie vers ma voiture. Je compatissais profondément avec White. L'endroit était certes très beau, il représentait une leçon magistrale sur l'exercice du pouvoir, mais je me serais sentie irréelle, ici. Moi aussi, je me serais enfuie. C'est d'ailleurs ce que j'ai fait. Je me suis enfuie du parc du pensionnat. J'ai repris ma voiture et suis allée m'arrêter plus loin, puis j'ai marché jusqu'aux lieux où je devais aller.

Le voici, le cottage de White, le cottage de Merlin, calme et paisible au bord des *ridings*, de l'autre côté de la colline. Il a l'air si banal ! Ce n'est absolument pas un endroit magique. L'ombre noire des feuilles frôle les hauts pignons. Un cheval gris paît non loin. Des fils électriques poursuivent les poteaux le long des pentes herbeuses. La forêt se dresse toujours derrière la maison, même si elle a en partie disparu : les bois noirs où volaient les faucons hobereaux ont laissé place au circuit automobile de Silverstone, et la chapelle où White allait se promener avec Gos a été démolie il y a bien longtemps. On ne la repère plus qu'à la boucle décrite par le sentier au lieu-dit Chapel Green, où dorment encore les défunts du passé. Mais debout dans la canicule, je sens un étrange bourdonnement résonner à mes oreilles. Le plus étrange des sons, comme si, en ce jour sans nuages, j'entendais le mugissement marin du vent dans les chênes. Était-ce un conte d'hiver ? le temps qui reculait ? ou peut-être une insolation ? J'ai regretté de n'avoir pas emporté une bouteille d'eau.

Je suis restée ainsi longtemps, immobile, à regarder la maison, un endroit privé dont je ne voulais pas m'approcher. Je ne voulais pas déranger la personne qui vivait là, mais j'ai vu que les arbres avaient grandi et que la grange était désormais un garage. Le puits était sans doute toujours là. Soudain, j'ai entendu des coups et des grattements, et je me suis figée sur place. Derrière un buisson, j'ai aperçu l'éclat blanc d'une chemise. Il y avait un homme agenouillé dans le jardin, penché vers la terre. Était-il en train de planter quelque chose ? de désherber ? de prier ? J'étais loin de lui. Je voyais ses épaules, pas son visage, rien d'autre que sa concentration. J'ai frissonné parce que, l'espace d'un instant, il avait été White plantant ses géraniums chéris. Le sentiment que White me hantait était revenu. Je me suis demandé s'il fallait que j'aille parler à cet homme. C'était possible, j'aurais pu le faire. Ce n'était pas White, je le savais bien, mais certaines personnes qu'il avait connues vivaient encore dans les environs, et j'aurais pu aller leur parler. La ferme était toujours là et, derrière elle, les mares où Gos s'était baigné et où White avait pêché. La même carpe y nageait peut-être encore. J'aurais pu en savoir davantage, le ramener à la vie, traquer des souvenirs de lui ici. Pendant un instant, le désir de traverser la frontière et de ramener un disparu dans notre monde brûla d'une flamme vive.

Mais j'ai rejeté cette idée. Je l'ai abandonnée, et j'en ai éprouvé un soulagement immense, comme si je m'étais débarrassée d'un fardeau écrasant et l'avais abandonné dans l'herbe au bord du chemin. White avait enfin disparu. L'autour s'était enfui. Respecter les vivants. Honorer les morts. Qu'ils reposent en paix. J'ai salué cet homme, bien qu'il ne puisse me voir, d'un geste un peu bancal, loufoque et ridicule. Puis j'ai fait demi-tour et je suis repartie. J'ai laissé cet homme qui n'était pas un fantôme et me suis dirigée vers le sud. Au-dessus de l'horizon brillant, le ciel flottait comme de l'eau.

Notes

Chapitre 1

p. 19 « Sables voyageurs » : John Evelyn in William Bray, Henry Colburn (éd.), *Memoirs of John Evelyn*, 1827, vol. II, p. 433.

p. 19 « Il existe des Autours de maintes Sortes et Grandeurs » : Richard Blome, *Hawking or Falconry*, The Cresset Press, 1929 (originellement publié dans *The Gentlemen's Recreation*, 1686), p. 28-29.

Chapitre 3

p. 37 « Même l'autour le mieux dressé et le plus doux » : Frank Illingworth, *Falcons and Falconry*, Blandford Press Ltd., 1948, p. 76.

p. 38 « Il est de noble nature » : Gilbert Blaine, *Falconry*, Philip Allan, 1936, p. 229-230.

p. 39 « Parmi les peuples cultivés » : *ibid.*, p. 11.

p. 39 « De bons ostours te faut avoir » : Gace de La Bigne *in* Ake Blomquist (éd.), *Le Roman des déduis. Édition critique d'après tous les manuscrits*, Karlshamm, 1951,

p. 123-124. (La citation a ici été adaptée de l'ancien français.) (N.d.l.t.)

p. 39 « On ne peut ressentir pour un autour » : Gilbert Blaine, *Falconry, op. cit.*, p. 182.

p. 39 « Sanguinaire, vile » : Major Charles Hawkins Fisher, *Reminiscences of a Falconer*, John Nimmo, 1901, p. 17.

p. 45 « Chapitre un. Mardi. La première fois que je le vis » : T. H. White, *The Goshawk*, Jonathan Cape, 1951, p. 11 (ci-après : *The Goshawk*).

p. 48 « Une histoire de séduction au XVIIIe siècle » : T. H. White, *The Goshawk*, Penguin Classics, 1979, quatrième de couverture.

p. 50 « Pour ceux qu'intéresse le morne processus d'introspection » : anonyme, critique de *The Goshawk, in The Falconer*, vol. II, n° 5, 1952, p. 30.

p. 53 « Ce livre traite des efforts d'un philosophe mineur » : *The Goshawk*, p. 27.

Chapitre 4

p. 56 « Nécessité d'être le meilleur pour être aimé » : T. H. White, carnet de notes inédit *ETC*, Harry Ransom Humanities Research Center, université du Texas.

p. 56 « Il s'appelle Bennet » : lettre de T. H. White à L. Potts, 18 janvier 1936, *in* François Gallix (éd.), *T. H. White, Letters to a Friend: The Correspondence between T. H. White and L. J. Potts*, Allan Sutton, 1984, p. 62-63.

p. 58 « Parce que j'ai peur de certaines choses » : T. H. White, *England Have My Bones (« J'ai l'Angleterre dans la peau »)*, Collins, 1936, p. 80 (ci-après : *England Have My Bones*).

p. 59 « On m'a raconté... qu'un beau jour » : T. H. White, *in* Sylvia Townsend Warner, *T. H. White: A Biography*, Jonathan Cape, 1967, p. 27.

p. 59 « Je fonds sur un oiseau » : T. H. White, carnet de notes inédit *ETC, op. cit.*

p. 60 « Vous aurez de l'empathie pour son personnage » : Sylvia Townsend Warner, manuscrit d'un entretien inédit avec François Gallix, 28 mars 1974, Harry Ransom Humanities Research Center, université du Texas, p. 1.

p. 60 « Son panier à couture » : lettre de Sylvia Townsend Warner à William Maxwell, 22 juillet 1967, *in* Michael Steinmann (éd.), *The Elements of Lavishness: Letters of Sylvia Townsend Warner and William Maxwell 1938-1978*, Counterpoint, 2001, p. 179.

p. 61 « La pie vole comme une poêle à frire » : T. H. White, entrée du 7 avril 1939 dans le manuscrit inédit *Journal 1938-1939*, Harry Ransom Humanities Research Center, université du Texas.

p. 61 « On ressent comme le sentiment de la création » : *England Have My Bones*, p. 59.

p. 62 « Tomber amoureux » : *ibid.*, p. 31.

p. 62 « C'était un homme extrêmement sensible » : David Garnett, *The White/Garnett Letters*, The Viking Press, 1968, p. 8.

p. 62 « La manière la plus sûre » : Henry Green, *Pack My Bag: A Self-Portrait*, Vintage, 2000 (première éd. 1940), p. 58.

p. 62 « Le snobisme est le plus passionnant » : lettre de T. H. White à L. Potts, 2 février 1931, *in T. H. White, Letters to a Friend, op. cit.*, p. 15.

p. 63 « Peut-on porter un haut de forme » : T. H. White, lettre inédite à Ronald McNair Scott, 2 novembre

1931, Harry Ransom Humanities Research Center, université du Texas.

p. 63 « Je crois que je ne me suis pas mal comporté » : T. H. White, manuscrit inédit *Hunting Journal 1931-1933*, Harry Ransom Humanities Research Center, université du Texas.

p. 63 « Ce comté cache son individualité » : *England Have My Bones*, p. 15.

p. 65 « Presque toujours fatal à son maître » : *ibid.*, p. 120.

p. 65 « L'indépendance - l'état dans lequel on se suffit à soi-même » : *ibid.*, p. 105.

p. 65 « Les habituer à ne dépendre que d'eux-mêmes » : *ibid.*, p. 107.

p. 66 « Impossible de leur imposer de l'affection » : *ibid.*, p. 107.

p. 66 « Tout au long de sa vie » - T. H. White, *Le Chevalier mal adoubé* (*La Quête du roi Arthur*, t. III), trad. Monique et Hugues Lebailly, Joëlle Losfeld, 2003, p. 7.

p. 67 « Stridents, affectés et hystériquement bestiaux » : T. H. White, manuscrit inédit *Hunting Journal 1931-1933*, *op. cit.*

p. 67 « Une étrange agitation bouillir en lui » : T. H. White, manuscrit inédit *A Sort of Mania*, Harry Ransom Humanities Research Center, université du Texas.

p. 67 « Cette soirée n'a pas d'avenir racial » : Harriet Hall, *Bill and Patience: An Eccentric Marriage at Stowe and Beyond*, Book Guild Ltd, 2000, p. 53.

p. 68 « J'étais comme ce personnage angoissé » : T. H. White, manuscrit inédit *A Sort of Mania*, *op. cit.* (White fait référence à la nouvelle de James Thurber « A Box to Hide In » *in The New Yorker*, 24 janvier 1931.) (N.d.l.t.)

p. 68 « Cela a été un acte courageux » : lettre de T. H. White à L. Potts, 2 février 1931, *in T. H. White, Letters to a Friend, op. cit.*, p. 70.

p. 68 « Nous nous tenons tous sous l'ombre d'une grande peur » : Denis Brogan, « Omens of 1936 » *in Fortnighly Review*, n° 139 (janvier-juin 1936), p. 1-2.

p. 68 « Des maîtres des hommes » : T. H. White, manuscrit inédit *A Sort of Mania, op. cit.*

p. 69 « Alors que jusqu'au jour de sa fuite » : Gilbert Blaine, *Falconry, op. cit.*, p. 181.

p. 69 « Cette phrase disait » : T. H. White, manuscrit inédit *A Sort of Mania, op. cit.*

Chapitre 5

p. 73 « Le vocabulaire de la fauconnerie en anglais vient du français du XIVe siècle » : les exemples sont tirés de Abel Boyer, *Dictionnaire anglois-françois et françois-anglois*, t. II, Lyon, Bruyset, 1792, p. 306. (N.d.l.t.)

Chapitre 6

p. 86 « De tous les faucons » : Richard Blome, *Hawking or Falconry*, The Cresset Press, 1929, p. 28.

p. 87 « Tu es un bon observateur » : John Le Carré, *La Taupe*, trad. Jean Rosenthal, Seuil, 2001, p. 20.

p. 90 « Il dut lui sembler que c'était la mort » : *The Goshawk*, p. 11-12.

p. 91 « Il n'y a pas de mots pour raconter cette période » : T. H. White, manuscrit inédit *A Valentine*, Harry Ransom Humanities Research Center, université du Texas.

p. 92 « Mon Dieu, faites que je ne sois pas battu ce soir » : T. H. White, manuscrit inédit *Journals, vol. VI*, entrée du 28 novembre 1957, collection T. H. White, Queen's College Library, Queen's College, Cambridge.

Chapitre 7

p. 98 « Un plongeon de rage et de terreur » : *The Goshawk*, p. 15.

p. 107 « Votre œil doit voir une composition » : Henri Cartier-Bresson, 1957, *in* Adam Bernstein, « The Acknowledged Master of the Moment », *The Washington Post*, 5 août 2004, p. A01.

Chapitre 8

p. 111 « Des jours d'attaques et de contre-attaques » : *The Goshawk*, p. 36.

p. 112 « Je venais juste d'échapper à l'humanité » : T. H. White *in* Sylvia Townsend Warner, *T. H. White: A Biography*, Jonathan Cape, 1967, p. 90.

p. 113 « J'avais été professeur » : T. H. White, manuscrit inédit *A Sort of Mania, op. cit.*

p. 113 « Une patiente excursion » : *The Goshawk*, p. 27.

p. 113 « Abandonné cette curieuse compétition » : T. H. White, entrée du 20 janvier 1938, carnet manuscrit inédit *Horse*, Harry Ransom Humanities Research Center, université du Texas.

p. 114 « Sur un tabouret de velours » : Edmund Bert, *An Approved Treatise of Hawkes and Hawking*, 1619, rééd. Thames Valley Press, Maidenhead, 1972, p. 22.

p. 115 « J'éprouvais une sorte de béguin d'écolière » : T. H. White, manuscrit inédit *A Sort of Mania, op. cit.*

p. 115 « Les anciens maîtres fauconniers » : *The Goshawk*, p. 16.

p. 116 « L'homme contre l'oiseau » : *ibid.*, p. 16.

p. 116 « Mais sans que la voix ne prenne d'intonation tragique » : *ibid.*, p. 64.

Chapitre 9

p. 125 « Perdre son identité et sa rationalité » : A. D. Hutter, Poetry in psychoanalysis: Hopkins, Rossetti, Winnicott *in International Review of Psycho-Analysis*, vol. IX, 1982, p. 303-316. Voir aussi John Keats, « Lettre à Richard Woodhouse » *in Lettres à Fanny et autres correspondances*, trad. Robert Davreu, Belin, 2010, p. 263.

Chapitre 10

p. 131 « 6 h 15-6 h 45 : ai marché en rond autour de Gos » : T. H. White, carnet manuscrit inédit *Flying supplement*, Harry Ransom Humanities Research Center, université du Texas.

p. 134 « Non pas que je busse suffisamment » : *The Goshawk*, p. 68.

p. 140 « La clef de son maniement consiste à le porter » : Gilbert Blaine, *Falconry*, *op. cit.*, p. 181.

p. 141 « Le secret suprême de la discipline » : Edward Michell, *The Art and Practice of Hawking*, Methuen, 1900, p. 83.

p. 141 « Son œil s'accoutume à des objets changeants » : Edmund Bert, *An Approved Treatise of Hawkes and Hawking*, *op. cit.*, p. 16.

Chapitre 11

p. 148 « Pour l'autour, le promener longuement » : *The Goshawk*, p. 52.

p. 149 « Toute la famille, sans oublier les chiens » : T. H. White, carnet manuscrit inédit *Flying supplement, op. cit.*

p. 149 « Il fallait qu'il apprenne à supporter » : *The Goshawk*, p. 101.

p. 149 « La lune rouge s'élever imperceptiblement » : *ibid.*, p. 53.

p. 150 Sur l'engouement pastoral dans l'entre-deux-guerres, voir Jed Esty, *A Shrinking Island: Modernism and National Culture in England*, Princeton University Press, 2003.

p. 152 « Je pensais à cette petite race » : *The Goshawk*, p. 81.

Chapitre 12

p. 160 « Elle ronronne et pépie » : Humphrey ap Evans, *Falconry for you*, John Gifford, 1960, p. 36.

p. 161 « Son tempérament particulier » : Gilbert Blaine, *Falconry, op. cit.*, p. 179.

p. 161 « Il n'y a pas d'oiseau plus contrariant que l'autour ! » : Frank Illingworth, *Falcons and Falconry, op. cit.*, p. 74.

p. 161 « Ne l'aime pas, ni aucun de ses congénères » : Major Charles Hawkins Fisher, *Reminiscences of a Falconer*, John Nimmo, 1901, p. 17.

p. 161 « Il est extrêmement dommage » : Gage Earl Freeman et Francis Henry Salvin, *Falconry: Its Claims, History and Practice*, Longman, Green & Robert, 1859, p. 216.

p. 161 « Sociables et familiers » : Simon Latham, *Lathams New and Second Booke of Falconry*, Roger Jackson, 1618, p. 3.

p. 162 « Joie en elle-même » : Edmund Bert, *An Approved Treatise of Hawkes and Hawking, op. cit.*, p. 41-42.

p. 164 « Leur tempérament dément et soupçonneux » : *The Goshawk*, p. 146-147.

p. 164 « Un homme qui, pendant deux mois » : *ibid.*, p. 37.

p. 164 « Ce qu'il déteste le plus » : T. H. White, entrée du 14 août 1936, carnet manuscrit inédit *Flying supplement, op. cit.*

p. 165 « Élite monacale, petite secte obstinée » : Lord Tweedsmuir, « Gos and Others » *in* Henry Wilson Harris (éd.), *Spectator Harvest*, Ayer Publishing, 1970, p. 7-9.

p. 165 « Profondément ancrée dans la nature » : Gilbert Blaine, *Falconry, op. cit.*, p. 13.

p. 165 « Ce n'est qu'après avoir dressé quelques rapaces » : T. H. White, manuscrit inédit *A Sort of Mania, op. cit.*

p. 166 « Cet ancêtre dont les phalanges anguleuses » : *The Goshawk*, p. 18.

p. 166 « Les marais à vos pieds, le vent dans le visage » : J. Wentworth Day, Sporting Adventure, Harrap, 1937, p. 205.

p. 167 « La fauconnerie est certainement de très haute lignée » : Gage Earl Freeman et Francis Henry Salvin, *Falconry, op. cit.*, p. 3-4.

Chapitre 13

p. 172 « Sautant et sautillant, tout ébouriffé » : *The Goshawk*, p. 100.

p. 173 « Une évaluation extrêmement fine » : *ibid.*, p. 95.

p. 179 « Allons, allons. Ne sois pas stupide » : *ibid.*, p. 105.

p. 179 « Un Richard III aviaire et bossu » : *ibid.*, p. 106.

p. 180 « Je raidis les muscles de mon torse » : *ibid.*, p. 107.

p. 180 « Grandir et devenir un homme fort, courageux et honorable » : *England Have My Bones*, p. 349-350.

p. 181 « Je crie à plusieurs reprises *prosit* » : T. H. White, entrée du jeudi 27 août, carnet manuscrit inédit *Horse, op. cit.*

p. 185 « La sagesse de la certitude » : T. H. White, manuscrit inédit *You Can't Keep a Good Man Down*, p. 261-262, Harry Ransom Humanities Research Center, université du Texas.
p. 186 « Quiconque aura passé deux mois » : *ibid.*, p. 271.
p. 186 « Vous êtes retourné à l'école » : *ibid.*, p. 263.

Chapitre 15

p. 205 « Éviter les coups qui me terrifient » : T. H. White, entrée du jeudi 25 août 1936, carnet manuscrit inédit *Horse, op. cit.*

Chapitre 16

p. 214 « Son eldorado insensé » : *The Goshawk*, p. 124.
p. 216 « La filière n'était pas résistante du tout » : *ibid.*, p. 123.
p. 216 « Espèce de sale petit con » : *ibid.*, p. 124.

Chapitre 17

p. 222 « Pour lui, je suis encore l'ennemi » : T. H. White, entrée du 2 septembre 1936, carnet manuscrit inédit *Horse, op. cit.*
p. 223 « J'ai vécu pour cet autour » : *idem.*
p. 224 « Vos lèvres sont en train de devenir "sensuelles" » : Sylvia Townsend Warner, *T. H. White: A Biography, op. cit.*, p. 29.
p. 224 « Gos a été poussé à la folie » : T. H. White, entrée du 2 septembre 1936, carnet manuscrit inédit *Horse, op. cit.*

Chapitre 18

p. 234 « Des corbeaux que l'on voit se rassembler » : Gilbert Blaine, *Falconry, op. cit.*, p. 199.

p. 237 « Je ne me souviens pas que mon cœur ait cessé de battre » : *The Goshawk*, p. 136.

p. 239 « L'Amour ne demande qu'à Se plaire à Lui-même » : William Blake, « La Motte et le Caillou » *in Chants d'innocence et d'expérience*, trad. Pierre Leyris, Aubier-Flammarion, 1974, p. 216-217.

Chapitre 19

p. 247 Il s'agissait de l'exposition passionnante de Henrik Håkansson intitulée *Three Days of the Condor* présentée au Kettle's Yard, Cambridge, du 29 septembre au 11 novembre 2007.

Chapitre 20

p. 258 « Contemple ceci, en notre temps » : W. H. Auden, « *Consider this* » (1930) *in* Edward Mendelson (éd.), *The English Auden*, Faber & Faber, 1978, p. 46. (Ma traduction, n.d.l.t.)

p. 262 « D'or et d'argent à travers la brume bleue » : T. H. White, carnet de notes inédit *ETC, op. cit.*

p. 262 « C'était un hittite » : *The Goshawk*, p. 214.

p. 262 « Je ne supporte plus quoi que ce soit d'effrayant » : Siegfried Sassoon, lettre inédite à T. H. White, 15 octobre 1952, p. I, Harry Ransom Humanities Research Center, université du Texas.

p. 263 « Il renforçait comme un alcool » : *The Goshawk*, p. 212.

p. 264 « À un moment de ce voyage sous la terre » : T. H. White, « The Hastings Caves » *in Time and Tide Magazine*, 8 décembre 1956, p. 152.

p. 264 « En réalité ce sera charmant d'avoir un peu de repos » : T. H. White, *La Sorcière de la forêt* (*La Quête du roi Arthur*, t. II), trad. Monique et Hugues Lebailly, Joëlle Losfeld, 1998, p. 24.

Chapitre 21

p. 276 « Pour lui trouver un autre Gos passager » : *The Goshawk*, p. 187.

p. 276 « Projet pour un autour passager » : T. H. White, annotations sur la page de garde de son exemplaire de Edmund Bert, *An Approved Treatise of Hawkes and Hawking, op. cit.*

p. 276 « D'une manière obscure, cela m'a fait me sentir plus pur » : T. H. White, lettre à John Moore in Sylvia Townsend Warner, *T. H. White: A Biography, op. cit.*, p. 92.

p. 277 « Pensez au désir » : *The Goshawk*, p. 204.

Chapitre 22

p. 286 « Les hommes peuvent se transformer en animaux » : Rane Willerslev, « Not Animal, Not Not-Animal: Hunting, Imitation and Empathetic Knowledge among the Siberian Yukaghirs » *in The Journal of the Royal Anthropological Institute*, vol. X, n° 3 (septembre 2004), p. 629-652, 659.

Chapitre 23

p. 295 « La nature en ses forêts vertes et tranquilles » : Linnie Marsh Wolfe (éd.), John Muir, *John of the Mountains: The Unpublished Journals of John Muir*, University of Wisconsin Press, 1979, (première éd. 1938), p. 208.

p. 295 « La terre n'a pas de chagrin qu'elle ne puisse guérir » : *ibid.*, p. 99.

p. 298 Sur le deuil chez l'enfant et l'adulte, voir Melanie Klein, « L'amour, la culpabilité et le besoin de réparation » *in L'Amour et la haine*, trad. Annette Stronck, Petite bibliothèque Payot, 2001, p. 85-164.

Chapitre 24

p. 304 « Par ma foi, quel beau spectacle ! » : Lesley Johnson et Elizabeth Williams (éd.), *Sir Orfeo and Sir Launfal*, The University of Leeds School of English, 1984, p. 11.
Colette Stévanovitch et Anne Mathieu (dir.), *Les Lais bretons moyen-anglais* [Texte imprimé], trad. et prés. Jean-Jacques Blanchot [et huit autres], Turnhout, Brepols, 2010.

p. 306 « Il s'éloigne à la dérobée » : Geoffrey de Monmouth, *La Vie de Merlin*, trad. Isabelle Jourdan, La Part Commune, 2008, p. 18-19.

p. 307 « Avec la passion d'un fan d'Edgar Wallace » : T. H. White, « King Arthur in the cottage » *in Readers' News*, vol. II, n° 3, août 1939, p. 26-27.

p. 307 « Il est impossible de déterminer » : lettre de T. H. White à L. Potts, 14 janvier 1938 *in T. H. White, Letters to a Friend, op. cit.*, p. 86-87.

p. 309 « Je ne peux pas tenir plus longtemps » : T. H. White, *Excalibur. L'Épée dans la pierre* (*La Quête du roi Arthur*, t. I), trad. Monique Lebailly, Joëlle Losfeld, 1997, p. 129.

p. 309 « Chaque homme avenant » : John Cheever, *The Journals,* Jonathan Cape, 1990, p. 219.

p. 310 L'histoire de Puppy Mason est racontée dans T. H. White, manuscrit inédit *A Valentine, op. cit.*

Chapitre 26

p. 331 « Le Royaume de Grimoirie » : Sylvia Townsend Warner, *T. H. White: A Biography, op. cit.*, p. 92.

p. 332 « Personnes qui veulent interférer avec la fuite du temps » : Alfred Adler, *Pratique et théorie de la psychologie individuelle comparée,* trad. Henri Schaffer, Payot, 1961, p. 183.

p. 332 « Semblait se créer elle-même » : *The Goshawk,* p. 186.

p. 333 « Au mauvais bout du temps » : T. H. White, *Excalibur, L'Épée dans la pierre* (*La Quête du roi Arthur*, t. I), *op. cit.,* p. 61.

p. 333 « Lorsqu'au XXe siècle, j'étais un professeur de troisième ordre » : T. H. White, *The Book of Merlin, the Unpublished Conclusion to the Once and Future King,* Harper Collins, 2015 (première éd. 1977), p. 735.

Chapitre 27

p. 336 « L'un de mes grands-pères est arrivé ici d'Europe du Nord » : Logan J. Bennett, « This is Ours to Fight For » *in Outdoor Life,* novembre 1942, vol. XC, n° 3, p. 32-33, 52.

p. 345 « Les cérémonies initiatiques » : T. H. White, entrée du 22 août 1939 dans le manuscrit inédit *Journal 1938-1939, op. cit.*

Chapitre 28

p. 350 « Celui qui fréquente les collines » : H. J. Massingham, *English Downland,* B. T. Batsford, 1936, p. 5.

p. 350 Sur le culte des paysages crayeux en Angleterre pendant l'entre-deux-guerres, voir l'excellent ouvrage de Patrick Wright *The Village that Died for England,* Faber & Faber, 1995.

Chapitre 29

p. 368 « Oser dire que vous aimez un oiseau » : T. H. White, manuscrit inédit *The Merlins,* p. 20, Harry Ransom Humanities Research Center, université du Texas.

p. 369 « Un des ducs ou des cardinaux fous » : *The Goshawk,* p. 215.

Remerciements

Mes remerciements vont en premier lieu à tous ceux qui ont rendu ce livre possible, et à deux personnes en particulier : Jessica Woollard, mon merveilleux agent, pour son amitié, son expérience et son soutien indéfectible, et Dan Franklin, mon éditeur chez Jonathan Cape, qui a été une source d'inspiration extraordinaire. Je souhaite aussi remercier tous les collaborateurs de l'agence Marsh, ainsi que Clare Bullock, Ruth Waldram, Joe Pickering et tous ceux qui, chez Jonathan Cape, ont travaillé sur ce projet dans les coulisses.

Pendant mon séjour au Harry Ransom Research Center de l'université du Texas, à Austin, j'ai bénéficié de l'accueil chaleureux, de la patience et du professionnalisme de Jean M. Cannon, Pat Fox, Margi Tenney et Richard Workman. Et dans le Buckinghamshire, ma gratitude va à William Goldsmith qui m'a fait visiter Stowe School.

Du fond du cœur, il me faut exprimer ici tout mon amour et ma gratitude envers ma mère, mon frère, Cheryl, Aimee, Bea et les autres membres de ma famille : ils m'ont laissée raconter cette histoire sans la moindre réticence quant à ce que je pourrais écrire. Je suis également très reconnaissante à Christina McLeish, amie fidèle et merveilleuse apprentie fauconnier, pour son soutien sans faille après le décès de mon père et pendant toute l'écriture du livre, ainsi qu'à Olivia Laing : ses propres livres m'ont constamment inspirée, ses conseils et sa bonne humeur m'ont encouragée. À Stuart Fall et Amanda Lingham, qui m'ont soutenue pendant des jours très sombres, et à ma famille américaine d'adoption – Erin Gott, Paige Parkhill, Jim et Harriet Gott, Wyatt et Curran Gott – qui m'a toujours accueillie comme l'une des leurs, je redis toute ma gratitude.

Tandis que j'écrivais ce livre, nombreux sont ceux qui m'ont soutenue d'une manière ou d'une autre : Pat Baylis, Steve Bodio, Lee Brindley, Tim Button, Tracy Carmichael, Jake Daum, Tim Dee, Steve Delaney, John Gallagher, Andrew Hunter, Tony James, Polly Appleby et Archie James, Conor Jameson, Boris Jardine, Nick Jardine, Bill Jones, Lauren Kassel, Tim Lewens et Emma Gilby, Josh Lida, Greg Liebenhals, John Loft, Robert Macfarlane et Julie Lovell, Robert et Margaret Mair, Scott McNeff, Gordon Mellor, Tob Metcalf, Patricia Monk, Adam Norrie, Rebecca O'Connor, Ian Patterson, Robert Penney, John Pitmann, Marzena Pogorzaly, Joanna Rabiger, Joe Ryan avec ses pinsons, Katharine Stubbs, et Lydia Wilson. Des remerciements tout particuliers à Andrew Metcalf et à Fiona Mozley. Et à Chris Wormell pour la superbe illustration qui orne la couverture du livre.

Enfin, par-dessus tout, je veux remercier mon père, qui m'a appris à aimer ce monde mouvant, et mon superbe autour, qui m'a appris à y voler après sa disparition. Mabel a continué à parcourir les airs pendant plusieurs saisons avant de contracter une aspergillose – une soudaine et horrible infection pulmonaire causée par un champignon – qui l'a entraînée dans les bois sombres où vivent ceux que nous avons perdus. Elle me manque toujours.

La traductrice souhaite remercier les membres de l'Association nationale des fauconniers et autoursiers français (ANFA) pour le temps qu'ils ont consacré à lui faire découvrir la fauconnerie, activité inscrite en 2012 par l'Unesco sur la Liste représentative du patrimoine culturel immatériel de l'humanité.

Achevé d'imprimer en août 2016
par Normandie Roto Impression s.a.s.
61250 Lonrai
N° d'impression : 1602919

MIXTE
Issu de sources responsables
FSC® C003309

Fleuve Éditions, une marque d'Univers Poche,
est un éditeur qui s'engage pour
la préservation de son environnement
et qui utilise du papier fabriqué à partir
de bois provenant de forêts gérées
de manière responsable.

Fleuve Éditions
12, avenue d'Italie
75627 Paris Cedex 13

Dépôt légal : août 2016
R11565/01
Imprimé en France